取調べハンドブック

城 祐一郎 著

立花書房

本書は時々・情勢の必要に応じ，内容を変更・追加等する場合があります。

はしがき

　本書は，平成23年2月，筆者が元最高検察庁検事の水野谷幸夫氏と一緒に出版した，「Q＆A実例　取調べの実際」を発展的に改訂したものである。水野谷氏の了解を得た上で，筆者単独で改訂作業を行ったもので，従来のものとは，体裁等をも含めて大幅に変更しており，むしろ全く新しいものになっている。

　ただ，筆者も既に検察庁を退職しており，そのような立場の者が取調べの仕方云々について偉そうなことを言うのはいかがなものかとの思いはあったが，改訂の依頼が現職の間になされており，その作業も相当に進めていながら，筆者の怠慢から完成に至らなかったという事情などをも考慮していただき，ご容赦願いたいと思う次第である。

　今回の改訂では，筆者が実際に現場で体験した事案なども俎上にのせて，できるだけ具体的に取調べの内容等を紹介しようと試みている。取調べの良し悪しは結局のところ，被疑者が真相を告白してくれないと分からないという性質のものであることから，普段から取調べに従事している捜査官の方々も，自分のこのやり方でいいのだろうかという自問自答を繰り返して，取調べ方法を模索しているものと思われる。それは実際のところ，筆者自身もそうであったから，そのように思うところである。

　筆者は，検察官に任官してから，20年近くの間，ほとんど連日，土日もほぼ無いような取調べの中で暮らしていた。そして，その大半は，地検特捜部若しくは特別刑事部においてであり，自ら拘置所に赴き，直接に被疑者を取り調べるという生活であった。被疑者に真相を話させるという，その目的だけで連日通い詰めていた中で，涙を流しながら後悔して真相を告白してくれる者もいれば，もうふっきれたようになり，達観したかのようにして真実を話してくれる者もいた。

そのような様々な被疑者から，自分という人間はどういうもので，どういう欲望から人としてどのようないやらしいことをしてきたのかということを率直に話してもらった。口ではどのように言っていても，心の中では別のことを考えて，結局，種々の犯罪に手を染めてしまったということを，自分の言葉で語ってもらっていた。

　そこで覚えたことは，人間というのは弱いもので，表面をどう取り繕っても欲望に支配されてしまうことがあり，ただ，それでも決してそれを良いこととは思っていないという，ある意味単純であり，また，一面複雑な心理であって，筆者の浅薄な表現能力では到底，言い表すことは不可能なくらいに奥行と深みのあるものであった。

　本書は，実際に現場で取調べに当たっている警察官や検察官の方々に対し，少しでもそのヒントになればと思って著したものである。筆者自身が果たして，どの程度の取調官であったのかとの疑問を持ちながらの執筆は，おこがましいのではないかという思いもあるが，取調べの仕方を取り扱った類書がほとんどないこともあって，これを世に出すこととした次第である。

　本書が取調べに携わる方々の一助にでもなれば，筆者としては望外の喜びである。

　なお，本書の作成に当たって，立花書房出版部の馬場野武部長，中埜誠也係長及び本山進也参与等に，大変にお世話になった。

　彼らの協力と励まし等がなかったら，本書が，日の目を見なかったことは明らかである。心から厚く謝意を表したい。

平成30年12月

城　祐一郎

凡　例

〈法令表記〉

刑訴法	刑事訴訟法
刑訴規則	刑事訴訟規則

〈判例集略語表記〉

刑　集	最高裁判所刑事判例集
民　集	最高裁判所民事判例集
裁判集	最高裁判所裁判集刑事
高刑集	高等裁判所刑事判例集
高検速報	高等裁判所刑事裁判速報集
東高時報	東京高等裁判所刑事判決時報
下刑集	下級裁判所刑事裁判例集
刑裁月報	刑事裁判月報
判　時	判例時報（判例時報社）
判　タ	判例タイムズ（判例タイムズ社）
大コメ刑法	大コンメンタール刑法（青林書院）
大コメ刑訴	大コンメンタール刑事訴訟法（青林書院）

目　次

はしがき
凡　例

第1編　取調べ総論

第1章　総　論

1　取調べの意義・目的と刑事訴訟法の規定……………………… 2

> 取調べとは，そもそも何を指し，何のために行われるのか。また，取調べについて刑事訴訟法はどのような規定をおいているのか。

2　被疑者取調べの本質と糾問的捜査観，弾劾的捜査観………… 4

> 被疑者取調べの本質は何か。糾問的捜査観，弾劾的捜査観とは何か。

3　取調べ受忍義務…………………………………………………… 6

> 被疑者には取調べ受忍義務があるのか。

4　供述拒否権の告知………………………………………………… 8

> 取調べの際，供述拒否権の告知について留意すべき事項は何か。

5　自白の獲得の意義………………………………………………… 10

> 自白の獲得に努めなければならないのはなぜか。

第2編　取調べ各論

第1章　取調べの仕方に関する留意事項

1 取調べの事前準備と計画 …………………………………… 14

> 取調べに当たっての事前の準備や計画などには，どのようなものが求められるのか。

2 取調べにおける発問の仕方 …………………………………… 15

> 取調べにおける発問の仕方はどのようにあるべきか。

3 取調べにおけるラポールの形成 …………………………………… 17

> 取調べにおけるラポールの形成やその際の雰囲気はどのようなものであるべきか。

4 被疑者の弁解と取調べ態度 …………………………………… 19

> 被疑者の弁解に対してはどのような態度で臨むべきであるのか。

5 被疑者の迎合と取調べ上の留意事項 …………………………………… 20

> 取調官に迎合する傾向のある被疑者の取調べにおいて留意すべき事項は何か。

6 否認から自白に転じた際の取調べ上の留意事項 …………………… 22

> 被疑者が否認から自白に転じた際の取調べにおいて留意すべき事項は何か。

7 通訳人を介して取調べをする場合の留意事項……………… 25

> 通訳人を介して取調べを実施する場合，その正確性を確保する上での留意すべき事項は何か。

8 取調べに当たっての監督対象行為……………………………… 27

> 監督対象行為を念頭においての取調べ上の留意すべき事項は何か。

9 怒鳴る取調べと監督対象行為…………………………………… 28

> では，取調べにおいて被疑者を怒鳴ったりすることは上記監督対象行為となり，許されないのか。

10 突き上げ捜査要領………………………………………………… 30

> 突き上げ捜査の要領は何か。

11 録音・録画の留意事項…………………………………………… 31

> 取調べにおいて録音・録画を実施するに当たって留意すべき事項は何か。

第2章　被疑者の特性又は属性に応じた取調べ留意事項

1 黙秘（供述拒否）した被疑者の取調べ上の留意事項………… 34

> 黙秘（供述拒否）する被疑者に対する取調べ上の留意事項は何か。

2 出頭拒否をする被疑者への対応要領 ………… 35
出頭拒否をする被疑者への対応はどのようにすべきか。

3 暴力団被疑者の取調べ上の留意事項 ………… 36
暴力団被疑者に対する取調べ上の留意事項は何か。

4 自首した被疑者の取調べ上の留意事項 ………… 38
自首事件における被疑者に対する取調べにおいて留意すべきことは何か。

5 精神障害を有する被疑者の取調べ上の留意事項 ………… 40
精神障害を有する被疑者に対する取調べにおいて留意すべき事項は何か。

6 知的障害を有する被疑者の取調べ上の留意事項 ………… 47
知的障害を有する被疑者に対する取調べにおいて留意すべき事項は何か。

7 ろうあ者である被疑者の取調べ上の留意事項 ………… 47
ろうあ者である被疑者に対する取調べにおいて留意すべき事項は何か。

8 高齢である被疑者の取調べ上の留意事項 ………… 48
老人犯罪（認知症気味）の場合における被疑者の取調べにおいて留意すべき事項は何か。

9 来日外国人犯罪者に対する取調べ上の留意事項……………… 49

> 来日外国人犯罪者に対する取調べの心構えはどのようにあるべきか。

10 身分犯に関する取調べ上の留意事項…………………………… 51

> 身分犯に関する取調べにおいて留意すべき事項は何か。

11 共犯事件の取調べ留意事項……………………………………… 51

> 共犯事件における取調べにおいて留意すべき事項は何か。

12 被告人取調べの問題点…………………………………………… 53

> 被告人を取り調べることの問題点は何か。

第3章　被疑者の罪名に応じた取調べ留意事項

1 凶悪重大事件の取調べ上の留意事項…………………………… 56

> 凶悪重大事件における被疑者の取調べにおいて，その心構えとして一般的に留意すべき事項は何か。

2 殺人事件の取調べ上の留意事項………………………………… 59

> 殺人に関する取調べにおいて留意すべき事項は何か。

3 暴行，傷害及び傷害致死事案の取調べ上の留意事項………… 73

> 暴行，傷害及び傷害致死に関する取調べにおいて留意すべき事項は何か。

4　人身安全関連事案の取調べ上の留意事項……………………… 80

人身安全関連事案（恋愛感情等のもつれに起因する暴力的事案，行方不明事案，児童・高齢者・障害者虐待事案等の人身の安全を早急に確保する必要の認められる事案）における被疑者取調べ要領は何か。

5　強制性交等事案の取調べ上の留意事項……………………… 80

強制性交等の取調べにおいて留意すべき事項は何か。

6　窃盗事案の取調べ上の留意事項……………………………… 84

窃盗に関する取調べにおいて留意すべき事項は何か。

7　万引き・クレプトマニア事案の取調べ上の留意事項………… 89

万引きとクレプトマニアに係る取調べにおいて留意すべき事項は何か。

8　占有離脱物横領事案の取調べ上の留意事項………………… 93

占有離脱物横領に関する取調べにおいて留意すべき事項は何か。

9　強盗事件の取調べ上の留意事項……………………………… 96

強盗に関する取調べにおいて留意すべき事項は何か。

10　恐喝事件の取調べ上の留意事項……………………………… 107

恐喝の取調べにおいて留意すべき事項は何か。

|11| 詐欺事件の取調べ上の留意事項……………………………… 109
　　詐欺に関する取調べにおいて留意すべき事項は何か。

|12| 特殊詐欺事件の取調べ上の留意事項…………………………… 116
　　振り込め詐欺などの特殊詐欺の被疑者の取調べにおいて留意すべき事項は何か。

|13| 電子計算機使用詐欺事件の取調べ上の留意事項……………… 138
　　電子計算機使用詐欺の取調べにおいて留意すべき事項は何か。

|14| 横領・業務上横領事件の取調べ上の留意事項………………… 146
　　横領・業務上横領に関する取調べにおいて留意すべき事項は何か。

|15| 背任事件の取調べ上の留意事項………………………………… 148
　　背任に関する取調べにおいて留意すべき事項は何か。

|16| 「見せ金」事件の取調べ留意事項 ……………………………… 156
　　公正証書原本不実記載・同行使となる，いわゆる「見せ金」事件の取調べにおいて留意すべき事項は何か。

|17| 器物損壊事案の取調べ上の留意事項…………………………… 161
　　器物損壊に関する取調べにおいて留意すべき事項は何か。

|18| 公務執行妨害事件の取調べ上の留意事項……………………… 163
　　公務執行妨害に関する取調べにおいて留意すべき事項は何か。

19 偽計業務妨害事案の取調べ上の留意事項 ………………… 167
> 偽計業務妨害に関する取調べにおいて留意すべき事項は何か。

20 公務員犯罪の取調べ上の留意事項 ……………………………… 171
> 公務員犯罪の被疑者取調べにおいて留意すべき事項は何か。

21 被疑者の職務権限の取調べ上の留意事項 …………………… 172
> 被疑者の職務権限に関する取調べにおいて留意すべき事項は何か。

22 取締役等の贈収賄事件の取調べ上の留意事項 ………………… 172
> 会社法967条に規定する取締役等の贈収賄罪の取調べにおいて留意すべき事項は何か。

23 マネー・ローンダリング事件の取調べ上の留意事項 ………… 174
> マネー・ローンダリングの被疑者取調べにおいて留意すべき事項は何か。

24 薬物事犯の取調べ上の留意事項 ………………………………… 178
> 薬物犯罪における被疑者取調べにおいて留意すべき事項は何か。

25 銃器事犯の取調べ上の留意事項 ………………………………… 179
> 銃器犯罪の被疑者取調べにおいて留意すべき事項は何か。

26 軽犯罪法1条2号違反の取調べ上の留意事項……………… 182

> 軽犯罪法1条2号違反の取調べにおいて留意すべき事項は何か。

27 選挙犯罪の取調べ上の留意事項……………………………… 184

> 選挙犯罪における被疑者の取調べにおいて留意すべき事項は何か。

28 過失犯の取調べ上の留意事項………………………………… 187

> 過失犯の取調べにおいて留意すべき事項は何か。

第4章　自白の任意性，信用性に関する取調べ留意事項

1 自白の意義と自白強要の禁止………………………………… 190

> そもそも自白とは何か。刑事訴訟法上，類似の概念はないのか。また，自白の強要が禁じられるのはなぜか。

2 自白の任意性の担保…………………………………………… 193

> 録音・録画が実施されていない取調べにおいて，自白の任意性を担保しておく上で重要なことは何か。

3 自白の任意性が否定・肯定された裁判例…………………… 195

> 自白の任意性が否定・肯定された裁判例としては，それぞれどのようなものがあるのか。

④ 自白の信用性の確保 …………………………………… 200

> 録音・録画が実施されていない取調べにおいて，自白の信用性を確保するためには，どのようなことに留意すべきか。

⑤ 秘密の暴露 ……………………………………………… 207

> 秘密の暴露とは何か。

⑥ 自白と補強証拠 ………………………………………… 226

> 自白に補強証拠が要求されるのはなぜか。また，それはどのようなものである必要があり，どの範囲や程度で求められるのか。

第5章　被害者・参考人についての取調べ留意事項

① 参考人取調べ上の留意事項 …………………………… 229

> 参考人の取調べにおいて，最も基本的な留意事項は何か。

② 被害者供述の信用性確保のための留意事項 ………… 232

> 被害者の供述の信用性を確保するにはどのようなことに留意すべきか。

③ 告訴・告発人の取調べ上の留意事項 ………………… 234

> 告訴・告発事件における告訴・告発人取調べにおいて留意すべき事項は何か。

④ 特殊詐欺の被害者の取調べ上の留意事項 …………… 236

> 振り込め詐欺などの特殊詐欺の被害者の取調べにおいて留意すべき事項は何か。

5　精神障害等を有する被害者等の取調べ上の留意事項………… 237

> 精神障害や知的障害を有する被害者・参考人に関する取調べにおいて留意すべき事項は何か。

6　強制性交等の被害者の取調べ上の留意事項……………… 238

> 強制性交等罪の被害者の取調べにおいて留意すべき事項は何か。

7　児童福祉法違反事件の被害者の取調べ上の留意事項………… 239

> 児童福祉法60条1項，34条1項6号違反事件において，「淫行」させられた被害女性の取調べにおいて留意すべき事項は何か。

8　警察官が被害者等の場合の取調べ上の留意事項……………… 241

> 警察官が被害者なり参考人になった場合の取調べにおいて留意すべき事項は何か。

9　年少者が参考人となる場合の取調べ上の留意事項…………… 243

> 年少者取調べ要領は何か。また，そのうちでも被害者が年少者の場合に関する取調べにおいて留意すべき事項は何か。

10　いわゆる司法面接……………………………………… 252

> いわゆる司法面接とは，年少者の被害者等に対する取調べにおいてどのような意義を有するのか。

11　多数関係者の取調べ上の留意事項 ………………………… 257

> 参考人などの関係者が多数にのぼる事件の取調べにおいて留意すべき事項は何か。

12　面割り捜査の留意事項 ………………………………………… 258

> 被害者や参考人の取調べの過程において面割りを実施することがあるが，面割り捜査において留意すべき事項は何か。

13　刑事訴訟法上の被害者保護制度 ……………………………… 266

> 被害者は仕返しなどを怖れて捜査への協力が消極的になることがあるが，取調べにおいて，被害者を説得するためには，刑事訴訟法上，どのような保護規定があるのか知っておく必要がある。現在，刑事訴訟法は，被害者保護のためにどのような制度等を設けているのか。

14　非協力な参考人に対する起訴前証人尋問手続 ……………… 288

> 参考人が捜査に協力しないなどの場合において，起訴前に当該参考人を証人尋問するための手続には，どのようなものがあるのか。

15　参考人の虚偽供述等と刑責 …………………………………… 292

> 参考人が虚偽の供述をして供述調書に署名押印した場合，及び参考人が虚偽の内容を記載した供述書を作成した場合，参考人の刑責はどのようなものとなるのか。

16　参考人等による口裏合わせに対する取調べ要領 …………… 294

> 参考人らによる口裏合わせがなされた場合，取調べは非常に困難になるが，そのような場合には，どのようにして取り調べたらよいのか。

第6章　取調べに関して作成される捜査書類についての留意事項

1　供述調書作成の際の留意事項 …………………………… 297
> 供述調書作成に当たっての留意事項は何か。

2　供述調書等の種類と証拠能力 …………………………… 303
> 供述調書や供述録取書の種類にはどのようなものがあるのか。また，それらが証拠能力を持つための要件の違いはどのようなものか。

3　特信情況の担保と取調べ留意事項 ……………………… 307
> 刑事訴訟法321条1項2，3号に規定されている特信情況を担保するためには，取調べにおいてどのようなことに留意すべきか。

4　弁解録取書作成要領 ……………………………………… 310
> 弁解録取書の作成要領は何か。

5　共謀関係を調書に録取する場合の留意事項 …………… 311
> 共謀関係を調書に録取する場合において留意すべき事項は何か。

6　供述調書に他人の氏名を詐称して署名した場合の刑責 ……… 313
> 供述調書などの末尾に他人の氏名を詐称して署名した場合の刑責は何か。

7　取調べメモ・備忘録に関する留意事項 ………………… 315
> 取調べメモ・備忘録に関して留意すべき事項は何か。

第1編
取調べ総論

第1章 総　　論

1　取調べの意義・目的と刑事訴訟法の規定

> 取調べとは，そもそも何を指し，何のために行われるのか。また，取調べについて刑事訴訟法はどのような規定をおいているのか。

　刑事訴訟法（以下，単に「法」ということもある。）は，197条1項において，
　　　捜査については，その目的を達するため必要な取調をすることができる。（後略）
と規定し，また，198条1項において，
　　　検察官，検察事務官又は司法警察職員は，犯罪の捜査をするについて必要があるときは，被疑者の出頭を求め，これを取り調べることができる。（後略）
と規定している。また，同法223条1項においては，
　　　検察官，検察事務官又は司法警察職員は，犯罪の捜査をするについて必要があるときは，被疑者以外の者の出頭を求め，これを取り調べ（中略）ることができる。
と規定し，検察官等は，被疑者でも被疑者以外の者でも取り調べることが可能であることを法文上明らかにしている。
　では，「取調べ」というのは，何を指すのか。
　まず，狭義の「取調べ」は，先の198条1項や223条1項に規定されているもので，その内容は，「捜査官がその相手方に対して問いを発し，それに対する答えを求め，又は，相手方の説明を求めることであり，いわゆる供述証拠の収集のことである。」（村上尚文「刑事法重点講座・理論と実際「取調べ」」

1頁，立花書房）と考えられている。

　このようなやり取りをすることを刑事訴訟法が許しているのは，その「取調べ」が証拠収集の方法の一つとして，非常に重要な地位を占めるからである。

　そもそも，どんなに証拠価値が高いと思われる証拠物があっても，それ自体では犯行との結びつきを完全に証明することが困難な場合もある。例えば，被害者を殴打するのに用いられた疑いのある角材というものが存在しても，被疑者がそれを使って被害者を殴打した旨の供述があって，初めてその証拠物たる角材と犯行とのつながりが明確になる。

　また，刑事法には，犯行の「故意」や「目的」，更には「共謀」など，被疑者の供述によらなければその立証が困難な主観的要素が構成要件として多数定められている。特に，贈収賄事件や選挙違反事件などでは，被疑者を含めた関係者の供述によらないと事案が明らかにならない事件も多数存するところである。

　さらにいえば，被疑者が犯人でないと主張する場合に，その供述に耳を傾け，仮に犯人でないなら，一刻も早くその嫌疑を解くための捜査を行わなければならない。例えば，アリバイの主張があるのであれば，その内容をよく聞いた上で，裏付け捜査を実施しなければならず，その過程で，被疑者を取り調べて，その供述の内容を十分に吟味しなければならない。

　このような理由などから取調べが必要とされるのである。

　次に，広義の「取調べ」は，先の刑事訴訟法197条1項に規定されているもので，同項にいう「必要な取調」というのは，「単に，被疑者，参考人の取調べに限らず，広く捜査のために必要とされる一切の手段，方法を意味する。」（大コメ刑訴4・146，青林書院）と解されている。また，公判に関するものであるが，同法282条1項は，

　　　公判期日における取調は，公判廷でこれを行う。

と規定しているところ，ここにいう「取調」は，人を対象にして，その供述を求める行為を含め，公判期日において行うすべての処分ないし手続を意味するものである。

　このように，「取調べ」を指すものとして，広狭二義があるが，本書では，

狭義の「取調べ」をその対象として，以下説明していくこととする。

② 被疑者取調べの本質と糾問的捜査観，弾劾的捜査観

> 被疑者取調べの本質は何か。糾問的捜査観，弾劾的捜査観とは何か。

　被疑者取調べの本質につき，これをいかなるものと理解するかについては，捜査の基本構造に関し，これを大陸法的な糾問的捜査観で捉えるか，英米法的な弾劾的捜査観で捉えるかによって大きく異なってくる。

　弾劾的捜査観とは，現行刑事訴訟法の公判手続が当事者主義訴訟構造を採っているのを捜査段階にまで拡張適用し，被疑者も当事者であるから，一方の対立当事者である検察官や司法警察職員等の捜査機関による取調べは原則として許されないという考え方である。

　これに対し，糾問的捜査観は，その弾劾的捜査観と対立する考え方で，捜査機関が被疑者を取り調べることを捜査の中心として捉え，各種の強制処分もそのために認められているという考え方である。

　したがって，弾劾的捜査観に立つ見解によれば，被疑者を蚊帳の外において専ら傍証の収集に努め，それで有罪となし得る者だけを処罰すればよいということになる。

　しかしながら，被疑者を取調べの対象から外して捜査機関と対等の当事者としての地位を認めようとする理論は，国家刑罰権の適正実現という刑事手続の基本的性格を，私人間の紛争解決を目的とする民事のそれと同一視するもので到底容認できるものではない。

　わが現行刑事訴訟法の目的，精神がその1条に規定する実体的真実主義にある以上，捜査の主要責務は，事案の真相の追及，解明にあるのであり，それが本質的に糾問的性格を持つことは否定できないのであって，捜査及び取調べは，基本的には糾問的捜査観の立場から理解しなくてはいけない（永野義一「企業犯罪と捜査」328～329頁，警察時報社）。

　たしかに詐欺，恐喝といった被害者が犯人と対峙しているような犯罪類型

では，弾劾的捜査観でも立証し得るかもしれない。しかしながら，知能犯，なかでも会社犯罪などのように，計画性の強い犯罪や罪証隠滅を意識した犯罪では，直接的な物証がないこともあるし，会社役職員の特別背任における「図利・加害の目的」といった要件や，会社役職員の涜職罪における「不正の請託」などといった要件などは，被疑者からの供述によらなければその立証は極めて困難である。

さらに，共犯関係や犯行の動機なども被疑者の供述を待つほかはないのが通常である。また，物証が重要であることは当然であるが，それでも当該物証に関する供述による説明がなければ，折角の証拠物が役に立たないことも少なくないことなどに照らせば，糾問的捜査観こそが適切な考え方であることは明白である。

さらにいえば，当事者主義の国である米国ですらも，「実際，犯罪捜査の技術は，物的証拠の捜査や検査をするだけで，すべて（又は大部分）の事件で犯人発見の手がかりをもたらし，有罪の証明に必要な証拠を得ることを可能にするまでの進歩はしていない。犯罪の捜査ではどんなに有能な活動をしても，物的証拠がまったく発見されず，事件を解決し得る唯一の方法は，被疑者その他重要な情報を知っている者を尋問する以外にないというケースが多い。」（フレッド・E・インボー／小中信幸訳「尋問の技術と自白」237頁，日本評論社）というのが実態なのである。

そもそも「『糾問的捜査観』というネーミングは，論者の心象表現としてのマイナスイメージ的ラベリングと指摘される。実体に即して呼称するならば，むしろ『正義実現型捜査観』というべきであろう。そして，弾劾的捜査観の呼称も『当事者抗争型捜査観』というのがより相応しいものと思われる。」（加藤康榮「刑事訴訟法」21頁，法学書院）との見解の上に立ち，「捜査機関は，真相解明等のため，独自にかつ自己完結性をもった活動を行う機関と認識される。」（同上）とされているのも参考になろう。

したがって，被疑者の取調べに当たっては，糾問的捜査観に立ち，何としても真相を解明するのだという強い熱意を持って，その取調べに当たることが肝要である。

③ 取調べ受忍義務

> 被疑者には取調べ受忍義務があるのか。

刑事訴訟法198条１項は，その但書において，
　　被疑者は，逮捕又は勾留されている場合を除いては，出頭を拒み，又は出頭後，何時でも退去することができる。
と規定し，在宅の被疑者は取調べを拒否することができる旨を明らかにしているが，この規定に関し，逮捕・勾留された被疑者には，取調べ受忍義務があるかどうか議論されている。

これについて，弾劾的捜査観に立脚し，被疑者の取調べは任意捜査であり，逮捕・勾留されている被疑者であっても，在宅の被疑者と同様に出頭を拒否することができ，また，取調室にいなければならない義務はなく，いつでも房に戻ることができるとする見解や，出頭拒否・退去の自由はないものの，取調べを拒否する自由があるとする見解などもあるが，それらの見解は，「現行法の解釈としては，文理上，無理のある解釈であり，被疑者を取り調べることができること，そのための出頭を検察官等は被疑者に求めることができること，しかも，逮捕・勾留されている被疑者は，かかる出頭を拒否し，あるいは出頭後，自由に退去することができないことは，文理上明らかであって，逮捕・勾留されている被疑者にあっては，取調べに際しての出頭・滞留義務であるので，捜査官の行う取調べをかかる被疑者は，受忍すべき義務を負うことになる。」(大コメ刑訴４・168) と解される。

また，その他にも，「その但書の反対解釈として，身柄拘束中は，被疑者には出頭拒否や退去の自由は認めないとの取調べ受忍義務を課したものと解釈するのは，疑問の余地がないほどに極めて自然である。取調べ受忍義務を課しても，供述自体の自由はあるのであるから，自己に不利益な供述の拒否権（憲法38条１項）や，黙秘権（刑事訴訟法198条２項）に反することもない。

取調べ受忍義務否定説からは，平野博士が『この規定は，出頭拒否・退去を認めることが，逮捕または勾留の効力自体を否定するものではない趣旨を，注意的に明らかにしたにとどまる。』と説明され，その他にも否定説の

説明はあるが，いずれも決して説得力を有するものとはなっていない。」（加藤康榮「『取調べ受忍義務』について」「適正捜査と検察官の役割」27頁，北樹出版）とする同様の見解もあり，それら見解のように逮捕・勾留されている被疑者に取調べ受忍義務を認めるのが実務上の通説である。

　そもそも，被疑者は，被告人と異なり，捜査手続の純然たる当事者ではなく，取調べの客体でもあることが明らかであることから，被疑者を取り調べることによって，犯罪の嫌疑を明らかにし，起訴・不起訴を決するためにも，さらには，刑罰法令を適正に適用するためにも，取調べは不可欠なものと考えられているはずである。

　そうであれば，追及的な尋問をも含めた取調べが許されているはずであり，逆に，逮捕・勾留されている被疑者には，これを受忍する義務があるというべきであろう。

　したがって，取調べを拒否し，衣類を脱ぐなどして房から出ないようにして対抗しようとする被疑者もいないではないが，身柄拘束中の被疑者には取調べ受忍義務があることを説明し，これに応じさせるように努めなければならない。

　さらに，上記法文の「逮捕又は勾留されている場合」の解釈に関し，これは，当該被疑事実について逮捕・勾留されている場合に限られるのか，他事件で逮捕・勾留されている場合をも含むのかという問題が存する。つまり，余罪調べの受忍義務があるかどうかという問題である。

　これについては，文理解釈上は，逮捕・勾留事実になんらの制限がされておらず，この但書が第三者の取調べに準用されていること（刑事訴訟法223条2項）に照らせば，第三者については，当該被疑者としての事実による逮捕・勾留は考えられないので，他事件で逮捕・勾留されている場合にも，被疑者には取調べ受忍義務があると解されるべきである（河上和雄「捜査官のための実務刑事手続法」257頁等，東京法令出版）。

　ただ，実務上の運用としては，そのような義務があることを前提としつつも，被疑者の了解を得るなどして任意の取調べとしてなされているのが実情である。

④ 供述拒否権の告知

> 取調べの際，供述拒否権の告知について留意すべき事項は何か。

憲法は，38条1項において，

> 何人も，自己に不利益な供述を強要されない。

として供述拒否権を憲法上保障している。これは，何人も自己が刑事上の責任を問われるおそれのある事項について供述を強要されないことを保障したものと解されている（昭和32年2月20日最高裁判決・刑集11・2・802）。

そして，この規定を受けて，刑事訴訟法198条2項は，

> 前項の取調に際しては，被疑者に対し，あらかじめ，自己の意思に反して供述をする必要がない旨を告げなければならない。

と規定している。これは，被疑者として取調べを受ける者を心理的な圧迫感から解放して，供述の任意性等の確保に資するとともに，取り調べを受ける者に改心の機会を与えるための制度であると説明されている。

なお，公判においては，刑事訴訟法291条4項において，

> 裁判長は，起訴状の朗読が終った後，被告人に対し，終始沈黙し，又は個々の質問に対し陳述を拒むことができる旨その他裁判所の規則で定める被告人の権利を保護するため必要な事項を告げた上（後略）

と規定し，さらに，この規定に対応するものとして，同法311条1項において，

> 被告人は，終始沈黙し，又は個々の質問に対し，供述を拒むことができる。

旨規定され，法廷においても供述拒否権が保障されていることを明らかにしている。

この供述拒否権は，あくまで供述を拒否できるだけの権利であり，積極的に嘘を言ってもよいという権利ではないが，その嘘が犯人隠避等の別の犯罪を構成しない限りは罪に問われることはない。

そして，この供述拒否権の告知は，被疑者の取調べに際しての義務であり，参考人を取り調べる際には不要である。というのは，刑事訴訟法は，参考人の取調べについて同法223条で規定しているが，被疑者の取調べに関する規

定を準用した同条2項において，わざわざ同法198条2項の準用を外しているからである。ただ，それでも取調べの過程において，取調事項がその参考人に対する犯罪と関連してきたような場合には，供述拒否権を告知しておいたほうが望ましいであろう。

また，同法203条から205条において，逮捕された被疑者に弁解の機会を与えることなどが規定されているが，その場合には，積極的に供述を求めるものではなく，弁解の機会を与えていることに鑑み，供述拒否権の告知は不要である（昭和27年3月27日最高裁判決・刑集6・3・520等）。しかしながら，実務的には，この場合にも供述拒否権を告知しているのが通常である。

この強要されることのない「不利益な供述」に，氏名が含まれるか問題となったことがあるが，上記昭和32年の最高裁判決は，氏名などは原則としてこれに該当しない旨判示している。

実際のところ，氏名を黙秘する被疑者もいないわけではなく，氏名は供述拒否権の対象ではないといったところで，答えない者についてはどうしようもないのが実態である。ただ，前科等の関係で自らが特定されるとより重い処罰になる可能性があることから，氏名を黙秘する被疑者も見られる。その際には，被疑者の指紋などから特定することになるが，その指紋採取も強硬に拒もうとする者もいる。その場合にはいかなる対応をしたらよいのであろうか。同法218条3項は，

　　身体の拘束を受けている被疑者の指紋（中略）を採取（中略）するには，（中略）第1項の令状によることを要しない。

と明確な規定を置いていることから，そのような場合には，身体検査令状など必要はなく，相当な範囲で強制的に指紋の採取をして差し支えない。

また，供述拒否権は，被疑事実単位に認められているものではないので，被疑事実が複数あった場合にも，被疑事実ごとにこれを告知する必要があるわけではなく（昭和57年12月9日東京高裁判決・判時1102・148），また，第1回目の取調べの初めにその告知がされ，被疑者がこれを既に十分知っている以上，以後の取調べで改めて告知しなくても違法となることはない（昭和28年4月14日最高裁判決・刑集7・4・841）。

5 自白の獲得の意義

> 自白の獲得に努めなければならないのはなぜか。

　自白は「証拠の王」であるという言い方がある。実際には，それに続いて，しかし……というように，この言い方を否定する方向で使われることの多い言葉であるが，自白が証拠の上で非常に重要な地位を占めることに疑いはない。それゆえ，取調官においては，被疑者から自白を得るように努めなければならないのは当然のことである。
　具体的に被疑者の自白を獲得しなければならない理由を明らかにする。
　それは，まず，第一に，被疑者こそが事件の真相を知るものであり，その自白により，真相が明らかにされ得るからである。ある被害者が失踪したとする。その被害者が殺された疑いがあっても，実際に死体が出てこないことには，本当に殺されたかどうかの疑問はずっと続くことになる。
　しかしながら，被疑者が自白し，死体を埋めた場所を案内し，そこから実際に被害者の遺体が出てくれば，事件の真相にぐっと近づくことになるだろう。このような自白が必要であることは誰しも認めざるを得ないことだろうと思われる。
　犯行に使った凶器についても同様である。被疑者が凶器を隠匿した場所を自白すれば，被疑者がその凶器を使ったという蓋然性は著しく高まることとなる。勿論，被疑者が真実殺害行為に及んだかどうかはもっと多くの証拠に照らして検討する必要はあるが，実際にその犯行に及んだ被疑者には，真実を語ってもらい，真相を明らかにしてもらいたいところである。すべての真実を知るのは被疑者であるから，被疑者には真相を明らかにすることができるのである。
　それが自白の効用であり，そのためには，取調官には被疑者の心を開いて自白させることが求められる。
　次に，被疑者が自白した場合は，その事件についての争いがなくなるのが通常であり，そうであれば，その事件で登場する被害者や目撃者に法廷での証言を求める必要がなくなる。

つまり，それら関係者の取調べの際に作成された調書が同意され，これが証拠として用いられるのが普通である。そうなると被害者などは，公開の法廷でその被害状況に関する証言をする必要性から解放されることになる。

　特に，それが性犯罪などでは，法廷で供述させられることが，いわゆるセカンドレイプとなり，どれほど被害者を深く傷つけてしまうか思いを至らすべきである。また，目撃者にしても，仕事や学業を休んで出廷しなければならず，しかも時には，自らが目撃したとおり証言したことについて，弁護側から嘘を言っているなどという尋問がされることもあり，実際のところ，精神的にも大変な負担をかけているのである。

　そういったことを回避することができるのが，被疑者の自白である。被疑者が自白することで法廷での被害者らの負担を取り除くことができるのである。

　さらに大切なことは，自白は被疑者の更生の第一歩であるということである。

　被疑者が自己の犯行を本当に後悔し，立ち直ろうとするのであれば，そこには真相の告白と心からの謝罪がなければならない。犯行を否認しておきながら反省しているということはあり得ないことである。

　したがって，取調官としては，被疑者の更生を手助けするという意味からも，本当のことを語らせるべきであり，自白を求め続けていく必要があるのである。否認のままで法廷に臨めば，そこにあるのは，勝ち負けのゲーム感覚のようなものであり，自白して本当に反省の態度を示すことのできる場とは一線を画すものだと思っている。

　それゆえ，被疑者自身の更生のため，その再犯に至らせないようにするためにも，被疑者に本当のことを語らせて，その自白を獲得する必要があるのである。

第2編

取調べ各論

第1章　取調べの仕方に関する留意事項

1　取調べの事前準備と計画

> 取調べに当たっての事前の準備や計画などには，どのようなものが求められるのか。

　取調べに当たって，まず，最初に覚えておかなければならないこととして，取調べは，周到な準備のもとに計画的に行わなければならないということである。

　取調べは，取調官と被疑者との人格がぶつかり合う真剣勝負の場である。したがって，その場に臨んで被疑者に真相を語らせようとするには入念な準備が必要であり，その準備の質や量が取調べの成否を決する。優秀な取調官と言われた人たちは皆口を揃えて取調べ前の準備の重要性を説いている。

　そして，被疑者の取調べを実施する段階までの捜査によって得た参考人の供述証拠や証拠物等を精査して事案の全貌を摑み，また，被疑者の性格やその人生経験などを考慮し，どこからどの順序で追及するか，いかなる弁解をするだろうかと色々なパターンを想定し，それについていかなる証拠に基づきどのような角度から切り崩していくかを熟慮して取調べに臨むべきである。

　そのような準備を十分にしておかないまま漫然と取調べに入った場合，相手に否認されても反論できず，余裕のある取調べができないばかりか，結局は，無意味な押問答を繰り返すばかりになることは明白であって，到底，自白を得ることなどできないであろう。

　十分な準備をし，決め手となる証拠を切り出す時やその切り出し方などを

頭の中で何度もシミュレーションしておくべきであり，また，その準備の過程で見つけておいた被疑者側の弱点となるような証拠については，その価値を十分に検討しておき，それを有効に生かせるようなタイミングを考えておくべきであろう。

そして，その準備に当たっては，取調官自らが被疑者の親族やその恩師，さらには，その友人らにも直接に当たって取り調べておくことが有効である。被疑者の成育歴に関する事項について，自らの耳で生の言葉により聞いてきた事柄は，被疑者の心を開く大きな鍵となり得ることもしばしばである。

また，被疑者方の捜索，差押えが先行していたような場合であれば，そこで押収された物を十分に検討しておくことも肝要である。

具体例を挙げよう。筆者の担当した，ある複雑な詐欺事件の捜査において，被疑者が百戦錬磨の黒幕とかフィクサーとか称される人物であって，その取調べは相当に難航すると予想されたことがあった。その際，筆者は，取調べの準備として，当該被疑者の自宅で押収された証拠物を検討していたところ，その中から，被疑者の筆跡でいろいろな数字が書かれたメモを発見した。そして，そのメモを分析したところ，それは被疑者が自分の老後の年金を計算して書いたものだと分かり，その瞬間，もうこの被疑者は百戦錬磨の黒幕でもフィクサーでもなんでもなく，自らの老い先を心配するにすぎない単なる一老人に過ぎないと確信し，十分な自信をもって取調べに臨むことができたということがあった。その結果，被疑者は真相を自白したのであるが，事前の準備がいかに大切であるかを示す一例となろう。

2 取調べにおける発問の仕方

> 取調べにおける発問の仕方はどのようにあるべきか。

取調べに限らず，法廷での尋問においても，発問の仕方には，どのような言い方でも答えることができるオープン・クエスチョン型の発問と，イエスかノーかの二者択一のクローズド・クエスチョン型の発問があるわけである

が，取調べにおいても，これらを適宜混ぜ合わせて発問することになる。能弁な被疑者等であれば，オープン・クエスチョン型の発問が適切な場合もあろうし，あるいは，余計なことは話すものの肝心なことは言わない被疑者等であれば，二者択一のクローズド・クエスチョン型の発問が適する場合もあろう。

　ただ，大切なのは，相手方との呼吸である。どのような問いを発するにせよ，相手方がその場の雰囲気等で答えやすい発問を選んで，相手方との呼吸を合わせて聞いていくということであろう。それが相手方にとって有利なものであれ，不利なものであれ，テンポよく聞いてテンポよく答えさせるというのは，思わず本音が出てしまう素地を作る上で有効である。

　もっとも，それだけで被疑者を落とせるかというと，そのようなものではない。被疑者に真実を供述させることができるかどうかは，当該被疑者のことをどれだけ思いやっているかという取調官の気持ちが伝わらないとどうにもならないからである。例えば，文句ばかり言っていたり，挑発的な言動を繰り返したりする被疑者がいるが，相手方のペースに乗って，自分も同じように怒り返していても何も始まらない。取調官が若い時期にそのような取調べに陥ってしまうのもわからないではないが，怒りなどの感情に流されているだけでは，およそ取調べの目的を達成することは不可能であろう。もちろん，そんな被疑者を取り調べていて楽しいわけはないのであるが，ただ一つ覚えておいたほうが良いことがある。それは，どんなに態度の悪い被疑者でも，本当に落ちて自白した際には，人間が180度変わるということである。

　筆者がある放火事件において，自分の親ほどの年齢で，悪態を繰り返していた被疑者を取り調べたことがあった。被疑者が犯人であることは，他に可能性のある者がほぼいないこともあって間違いないと思われたものの，客観証拠が全くなく，否認のままなら不起訴と指示されていた事件であった。そんなこともあって，絶対に諦めるわけにはいかず，とにかく粘り強く夜間も取り調べていた。すると，勾留16〜7日目の夜，被疑者が突然わーっと泣き出し，「すみませんでした。私が火を付けました。」と言った際，その態度は，今までのものとは全く違っており，一人のか弱い老人がそこにいるだけになっていたのである。その後の取調べでも実に丁寧に対応しており，人は

ここまで変わるものかと驚いた記憶がある。

　このようなことがあったため，その後，文句ばかり言う被疑者などがいても，自分の罪を免れるためには突っ張るしかないのだろうなと思って，ある意味余裕をもって臨むことができるようになった。もっとも相手のペースに乗っていては自白を引き出すなどということはおよそ不可能なのであり，毅然として臨む場面は毅然と対応し，受け流しておけばよい場面は受け流すというようにリズム感のある取調べが望まれるものと考えている。

3　取調べにおけるラポールの形成

> 　取調べにおけるラポールの形成やその際の雰囲気はどのようなものであるべきか。

　取調べに当たっては，被疑者が供述しやすい雰囲気を醸成し，その中で信頼関係，つまり，ラポールの形成に努める必要がある。

　取調べは，たしかに取調官と被疑者との戦いの場であるという面もあるが，双方が感情を剥き出しにして対立し，怒鳴り合いをしているだけではおよそ取調べには値せず，捜査は進展しない。

　そのうちに被疑者も，それなら好きにしてくれと開き直り，むしろ絶対に真実を供述するものかという気持ちになるおそれがあることも否定できない。それでは被疑者の弁解を突き崩すなどということもできるわけはなく，失意徒労に終わる結果になるだけである。

　大切なことは，被疑者がなるべく気楽に，進んで供述できるような雰囲気を作り，その中でラポールを形成することである。たしかに，いきなり犯罪事実の核心について切り込んで聞いていっても，否認している被疑者であれば素直にそれを認めるとは思えないから（ただ,事件や被疑者によっては,時に,そのような方法を取る場合がないわけではないが。），身上，経歴，趣味，家族，景気動向といった被疑者が話しやすい事柄から聞いていくのも一つである。

　つまり，「所詮，捜査は人間相手の仕事，取調べも，調べる側と受ける側

との間に第三者にうかがい知れないなんらかの人間関係が醸成し，そこから初めて自白が出て来るものと思う。

これは，ベテランの捜査官なら誰しも言うことである。」（永野義一「企業犯罪と捜査」348頁，警察時報社）のであって，そのように被疑者の方から話したいという気持ちにさせるような雰囲気に持っていくことが大切である。

ただ，それはあくまで被疑事実について完全な自白を得るための土壌を形成するための方策であって，被疑者におもねるような態度は取るべきではなく，毅然たる態度を保持することも忘れてはならない。

すなわち，被疑者が供述しやすい雰囲気を作ることは大切であるが，そのことによって被疑者に甘く見られるようなことがあってはならない。

そうなってしまっては相手を増長させるだけで取調べを成功させることはできない。捜査官が被疑者の一挙手一投足を見ているように，被疑者も捜査官の一挙手一投足を見ているのであって，もし，この取調官なら嘘をつき通せそうだと思われたりしたら，絶対に真相を供述させることはできない。

したがって，被疑者に対しては，取調官は自分の立場を理解してくれるものの，事件のことはよく知っているようだし，嘘をつき通せる相手ではないと思わせなければならない。つまり，取調官としてその職務に全力を挙げて真相の解明に取り組んでおり，嘘は絶対に許さないのだという毅然たる態度でその取調べに臨んでいるのだという姿を見せることを忘れてはならないのである。

否認している被疑者にとっても否認を続けることは苦しいのであり，罪を認めることの恐ろしさと否認することの苦しさを秤にかけているのである。そんな状況下にある被疑者が，この人なら自分を正しく評価してくれると決心し，自分のすべてを託す気持ちになった時，はじめて真実を吐露するのであって，誠心誠意説得することによって被疑者は心を開くものであることを心しておくべきであろう。

そして，そのような気持ちになった被疑者には，今後の更生も大いに期待できるものであり，取調官としての努力を続けることに決して無駄なことはないと肝に銘じておくべきである。

4　被疑者の弁解と取調べ態度

> 被疑者の弁解に対してはどのような態度で臨むべきであるのか。

　取調べに際しては，被疑者の弁解を十分に聞くつもりで臨み，先入観や予断を持たないで取調べに当たることが必要である。

　事前に入念な準備をすることは，先に述べたように非常に大切なことであるが，だからといって先入観や予断を持って取調べに臨むのは正しいことではない。事件には類似の事件はあっても同一の事件というのはないのであるから，被疑者の言葉には虚心坦懐に耳を傾けるべきである。事件を一番よく知っているのは被疑者であり取調官ではないことを忘れてはならない。

　それゆえ，被疑者の弁解を頭から押さえつけるようなことはしてはならない。被疑者は，どんな事件であっても，通常，必ず何がしかの弁解はするものである。むしろ，最初から全てそのとおりでございますという被疑者の方が稀であろう。そして，何がしかの弁解をする場合，それを当初から単なる否認であるとして，頭から聞く耳を持たないというような態度を取ることはせず，出来るだけたくさんの弁解を出させ，それに対し必ず裏付捜査を行ってそれらの弁解が成り立たないということを確認しておくことである。

　自白した被疑者が後に公判で否認に転ずる場合，そこで主張する弁解は，捜査の最初の段階で主張していた否認の内容であることも，決して珍しくはないのである。

　ただ，その弁解が抽象的なものであった場合や，裏付けの取りようもないものである場合（知らないうちに他人から覚せい剤を飲み物に入れられたとの弁解など）には，反論が難しくなる場合もある。そのような場合でも，その弁解内容を詳しく聞いていくことで，矛盾点をあぶりだすような気構えを持つことが大切であろう。

　仮に，自白が得られない場合には，問答形式で調書を作成することにならざるを得ないであろう。しかしながら，これまで多くの供述調書中の問答形式の部分を見てみると，そのほとんどが，単に，こちら側からの意見なり主張なりを，問いの部分で糾し，その答えの部分で否認の内容が記載されると

いうパターンである。これは，被疑者が否認をしていたという外形的事実は残るが，それだけのことであり，要は，一貫して否認を通しているという供述状況が残るだけである。もちろん，何度も否認供述を録取する中で，問答の中での弁解内容が変遷しているような場合には，その弁解が信用できないという意味で，その問答調書が役に立たないというわけではない。だが，せめて，そのような問答をするのであれば，その答えが不自然なものであることが調書上から読んで分かるような問いと答えになるようにする工夫を心がけたほうがよいであろう。ただ，これは事件ごとにまったく異なることから，一般的なやり方というものを示すのは困難である。

さらにいえば，弁解が何度も変遷していくら不自然であるといっても，そのこと自体が積極証拠になるわけではないので，やはり自白の獲得が必要であることになんら変わりはない。

また，実際には弁解していない事柄でも，予想される弁解については捜査の段階で十分な裏付けを取っておくことも大切なことである。そのためには自分がこの被疑者のために無罪を勝ち取ろうとする弁護人になったつもりで，色々な弁解を予想し，次にそれに対抗できる裏付捜査を尽くすことが大切である。ただ，忘れてはならないのは，弁解を弁解のままにしておいてよいわけではないということである。それが単なる弁解である以上，裏付捜査で対抗するだけではなく，真実を供述させるための努力を怠ってはならない。したがって，時期をみて，単なる弁解は許さないといった毅然とした態度を示し，真実を供述させるという気概で取調べに臨む必要があるということも胸に刻んでおくべきであろう。

5 被疑者の迎合と取調べ上の留意事項

> 取調官に迎合する傾向のある被疑者の取調べにおいて留意すべき事項は何か。

被疑者から真実の供述を引き出すためには，その被疑者の性格的特性につ

いても十分な配慮が必要である。取調官の誘導に乗りやすく，その歓心を買おうとして，取調官の意を酌んだ自白をしようとする者もいないではないことに注意しておく必要がある。

　したがって，取調べに臨むに当たり，その被疑者の年齢や精神の発達状況，知的能力，表現能力等をも十分に考慮し，その置かれた立場にも思いをはせた上，迎合的性格の有無にも注意しておく必要がある。関係証拠に照らして，被疑者の供述内容に影響を与え得る迎合的な性格的特性があると思われる場合には，病院への通院歴，前科，前歴の関係記録等を精査検討することはもとより，被疑者の親族や知人等から被疑者の成育歴や生活状況を聴取して，その性格的特性についての把握に努める必要がある。

　そして，実際の取調べにおいては，予断と偏見を排し，公正無私の立場に立った上，できるだけ被疑者自身の言葉で語らせるような問いを発するように努め，誘導的な尋問をしないようにしなければならない。

　さらに，取調べにおいて，迎合的供述ではないかと疑われた場合には，被疑者に犯行を否定させる方向での発問をし，その返答の仕方や内容を注意深く観察しておかなければならない。そのような発問に対し，簡単に迎合して供述を翻し，犯行を否定するようであれば，そもそもの自白が迎合してなされた疑いが生ずることになろう。

　また，迎合してなされた供述であれば，その供述内容には具体性がなく，当然，迫真性のあるものとはなりえないはずである。したがって，この観点から供述内容を見直してみるのも効果的であろう。ただ，迎合的な性格が顕著に強度であった場合，自ら真実らしい供述内容を作り出す場合もあることに注意しておかなければならない。そのような場合には，その作り出された供述内容が本当に裏の取れるものであるのかどうかがポイントとなる。裏の取れない供述であった場合には，どんなに本当らしくみえる供述であっても，虚偽供述ではないかとの疑いを捨て去ってはならない。

　なお，取調べの録音・録画を実施していた場合には，迎合的な供述ではなかったか，自ら再生してチェックするのも有効な方法であろう。

　さらに，普段から，そのような性格的特性がある者についての知見を深めておくことも重要である。例えば，精神医学関係の文献や，精神医学関係者

の講義，さらには，その分野の専門家との意見交換等を通じて，迎合的な供述をしやすい性格的特性についての知識，知見の充実に努めておくことが望ましい。

　この点で参考になると思われる事件として，筆者が先輩から聞いた，無罪となった有印私文書偽造・同行使等の事件があるので，これを紹介したい。この事件において，被疑者は，その犯行を全面的に認めており，具体的に，文書を偽造し，それを行使した状況について詳細に自白していた。この事件は，最終的には，公判における筆跡鑑定などにより，被疑者の筆跡ではないなどとして，被疑者が犯人ではないとされたものであった。

　そこで，どうして筆跡が違っているのに，被疑者が虚偽の自白をしたのかという点に関し尋ねたところ，結局のところ，被疑者が取調官に迎合して虚偽の自白をしてしまったのだろうということであった。実は，取調官は，非常に山が好きな人で，それで取調べの中で，被疑者にいろいろと山の話をしていたところ，被疑者も同様にとても山が好きであったところから，取調官に好意的に思われたいと考え，取調官に迎合してしまって，虚偽の自白に及んだのではないかと思われたのである。

　これなどは，取調べが被疑者の心を揺さぶったともいえるわけであるが，その結果，迎合して犯行を自認してしまったのである。ただ，その後，もう一度，その自白が正しいものであるかどうかを検証するような取調べをすれば，上記の結果は回避できたのではないかと思われるところである。

6　否認から自白に転じた際の取調べ上の留意事項

> 被疑者が否認から自白に転じた際の取調べにおいて留意すべき事項は何か。

　まず，否認していた被疑者が自白を始めた時の心構えとして，最も大切なことは，その機会を逃したら被疑者はまた否認に戻ってしまい，もう自白する機会がなくなってしまうかもしれないと考えておくことである。今日は，

概ね認めたから，明日はもっと認めるだろうと考えるのは早計であり，留置場の房に戻ってゆっくり考えたら，やっぱり否認しておこうと考えてしまう被疑者は非常に多い。相手が自白を始めたら，機会を逃すことなく徹底的に追及することが肝心である。

　しかしながら，これは実際にはなかなか難しいことである。頑強に否認していた被疑者が自白を始めると，取調官としては，やっと自白したという安堵感や，自白した被疑者がとてもかわいい存在に思えてしまうことなどから，いきおい甘い不十分な自白でも完全に自白したものと思い込んでしまうことがある。しかし，ここが完全な自白を得る唯一の機会であるかも知れないのであるから，一気に全面的に自白するまで気持ちを緩めることなく追及を続ける必要がある。もし，それが中途半端な自白，いわゆる半割れという状態のままになってしまうと，結局は自白調書として十分なものが作成できず，後の公判でその信用性を否定される原因ともなってしまうので注意が必要である。このような場合，取調官としては，心を鬼にして追及を続けなければならないのである。

　一般的にいって被疑者は，特に，知能犯事件などでは，検挙されることによってその社会的信用が一挙に崩れ，時にはその会社での職や退職金等を失う結果となるため，必死になって抵抗するのが常であり，また，自白をしても最小限度に留めようとするのが普通である。しかし，その一方で，それまで社会において一定の評価を受けていた者などは，拘禁生活に耐えられぬようになって釈放をあせり，取調官の歓心を買うために虚偽の自白をするおそれがあることも忘れてはならない。

　そのような場合，虚偽の自白を看過し，それを前提として捜査を続けて事実認定を行えば，必ず後に被疑者は公判廷で否認し，その認定事実は瓦解してしまうことになる。取調官は自白が取れたと思っても安易に気を許すことなくそれが真相であるかどうか更に追及を続ける気持ちを失ってはならないし，また，その一方で，その供述した事実の裏付けを丹念に取ることで，自白の真実性を確保する努力を怠ってはならない。したがって，たとえ自白しても，そこに秘密の暴露があるかどうか（後掲第4章⑤参照），その自白が裏付捜査で確認できるものかどうかを吟味し，それが不十分であれば，さらに，

裏付けの取れる自白を得るように取調べを続けなければならない。

その上で，調書を作成するに当たっては，真犯人が自白したのであれば当然に説明できるはずのことが，きちんと説明できていて，それが調書に記載されているかどうかをチェックすることである。真相を自白したのであれば，なぜ，犯行現場がそのようになっていたのか，どうしてそのような凶器を使うことになったのかなど，合理的な説明がつくはずである。また，そのようなことが調書化されていなければ，そもそも，その自白をしたということ自体に信用性がなくなってしまうのは当然である。

また，被疑者が真実を語っているのであれば，証拠物と犯行との結びつきや整合性が十分明らかにされているはずであり，この証拠物の検討という面からも被疑者の自白の真実性をチェックしておく必要がある。

そして，忘れてはならないのが，どうして否認から自白に変わったのかという説明である。これが合理的で納得の行くものになっているかどうかが，その自白が真意かつ任意になされたものであると判断されるかどうかのキーポイントとなる。これが通り一遍の説明になっている調書も見られないではない。そのような場合には，無理やりに自白内容の供述を押し付けられたという弁解に反論することが困難になりがちである。

例えば，「嘘をついていたのは刑務所に入りたくなかったからです。これ以上嘘をついても通らないと思い，本当のことを話すことにしました。」などという内容の供述調書を散見することがある。この供述に対しては，①「今回の事件で刑務所に入ると思った理由」が不明である，②「嘘が通らないと思った理由」が不明である，ということが指摘できる。否認していた理由及び自白に転じた理由に関する被疑者の供述が，「なるほど」と思われて初めてその自白に信用性があると判断される。先ほどのような供述では自白に信用性があると直ちには言い難い。

否認していた理由や自白に転じた理由を聞くときには，まず，被疑者は，毎日取調べを終えて留置場に戻った後どのようなことを考えていたのか，例えば，否認していれば起訴されないと思っていたのか（そう考えたのであればその理由），否認しても勾留されたということは証拠がしっかりあるのではないか，自白すれば確実に起訴されるだろうか（そう考えていたのであれば

その理由），自白して起訴されるとどのくらい刑務所に入るのか，自白したら否認の場合よりも刑が軽くなるだろうか（そう考えていたのであればその理由），自白したら××さんに迷惑がかかるのではないか，などいろいろなことを考えたはずであり，それを被疑者から聞き出すべきであるし，その供述内容も被疑者の供述調書に録取すべきである。そうすることによって，否認していた理由や自白に転じた理由も自ずと「なるほど」と思われるようになろう。要は，真実の自白を引き出す努力を続け，そのことにより，真実の自白が得られた場合には，その自白に転じた合理的な説明が必ずできるはずであるので，これを正確に録取することを忘れてはならないのである。

　なお，取調べの録音・録画がなされている場合には，否認から自白に変わった状況がそのまま見て分かることから，その理由を説明する必要性は低くなるようにも思われる。しかしながら，後に当該録音・録画を見ても心証が取りきれないといわれる事態を避けるためにも，供述調書の中で本人の言葉で自白する気持ちになった理由を述べさせておく方が良いであろう。

7　通訳人を介して取調べをする場合の留意事項

> 通訳人を介して取調べを実施する場合，その正確性を確保する上での留意すべき事項は何か。

　通訳人を介して取調べをする場合には，あらかじめ通訳人の力量を知っておくほうが望ましい。できれば取調べを実施する前に打ち合わせをし，まず，通訳人として，どの程度の経験があり，どのような事件で通訳人として通訳をしてきたのかなどについて率直に聞いておくほうがよい。これらを知っておくことで，取調べの際に，通訳人が余裕をもって通訳をしているかどうかなど，通訳人の負担を把握でき得るからである。

　また，通訳人において，刑事手続や刑事法について，どの程度の理解があるのかも知っておいたほうがよい。それらについて，もし誤解があった場合，当然に通訳される内容にも影響が出てきてしまうことから，その理解の程度

に応じて，質問で使う用語も変えるという配慮が必要であろう。

さらに，発問に当たっては，できるだけ単文になるような問いを発するべきで，複文などは極力控えた方がよい。つまり，端的に聞くことで，正確な通訳が可能になるようにすべきである。そして，調書の作成に当たっても，できるだけ一文を短くし，分かりやすく，二義を入れないような表現にしなければならない。

そこで，通訳の正確性が裁判上問題となった具体例を挙げるが，まずは，平成15年12月2日東京高裁判決（東高時報54・1＝12・78）が参考になる。これは通訳の際の誤訳が正面から問題となった事例である。

これは，ペルシャ語の通訳が「判決に影響を及ぼし得る重大な誤訳があっても，通訳人が刑訴法175条の要求する通訳能力を有しているかを判断する上で，誤訳の有無やその程度等を考慮するのは当然としても，誤訳があったこと自体は，その結果もたらされる事実誤認や量刑不当の問題として考慮すれば足りるのであり，重大な誤訳があったからといって，直ちに当該通訳人に刑訴法175条の要求する通訳能力が欠けていることになるわけではないというべきである。そして，通訳人が上記の通訳能力を有しているかどうかは，当該通訳人の具体的通訳状況殊に誤訳の有無・程度に加えて，当該事案の性質，内容，被告人の防御方針，審理の状況，被告人の通訳言語以外の言語能力等を総合して，被告人が手続の趣旨を理解し，適切な攻撃防御を行う上で，当該通訳人がこれに必要な通訳能力を有しているか否かという観点から判断すべきであると考えられる。」とし，一部に誤訳があっても，通訳全体からみれば，ごく一部分に生じたものに過ぎないことや，事案が単純なもので，被告人も当初から認めており，原審でも争っていなかったことや，その通訳の際にほぼ同じ言語であるダリー語を交えて通訳しており，被告人がこれを理解していたと認められることなどを総合的に考慮して，有罪とされたものである。

次に，平成6年11月1日東京高裁判決（判時1546・139）も同様の問題が生じた事例である。これは，イロカノ語を使う被告人が母国の公用語であるタガログ語で通訳をされたのは違法であると主張したことに対し，「一般に，捜査及び公判においては，被疑者や被告人が十分に理解できる言語につ

いての適切な通訳人が得られる限り，その言語による通訳人を介した取調べ及び公判審理を行うことが望ましいが，そのような通訳人を得ることが困難な場合等には，被疑者や被告人が理解でき，意思の疎通ができる他の言語により取調べ及び公判審理を行うことも許されるのであって，ただ，その言語の使用によって，取調べや審理に誤りが生ずるようなことがあってはならず，被疑者，被告人に対する権利の保障が不十分になる結果を招くようなものであってはならない」旨判示し，被告人は，タガログ語も十分に理解できていたとして，タガログ語の通訳で行われた審理に問題はなく，ただ，一部に誤訳と疑われる部分もないではないが，別の角度から質問するなどして趣旨を確認するなどしており，「通訳に一部誤りがあるとしても，これは本件の審理，判断に影響を及ぼすほどのものではないと考えられる。」と判示したのである。

　上記いずれの判決でも，誤訳があっても全体としては正確に通訳がされていたと判断されたものであるが，取調べに当たっては，極力正確な通訳がなされるように通訳人に配慮する気持ちを忘れないことが大切である。

⑧　取調べに当たっての監督対象行為

> 監督対象行為を念頭においての取調べ上の留意すべき事項は何か。

　監督対象行為とは，「被疑者取調べ適正化のための監督に関する規則」（平成20年国家公安委員会規則第4号）3条1項2号において，

　　監督対象行為　被疑者取調べに際し，当該被疑者取調べに携わる警察官が，被疑者に対して行う次に掲げる行為をいう。
　　　イ　やむを得ない場合を除き，身体に接触すること。
　　　ロ　直接又は間接に有形力を行使すること（イに掲げるものを除く。）。
　　　ハ　殊更に不安を覚えさせ，又は困惑させるような言動をすること。
　　　ニ　一定の姿勢又は動作をとるよう不当に要求すること。
　　　ホ　便宜を供与し，又は供与することを申し出，若しくは約束するこ

へ 人の尊厳を著しく害するような言動をすること。

と規定されているが，その他にも，同条2項において，警視総監，道府県警察本部長若しくは方面本部長又は警察署長の事前の承認を受けないで，午後10時から翌日の午前5時までの間に被疑者取調べを行うことと，一日につき8時間を超えて被疑者取調べを行うことがこれに当たるとされている。

上記に掲げられた行為が取調べを行う上で不当であることは明らかであるが，そのような行為に及ばないことはむしろ当然であって，これを念頭において取調べを行うことは難しいことでもなんでもなく，普通に取調べをしていれば，そもそも監督対象行為などにはならないはずである。

被疑者の身体に有形力を行使するなどというのは言語道断であり，そのようなことをしても被疑者が落ちることはない。むしろ反感を買うだけであって，より一層自白から遠のいていくだけであろう。

9 怒鳴る取調べと監督対象行為

> では，取調べにおいて被疑者を怒鳴ったりすることは上記監督対象行為となり，許されないのか。

そのようなことはない。そもそも怒鳴るという行為自体，上記の監督対象行為に列挙されていないし，被疑者が挑発的，挑戦的な態度や，明らかに取調官を侮辱するような態度をとったり，更には，被害者らを貶めるような発言をした場合には，毅然として注意し，その際，口調や声のトーンが強く大きくなって，怒鳴ったということになったとしても，それは問題ではない。むしろ，被疑者がそのような態度や発言をしたにもかかわらず，それを放置しておくことは，その後の取調べを意味のないものにしてしまうおそれがあるし，それが録音・録画されていた場合には，後に被害者の遺族等がそのような場面を見たりした際，取調官は被害者が貶められたのに何もしてくれなかったとの不満をもたらすことになる。怒鳴ることが必要な場面であれば，

それを躊躇するようなことがあってはならない。

　筆者が，ある代議士に係る汚職事件の捜査に従事していたときのことであるが，既に御用納めも済んだ後の年末に先輩検事と二人で仕事をしていたことがある。二人とも立会事務官は休ませており，自分たちだけでできることをするために出勤していたのであるが，その先輩検事は，急に，被疑者的な立場になる参考人を呼び出して調べることにした。連絡がついて当該参考人が来ることになったが，立会事務官がいなかったことから，先輩検事は，私に彼の調べ室に来ていてほしいと頼んできた。広い部屋であったため，立会事務官以外の事務官用の席もあったことから，私は，そこに座って図らずしも先輩検事の取調べを見学することになった。

　そこでは，先輩検事は，その参考人が贈賄をしていないかとの観点で色々と追及していた。お金を渡していないはずはないだろうという趣旨で問いただしていたのである。すると，その参考人は，「わかりました。そこまで言われるなら，今度，そういうことがあったらお金を渡しますよ。」と言ったのである。これは完全に取調官を馬鹿にした発言である。私は，何を言うんだと腹が立つとともに，これで黙っていたら先輩検事も大したことないなと思っていたら，彼は普段はとても温厚な人物であったが，突然，立ち上がり，「君はなんということを言うんだ。言っている意味が分かっているのか。」とすごい剣幕で怒鳴りつけたのである。私は，それでなければ取調べじゃないと思っていたので，心の中で，そうだそうだ，もっと言えなどと思っていた。すると，その参考人もさすがにまずいと思ったのか，すぐに「すみません。今のは撤回させてください。失礼なことを申し上げまして申し訳ありません。」と頭を下げて謝ったのである。

　このことからわかるように怒鳴ること自体が間違っているのではなく，怒鳴る場面を間違ってはいけないということである。録音・録画が施行されるにつれて，怒鳴ると何か言われるのではないかと萎縮している傾向があるかのように思われるが，毅然とした態度で臨まなければならないときは，時には怒鳴ることもあるのは当然のことである。

　ただ，覚えておかなければならないことは，怒鳴ったから割れるという結果にはならないということである。被疑者の心を開かせなければならないの

であるから，怒鳴ることはそのマイナスに働くのが通常だからである。

10 突き上げ捜査要領

> 突き上げ捜査の要領は何か。

　突き上げ捜査は，被疑者を本当に落としていないとできない捜査である。被疑者に自己の犯行を認めさせるのみならず，他の関係者をも巻き込んでしまう事態をも容認させるわけであるから，被疑者としてもなかなか言いにくい面があるのは当然である。にもかかわらず取調官にそれを供述させるという事態に至らせるのは至難の業であり，また，逆に，これができればいかに優秀な取調官であるかを示すことになろう。実際のところ，薬物の入手先や組織犯罪におけるトップの関与を明らかにすることは，背後の最も悪質な犯罪者を剔抉するという意味でも非常に重要な捜査である。

　ただ，現実問題として，このような突き上げ捜査をするための秘訣などがあるわけではない。被疑者をいかに改心させ，犯罪から縁を切るつもりにさせられるかという取調官の力量にかかっているわけであるから，誰もが簡単にできるわけでもない。しかしながら，それを取引によって可能にしようとしたのが，平成28年の刑事訴訟法改正による司法取引の導入である。法350条の2以下に「証拠収集への協力及び訴追に関する合意」として，この制度が設けられた。

　そして，この制度は，平成30年6月1日に施行された。具体的には，被疑者や被告人が共犯者らの犯罪解明のために，検察官に対し，供述や証拠の提出などの協力をすれば，検察官は，起訴を猶予したり，取り消したり，また，より軽い求刑をすることができるというものである。その対象犯罪は，薬物犯罪，銃器犯罪や，贈収賄・詐欺・横領といった経済犯罪などであり，その取引には弁護人の同意が必要であり，協議の全過程に弁護人が立ち会うことになっている。

　そして，警察が送致した事件で，検察官が，重要な証言や証拠を得られる

か見極めるため，取引について被疑者と協議する場合は，警察官との事前協議が義務付けられている。また，検察官が必要であると認めれば，警察官が検察官に代わって被疑者と協議し，供述を求めることができる。

そして，このような法改正に応じて，犯罪捜査規範も改正され，検察官との事前協議や，警察官が被疑者との協議で供述を求める場合には，警察本部長の指揮が必要であるとされた。

この制度の運用に当たっては，これまで以上に，警察官と検察官との緊密な連携が必要になる。適切な運用ができるかどうかは，両者の連携の緊密性と熟度にかかってくるものと言えよう。特に，協議対象の事件とその被疑者・被告人の選定を誤ることのないよう留意しなければならない。

11 録音・録画の留意事項

> 取調べにおいて録音・録画を実施するに当たって留意すべき事項は何か。

平成28年の刑事訴訟法改正により，新設された301条の2において，被疑者取調べの録音・録画制度（録音・録画した記録媒体の証拠調請求義務，録音録画義務）が導入された。

その制度の骨子は，検察官が「逮捕・勾留中の一定の事件（裁判員制度対象事件及び検察官独自捜査事件）について，被疑者調書として作成された被告人の供述証拠の任意性が争われたときは，当該供述調書が作成された取調べの状況を録音・録画した記録媒体の証拠調べを請求しなければならない」とするものである。

もっとも，
① 記録に必要な機器の故障その他のやむを得ない事情により，記録をすることができないとき。
② 被疑者が記録を拒んだことその他の被疑者の言動により，記録をしたならば被疑者が十分な供述をすることができないと認めるとき。

③ 当該事件が指定暴力団の構成員による犯罪に係るものであると認めるとき。
④ 前②③に掲げるもののほか，犯罪の性質，関係者の言動，被疑者がその構成員である団体の性格その他の事情により，被疑者の供述状況が明らかにされると，被疑者又はその親族に対し，身体・財産への加害行為又は畏怖・困惑行為がなされるおそれがあることにより，記録をすると被疑者が十分に供述できないと認めるとき。

の４つの場合には，録音・録画の対象外とすることが認められている。

そこで，このような録音・録画がなされる場合の取調べの在り方が問題となるが，基本的には，これまでの取調べと何も変わることはないと考えるべきである。

そもそも，これまでの録音・録画をしていない取調べにおいて，見られて困るような取調べをしているほうが問題なのであって，それゆえ，録音・録画が実施されても何も困るようなことはないというべきであろう。

ただ，現実の問題は，取り調べる側ではなく，取調べを受ける側に対する影響である。これまでは，涙を流しながら自白をしても，その状態を見て知っているのは，担当の取調官だけであり，他の誰もそんな姿を見てはいない。

それで，この取調官の前なら心の底まで見せることができると思って，親にも言えないような，ある意味，心の中のいやらしさまで正直に述べていた被疑者もいたのであるが，それが録画されて今後誰がそれを見るか分からないということになれば，当然にそれが大きなブレーキとなり，それゆえに自白できないということも起き得るであろう。

また，暴力団事件や談合事件などの複数の被疑者がいる事件では，誰が最初に自白したかと知られると，今後の組織内の人生において致命傷になることがある。それゆえ，自白はしてもいいけど，自分が最初に自白したことは隠しておいてほしい，誰か他の人が自白した時と同じ時期に自白したことにしてほしいと頼まれることがあった。

その気持ちは，決して分からないものではないし，特に，暴力団事件では，最初の自白者が恨みを買って，次の事件の被害者になるおそれもないではないので，被害者保護という観点からも，その対応は必要なものとなる。

しかしながら，録音・録画がなされれば，そのような配慮をしてやることは不可能となり，録音・録画された記録媒体を弁護人等関係者が見るとなれば，自分の身が危ないとして，自白をためらうことは十分にあり得ることである。

　では，その対策であるが，これははっきり言って，残念ながら存在しないとしかいえないであろう。このような制度を導入するに当たって，上記のようなデメリットは当然に分かっていたことであるから，そのことにより自白の獲得が困難になるとしても仕方がないとしてこの制度を作ったのである以上，個々の取調官の努力で何かできるようなものではない。

　ただ，取調官としては，だからといって自白の獲得を諦めてはならないということである。非常に難しい条件が設定されてしまったにしても，それを言い訳にして被疑者から真実を引き出すという努力を怠ってしまってはならないのである。

第2章　被疑者の特性又は属性に応じた取調べ留意事項

1　黙秘（供述拒否）した被疑者の取調べ上の留意事項

> 黙秘（供述拒否）する被疑者に対する取調べ上の留意事項は何か。

　近時は，黙秘する被疑者が多くなっているようであるが，このような被疑者は以前からも存在していた。そのような場合，取調官としては，被疑者からの反応がないため，そもそも取調べを続けても意味があるのだろうかと悩んだりするものであろう。

　しかしながら，被疑者はちゃんと取調官の言うことは聞いているのであり，その言葉によって内心さまざまに葛藤しているのが実情である。

　筆者が担当していた知能犯事件の被疑者を拘置所において取り調べていた際，完全黙秘ではないものの，肝心なこととなると全く話さないという被疑者がいた。最終的には勾留14，5日目くらいに全て自白したことから，彼の内心の動揺を教えてもらうことになったわけであるが，彼が言うところでは，実は，5日目頃の夜の取調べの際に，もう全部話してしまおうかと思ったことがあるとのことであった。私は，何が彼の心に響いているのか分からないことから，ある意味手探りで，彼が大切に思っていることや気にかけていることを考えて話しかけていた。その時，私は彼の実兄のことを話しており，実兄がどれほど被疑者のことを気にかけて心配しているかというようなことを繰り返し話したのである。しかしながら，彼からはこれといった反応もなかったことから，所詮，兄弟の話程度では心は揺さぶられることはないんだろうなと思って，立会事務官に今日はこれであがるということを言って，取調べを終了した。ところが，彼は，実質的には実兄に育てられたようなもの

であったらしく，実兄のことを一番気にかけていたのである。そのため，そのことを繰り返し言われた時，もうこれ以上嘘をつき通すのは実兄に対しても悪いのではないかと思って，自白しようかどうか逡巡していたとのことであった。

ところが，私はそんなこととは露知らず，今日の取調べを終了させると言ったことから，その時，ああ助かったと思ったとのことである。彼が言うには，あと30分長く取調べをされていたら，おそらくその段階で自白したと思うとのことであった。

こちらとしては，だったら，その時に言ってくれればよかっただろうと言ったのであるが（被疑者としては余分な手間を掛けさせて申し訳ないとは言っていたものの），人間の心理というのは，傍から見ているだけでは分からないものだなと思った次第である。

それからは，黙秘している被疑者も上記の被疑者と同じであり，言われた言葉に対して，心の中で一々反応しているのであって，本当のことを言ってしまおうかどうか迷っているのが通常だと思えばよいと考えている。

古くは，壊れたテープレコーダーのように何度でも同じことを言えばいいんだ，被疑者の心の中に届く言葉がその中にあるのなら，いつかは必ず本当のことを言うはずだから，という言い方がされていたが，黙秘する被疑者に対する取調べに関しては至言であると言ってよいと思われる。

② 出頭拒否をする被疑者への対応要領

出頭拒否をする被疑者への対応はどのようにすべきか。

出頭するように説得するのが第一歩ではあるが，それに応じない者はいくらでもいるであろう。そのような場合には，速やかに逮捕して身柄事件とすべきである。出頭に応じない状態でずるずるといたずらに時を経過させることは，被疑者の思うつぼであるから，毅然たる態度で臨むようにすべきである。

3 暴力団被疑者の取調べ上の留意事項

> 暴力団被疑者に対する取調べ上の留意事項は何か。

　暴力団関係者の取調べは，通常の取調べより困難な場合が多い。被疑者の特性として反社会性が強度になっており，しかも暴力団組織独特の掟に従うことから，通常の説得活動が通じないこともしばしばである。

　しかしながら，この種事件の取調べに長けていなければ，暴力団犯罪を根絶することはできず，ましてや暴力団を我が国から一掃するなどということはできるはずもないこととなろう。

　捜査官となった以上は，暴力団被疑者の取調べを積極的に行い，彼らの特性や考え方，また，自白に至る心理的変化の状況などを体得するように努めるべきである。

　筆者の場合は，若い時代に，何か月もの間，連日，暴力団被疑者の恐喝未遂の身柄事件ばかりを配点され，彼らを自白させるのを日常の仕事とさせられたことがある。

　上記のように暴力団被疑者であることの困難さももちろんのこと，恐喝も未遂であると，まず，恐喝文言を言っていないという否認がなされ，さらに，実際に金を受け取っていないことから，仮に文言を認めても，金をもらうつもりはなかったと更なる否認ができ，事件処理として非常に難しいことになり，若い検察官の取調べの訓練にうってつけだからである。

　もちろん，自白が得られたこともあったが，逆に自白が得られなかったこともあり，それができないということが決裁の際に厳しく指摘され，そのため一層奮起したことから，検察官としての取調べ能力の向上に大いに役立ったものと思われる。

　そして，暴力団被疑者を取り調べる場合，何を重視するかという点であるが，基本的には，彼らのしたことは全て分かっているという毅然とした態度と，彼らの今後の人生に対する配慮であろう。

　筆者が扱った事件で，暴力団の対立抗争のために，相手方組の組員2人に対して発砲し，そのうちの1人を死亡させ，もう1人にも重傷を負わせたも

のの，直後の警察の緊急配備により，逃走中の暴力団員2名が緊急逮捕されたというものがあった。

そのうちの見届役の若い組員は，当時，子供が産まれたばかりであり，本人は組の命令で納得してしたこととはいえ，子供が成人になる頃まで会えないと心底嘆いていたのを記憶している。捜査官としては，このような例もあることを伝え，まず，暴力団組織から足を洗うことを考えるべきだということを説得すべきである。

組織に居続ければ，形は異なるものの，上記の事案と同様の事態が当該暴力団被疑者にも起きる可能性があり，同様に嘆く結果になることが予想されるからである。

もちろん，そのような説得に応じない者の方がはるかに多いが，一人でも暴力団員を減らしていくというのも捜査の上で重要なことである。その上で，必ず起訴される結果になるという自信の基に，否認が決して自分自身のためにならないと説得を続けるべきであろう。

また，暴力団被疑者の場合，身代わりになろうとする被疑者もみられるのであって，共犯事件において，他の組員が実行したことも自分がしたことにできないかと持ち掛けるような者もいる。

したがって，いくら自認しているからといっても，その供述内容の吟味は怠ってはならない。

一般的にいえば，暴力団被疑者は，組織のために否認するというのが通常の供述スタンスであろう。組織からの離脱に関する説得などに一切応じないという態度で，あくまで否認を貫くという態度で臨んでいる被疑者については，言い古されたことではあるが，こちらは何もかも分かっているという姿勢で，あくまで毅然とした態度で，必ず起訴し，有罪にするという確信をもって臨むべきである。

彼らも，こちら側が何を知っているのか疑心暗鬼なところもあり，どう否認してもだめなら，自白することも選択肢の一つとしているからである。

彼らは，どのような対応が最終的に自分に有利になるのかを常に打算的に考えているのである。

④ 自首した被疑者の取調べ上の留意事項

> 自首事件における被疑者に対する取調べにおいて留意すべきことは何か。

　自首とは，犯人が捜査機関に対し自発的に自己の犯罪事実を申告して，訴追を含む処分を求めることであると解されているところ，自首事件では，本人が既に罪を認めていることから，取調べが難航するようなことは少なく，その供述から裏付けが取れることも多い。その意味では捜査は比較的容易である。

　しかしながら，注意しなければならないのは，この種事件では，身代わり事件がしばしば見られるということである。自動車事故による道路交通法違反及び過失運転致死傷事件などでは，真実の運転者が無免許運転や酒気帯び運転をしていた場合などに同乗者が身代わりになることもある。また，暴力団同士の対立抗争事件において，対立抗争している相手方の組事務所に銃弾が撃ち込まれたような場合，拳銃を持参して自首する暴力団員がいるが，この者も身代わりの可能性がある。

　また，子供の虐待で実際には継父が子供を死なせたのに，母親が身代わりになって自首し，起訴されてしまった事件も存するところである。

　このような者たちは，当該事件の事情をある程度分かっているため，取調べにおいてもなかなかぼろを出さず，そのため，取調官も真実犯人であると誤信する場合も決して少なくない。

　しかしながら，後になって，身柄付のまま起訴されたり，自分が予想した刑罰に反して重い刑罰が言い渡されたりしたことで，初めて自分は犯人ではないと主張することもしばしばである。

　このような事件では，言い古されたことではあるが，やはり秘密の暴露（第4章⑤）を自首した本人に言わせることができるかどうかがポイントとなろう。

　いかに理路整然と自己が犯人であると述べていても，真実の犯人であれば必ず分かるはずの事実関係について，ちょっと忘れましたとか，なんか記憶

があいまいなんですよねなどといった言い逃れ的な供述がある場合には，犯人ではないのではないかという観点からの追及を怠ってはならない。

　当該自首した者から，後に，実は取調官に自分が犯人であると嘘を言っていましたなどと明らかにされるのは，本人の虚偽自白に安易に乗って真実の解明を怠ったということになり，非常に不名誉なことであると肝に銘ずるべきであろう。

　なお，関連した問題として窃盗罪で逮捕された被疑者が，窃盗の余罪を自白して上申書を作成した場合，それが自首に該当するのか問題となるのである。

　この場合，「申告の自発性」の有無が問題となる。

　この点について，昭和52年12月26日東京高裁判決（刑裁月報9・11＝12・861）は，窃盗罪で勾留中の被疑者が18件の窃盗の余罪を自白した事案について，「いずれも犯人が判明しない段階で被告人がこれを司法警察員に自供したものであることは認められるが，自供をした当時，被告人は窃盗の事実で逮捕勾留され，被告人の従前の窃盗の犯歴から多数の余罪のあることを予想して○○警部補から，（勾留事実となっていた）窃盗の事実及び他にも窃盗をしていないかについて取調べを受け，これに対し，18件の窃盗の事実を自供したものであることも明白であるところ，このように自己の犯罪事実について捜査官の取調べを受けている者が，その取調べ中，他にも犯行を犯していないかとの趣旨の問を受けて更に他の犯罪事実を自供したとしても，このような状況のもとでの供述は自ら進んで犯罪事実を捜査官憲に申告することを意味する刑法42条1項の自首に該当しないものというべきである。」旨判示している。

　したがって，この場合，自首に該当しないということを明らかにしておくためにも，被疑者が窃盗の余罪を自白して上申書を作成した経過について捜査報告書を作成するか，被疑者の供述調書に余罪を自白した経過を録取しておくことが必要である。

5 精神障害を有する被疑者の取調べ上の留意事項

> 精神障害を有する被疑者に対する取調べにおいて留意すべき事項は何か。

　精神障害を有する被疑者に対しては，その病状をよく認識・理解した上で，その症状に応じた取調べをすべきであろう。精神障害を有する者である以上，その認識等がどこまで正確になされているか，また，記憶が正確に保持されているかは，必ずしも定かではないことから，いきおいその供述の信用性も高くはないといわざるを得ないであろう。したがって，そのような被疑者の取調べに過大な期待をしてはならない。むしろ客観的な事情とどれだけ符合する供述ができているかをみることで，その供述の信用性の程度を測る必要がある。それでも裁判所がそのような被疑者の供述内容を高く評価することは考え難いので，そのような見方の下で取調べを実施すべきである。

　むしろ注意すべきは，詐病である。本当は精神障害を負っているわけではないのに，自己の刑責を軽減するためにそのような障害があるかのように装っているかどうかは十分に吟味しなければならない。

　詐病であることが判明した裁判例としては，次の各事例が挙げられる。

1　平成28年3月30日東京高裁判決（公刊物未登載）

(1)　この事案において，認定された罪となるべき事実は次のとおりである。
　　被告人は
　　第1　通行人から金品を強奪しようと考え，平成26年3月3日午後11時35分頃，千葉県柏市内の路上において，A（当時25歳）に対し，シースナイフ（刃体の長さ約21.9cm）の刃先を向けて脅迫し，その反抗を抑圧して，同人から金品を強奪しようとしたが，同人が左手で同シースナイフの刃をつかんで押しのけて逃げたため，その目的を遂げず，その際，同人に全治約2週間を要する左母指切創の傷害を負わせ
　　第2　通行人から金品を強奪しようと考え，同日午後11時37分頃，同市

内の路上において，B（当時31歳）に対し，殺意をもって，前記シースナイフで頸部および背部を数回突き刺してその反抗を抑圧した上，同人所有又は管理の現金約1万数千円，財布等136点在中の手提げバッグ1個（時価合計約6,000円相当）を強取し，よって，その頃，同所において，同人を頸部および背部の刺切創による失血により死亡させて殺害し

第3 C（当時44歳）が普通乗用自動車を停車したのを認め，同人の金品を強奪しようと考え，同日午後11時40分頃，同市内の路上において，同車運転席に座っていた同人に対し，前記シースナイフの刃先を向け，「今，人を一人殺してきた。」「降りろ。」「金払え。」などと語気強く言って脅迫し，その反抗を抑圧した上，同人所有又は管理の現金3,302円，鍵等5点在中の財布1個（時価合計約2,500円相当）を強取し

第4 前記第2事実の被害者Bを救助するため，エンジンをかけたまま停車していたD（当時47歳）所有の普通乗用自動車を認め，同車を窃取しようとして，同日午後11時41分頃，同市内の路上において，同車の運転席に乗り込み，発進しようとした際，これに気付いた同人が同車運転席に駆け寄り，被告人に降車を求めたことから，同車を強奪しようと決意して，前記Dに対し，「うぉー」と怒号しながら，前記シースナイフの刃先を向けて脅迫し，その反抗を抑圧した上，同人所有又は管理のゴルフクラブ一式等12点（時価合計23万3,000円相当）を積載した前記普通乗用自動車1台（時価約13万1,000円相当）を強取し

第5 業務その他正当な理由による場合でないのに，同日午後11時35分頃から同日午後11時41分頃までの間，同所付近路上において，前記シースナイフ1本を携帯し

第6 みだりに，同月5日，同市内の当時の被告人方において，大麻である乾燥植物片0.197gを所持し

たものである。

(2) この事案において，起訴前の被告人の精神鑑定を実施した鑑定医は，第一審（平成27年6月12日千葉地裁判決・裁判所ウェブサイト）において，被

告人は，反社会性パーソナリティ障害，自閉スペクトラム症であると認められ，本件前もインターネット上の人付き合いはあり，実際にも会うなど対人交流は保たれていたこと，鑑定の面接においても会話は理路整然とし，思考はまとまっていることなどから，統合失調症とは認められないとした上で，被告人が公判段階に至って「ハイジャックを，今やるしかない。」などという幻聴を聞いたとの被告人の訴えは詐病と判断されると証言した。

　そして，本件第一審判決，上記東京高裁判決，上告審である平成28年10月11日最高裁決定（公刊物未登載）もこの結論を支持し，被告人に対して無期懲役とした。

2　平成24年9月25日大阪高裁判決（公刊物未登載）

　この判決の事案は，被告人が，乗車したタクシー内で同車運転手を背後から刃物で顔面等を切り裂いて殺害し，現金を奪い取った事件のほか7件に及ぶ強盗殺人・強盗殺人未遂等であった。被告人は，犯人性の他に責任能力を争ったところ，鑑定人は被告人の異常な言動を詐病と判断したのであるが，これについての本件大阪高裁の判断は次のとおりであった。

　すなわち，「G鑑定人は，捜査資料と異なる被告人の言動についての訴えがあることから直ちに詐病と判断しているわけではなく，その鑑定内容を検討しても，鑑定手法が誠実でないとみるべき点はない。すなわち，G鑑定人は，平成21年6月26日，検察庁からの精神鑑定の嘱託に基づき，被告人との間でいずれも1時間ほどの面接を13回実施したこと，被告人は，平成21年8月25日の第6回面接で，前回の同月18日の面接の内容が全く思い出せない旨述べるとともに，『人から見れば変わったことしてるかもしれませんね』と述べて自らの行動の異常性を示唆したり，『普通じゃない盗り方してるんですね。そういうのも薬の影響と考えたら』と述べて自らの行動について価値判断をする訴えをしたり，『錯覚みたいなんが見えたりする』と述べたりしていること，被告人は，同年9月15日の第8回面接で，それまでの面接では訴えていなかったのに，完璧に塗装したような銀色，シルバーの虫

が見えたと訴えたこと，被告人は，同年10月8日の第11回面接で，小切手窃盗について犯人ではないと訴えたこと，その後，平成23年7月19日，裁判所からの鑑定命令があり，G鑑定人は，同年9月16日に14回目の面接をしたが，その際，被告人は，小切手窃盗の犯人でないと述べたのは嘘であったと認めたこと，被告人は，G鑑定人との面接の間を通して，礼節が保たれ，意識も清明であり，拘置所からの報告でも被告人の言動に奇異な点はないこと，G鑑定人は，被告人に解離性健忘が生じたかどうかの検討につき，被告人は，平成20年12月29日から平成21年1月5日頃までの出来事全般について覚えていないと供述しているにもかかわらず，その間の強盗殺人2件について犯行をしていないという記憶があると供述して起訴事実を否定していることから，この供述状況は，健忘では説明できない内容であって，被告人には前記各犯行との関わりを否定しようとする自己防衛という目的意思が存在している旨判断し，また，被告人は，小切手窃盗とコンビニ強盗については思い出すことができており，各犯行時と現在の被告人は同一の人格を有していて，多重人格障害はないことから，現在までの被告人に解離性障害はなかったと判断したこと，以上の事実が認められる。

　以上の諸点を踏まえて，G鑑定人は，被告人が弁護人に書いた手紙で心神耗弱などによって執行猶予が付くかに関心を持っていること，被告人は，第6回面接から逮捕前の自己の行動の異常性を訴えており，これは，被告人がいう錯覚などを鑑定人に知ってほしいとの願望の現れであること等から，被告人には，心神耗弱などによって刑罰を免れたいという自己防衛の目的意思が存在していると判断している。

　また，G鑑定人は，鑑定中に実施した被告人の身体検査では，第5回面接で記銘障害や保持障害が生じ得るような所見はなかったにもかかわらず，第6回面接では前回の面接の内容が全く思い出せない旨を述べていること，被告人に自己防衛の目的意思があること，被告人は，小切手窃盗の犯人ではないとして鑑定人に嘘をついていたこと，被告人には解離性健忘が否定できることを指摘し，それらの事情からすれば，被告人は健忘の捏造，つまり詐病を呈していると判断している。また，G鑑定人は，第14回面接で，被告人は，『本物じゃないですね。幻覚だと思いますね。』と述べて，被告人には幻覚そ

のものを本物だと信じるような真性幻覚の症状が存在していないことから，被告人は，幻覚の捏造，つまり詐病を呈していると判断している。G鑑定人のそれらの判断に格別不合理な点は認められない。

したがって，G鑑定人は，所論がいうような，被告人が捜査資料と異なる言動を訴えていることだけから詐病であると判断しているものではないし，被告人の弁護人宛ての手紙の中で心神耗弱で執行猶予が付く，あるいは，減刑などの記載があることだけから，自己防衛の目的意思があるとしているものでもなく，そのような意思があることだけから，被告人が見えもしない幻覚を捏造して見えると訴えていると判断しているものでもない。」として，被告人が詐病により精神障害を装っているとした鑑定人の判断は妥当であるとしたものである。

3　平成22年3月4日神戸地裁判決（公刊物未登載）

(1)　この判決で認定された罪となるべき事実は次のとおりである。

被告人は，平成21年1月21日午後4時10分頃，神戸市北区内のスーパーマーケット店内において，同店で買い物中のA（当時50歳）に対し，同人が死亡するかもしれないことを認識しながら，あえて，同人の右腹部を洋包丁（刃体の長さ約17.8センチメートル）で1回突き刺し，同人に全治約30日間を要する腹部刺創，外傷性十二指腸損傷及び外傷性腎損傷の傷害を負わせたものである。

(2)　この事案において，被告人の精神鑑定を実施した鑑定人は，被告人が，昭和50年から平成元年までの間，断続的に複数の精神病院へ入通院を繰り返し，ほとんどの病院で統合失調症と診断されたことについて，これが詐病の疑いがあると判断したものである。

そして，この判断について，本件神戸地裁判決は，「D医師は，被告人のこれまでの精神科への入院について，社会生活のストレスからの病院への詐病による逃げ込みであった可能性も否定できないと判断しているところ，同医師が，その根拠としているのは，被告人が面接時に過去にも幻聴

等はなかったと述べたことを信用したことだけによるのではなく，被告人のこれまでの精神科の入通院時の診療録等によれば，被告人の訴える幻聴等は数日で軽快しているところ，統合失調症であれば，入院して治療しても，軽快するには，通常は数週間から数か月間を要することから，被告人のように，どこの精神科でも数日で幻聴等が軽快しているのは不自然であること，長期間統合失調症に罹患していると，多かれ少なかれ人格水準の低下，感情鈍麻等といった人格の変化が認められるのに，被告人には，統合失調症特有の人格の変化が認められなかったこと，過去にも現在も幻聴等がない旨の被告人の面接時の説明は，被告人に不利益な内容であることや，被告人には幻聴を隠そうとするような挙動は見られなかったことから信用できること，昭和50年代は，隔離収容主義の下，患者を入院させるために精神分裂病（当時）という診断名が非常に安易に用いられていたこと，臨床の場面では，精神鑑定の場面と異なり，患者に治療を受けさせるために，病名を広く付するということがあることなどを挙げているのであって，これらの指摘は説得力があり，十分に納得できるものである。」として，精神科への入院が詐病による疑いがあることにつき説得力をもって示しているところである。

4　昭和57年9月14日東京高裁判決（高検速報（昭57）369）

(1)　これは殺人事件であるが，被告人は，捜査段階から原審及び当審公判廷を通じ，以前から神霊の声が聴こえる幻聴があって，神経を虐待され続けてきたが，本件犯行の直前にも神霊が「Vの生命を預かっている。殺してもいい。」とか「Vを早く殺してしまえ。」などと命じたので，これに抗し切れずにVを殺害したものである旨，あたかも本件が神霊に操られた犯行であるかのような弁解を繰り返していた事案である。

(2)　このような事案において，被告人のそのような言動をどのように評価するかについて，本件東京高裁判決は，「その供述の経過を検討すると，被告人は，神霊の最初の発現時期につき一貫しない供述をしていることが所

論の指摘にもかかわらず明瞭であり,また,その幻聴の内容についても,『神霊』とか『潔い精神病質』であるとか,その外いろいろな用語をしきりに強調するだけで,具体的な質問に対しては答をはぐらかしたり,その実体を問われると,場当たり的で一貫しない漠たる説明に終始したりしているのであり,これに,昭和52年1月から被告人が逮捕される同56年8月までの間,定期的に被告人の高血圧症等の診察治療を続けてきたＡ病院の医師Ｂの原審証言によると,被告人は,その間,耳なりの症状を訴えたことはあるものの,同医師が幻聴の有無を問うと,それを明確に否定していたというのであり,また,被告人と接した近隣その他多くの者の供述によっても,被告人が幻聴に悩まされていたことを窺うことはできないこと,特に,被告人が幻聴を訴え始めたのは,本件犯行後約2か月を経過した逮捕の少し前頃からであることや,その表情,態度等に精神分裂病特有の症状は全く認められず,これに罹患していたことを窺わしめる状況は存しないこと,その他原判決が指摘する諸事実を合わせ考えると,被告人の実母が幻聴を伴った軽度の精神分裂病に罹患した病歴を有することなどを考慮しても,原判決が,被告人は本件犯行の罪責を免れるため,幻聴に操られたかの如き供述をして精神障害者を装っているものと考えられ,被告人の右供述を信用できないと判断したのは正当として是認することができる。」,「医師Ｃ作成の精神鑑定書と同人の原審証言によれば,『被告人は犯行時及び現在において,異常性格のほかには特別な精神障害は存在しない,被告人は幻聴などを訴えているが詐病を試みているものと考えられる,本件犯行時の責任能力に著しい障害はないと考えられる。』というのであり,所論にもかかわらず,その鑑定結果に疑義を挟む余地は見出し難いことをも合わせて考えれば,本件犯行当時,被告人には精神障害は全くなく,事の是非善悪を弁別し,これに従って行動する能力が全くなかつたとか,あるいは著しく減弱していたことは到底認められない」として,被告人の言動は詐病に基づくものであり,完全責任能力を認めたものであった。

これらの裁判例で示された詐病のためになされたと思われる被疑者・被告人の供述などを参考にし,取調べにおいて,同様又は類似の言動が見られな

いか，見られた場合には，上記各裁判例で示された考え方に沿って，詐病かどうか，冷静に判断する必要があろう。

6　知的障害を有する被疑者の取調べ上の留意事項

> 知的障害を有する被疑者に対する取調べにおいて留意すべき事項は何か。

　基本的には，このような被疑者に対する取調べは，精神障害を有する者に対する取調べと同様である。ただ，知的障害の場合には，必ずしも記憶力に対する障害の程度が大きいとは限らず，知覚，認識した事実については十分な証明力を有することもあり得るということである。したがって，被疑者が知的障害を負っているといっても，その供述は十分に信用できる場合がある。ただ，そのような被疑者の取調べの際には，決して誘導をすることなく，また，本人が元々有していた記憶を変容させてしまうような聞き方はしてはならない。自分が間違っていたと思い込んでしまった場合には，本人も何が本当のことであったか分からなくなってしまうので，原始記憶をできるだけ損傷しないように保持させるよう努めるべきであり，それを正確に録取する必要があるということである。

7　ろうあ者である被疑者の取調べ上の留意事項

> ろうあ者である被疑者に対する取調べにおいて留意すべき事項は何か。

　ろうあ者の取調べだからといって健常者との取調べと異なるところはない。ただ，このような事件では，必ず手話通訳が付くことになる。この場合の要領としては，先に述べた通訳を介して取り調べる場合と同様である。

筆者は，ろうあ者がろうあ者から金員を詐取したという詐欺事件を扱ったことがあるが，被疑者，被害者の双方とも手話通訳が必要であったため，意思の疎通を適切に図るためにも，通常の取調べに比較して取調べ時間を長く要することとなった。十分な取調べ時間を確保してから取調べに臨むべきであろう。

8 高齢である被疑者の取調べ上の留意事項

> 老人犯罪（認知症気味）の場合における被疑者の取調べにおいて留意すべき事項は何か。

近時，高齢者犯罪は著しく増加しており，その対策は喫緊の課題となっている。いきおい高齢者を取り調べる機会も増えるわけであるが，一般的にいえば，高齢の被疑者は他人からの説得を受け入れにくく，目撃者等がいて犯行は明らかであるにもかかわらず否認したり，原因を他人に押し付けて自己を正当化しようとしたりする傾向があると思われる。このようなことから若年者に比較して取調べが困難になっている。また，本当に記憶を失っているのか，それとも単に否認して記憶していないと言っているのか区別がつきにくく，そのような点も取調べを難しくしているといえよう。

以前からもこの種の高齢者犯罪は存したものの，現在では，その件数も増え，また，悪質な高齢者も増えており，その取調べもより一層大変になっているものと思われる。ただ，この種高齢者の取調べだからといって，他の取調べとは異なるような手立てがあるわけではなく，その胸襟を開かせて，心のうちをさらけ出させるように，意を尽くして説得するしかないであろう。高齢に伴う頑迷さが説得を受け入れる余地を狭くしており，他の世代の被疑者の取調べより困難を伴う場合が多いが，だからといって，説得を諦めるのは賢明ではなく，この種の被疑者であっても，必ず真相を話すものと信じて説得を続けるべきであろう。特に，高齢者犯罪には再犯者が多く，その犯罪性向が強固になっている場合も多いが，再犯を防止して，本人の更生を期待

する上でも粘り強い取調べが求められるものと思っている。

9 来日外国人犯罪者に対する取調べ上の留意事項

> 来日外国人犯罪者に対する取調べの心構えはどのようにあるべきか。

　来日外国人犯罪者の取調べに当たっては，通常は，通訳を介することになる。そのため，日本人相手の取調べと異なり，心を通い合わせることも困難な場合が少なくなく，否認も多いものと思われる。

　実際のところ，捜査の現場における率直な感想として，一般的には，日本人が被疑者である場合に比較して，来日外国人が被疑者となる場合は，証拠関係が明らかであっても否認事件になることが多いように感じられる。それら被疑者の中には，捜査当局に対して真実を述べれば不利であると確信しており，捜査官に事件に関する供述をするという発想すらない者や，様々な思惑から否認を通すことで自己に有利な結果を導き出そうとしている者，さらには，文化的背景の違いから法廷以外での供述に意味を認めない者らの存在などもあって，そのように感じられるのだろうと推測される。

　しかしながら，彼らの中には真相を自白するものも存するのであるから，日本に来て犯罪に手を染める外国人の心の内はどのようになっているのか知ろうとする努力は必要であろう。また，彼らが日本での取調べに対してどのように感じているのかを知っておくことも有用であろう。そこでそのための調査結果を紹介しながら，来日外国人犯罪者に対する取調べの心構えについて考えてみたい。

　まず，来日外国人犯罪者が裁判で有罪となり，日本で服役するに当たってどのような心境であったのか，また，日本で受けた取調べに対してどのように思っているのかなどについて，平成2年から同12年までの間，3回にわたり，法務省法務総合研究所研究部でその意識調査を実施しており，また，その後，ほぼ同様の調査を慶應義塾大学名誉教授の岩男壽美子氏が法務省矯正局の協力を得て行い，これを「外国人犯罪者―彼らは何を考えているのか

一」(中公新書)にまとめている。

　それらの検討結果における来日外国人犯罪者らが服役するに当たっての贖罪意識に関し，法務総合研究所研究部の調査によれば，「あなたは，自分のしたことを考えれば，刑務所に入れられても当然だと思いますか。」との問いに対し，それら3回のいずれの調査の際も，いずれも70パーセント以上の高率で「はい」と肯定している。また，上記岩男氏の調査によっても，自分が犯罪行為をしたことに対して，「何とも思わない」，「仕方がなかった」，「恥じている」，「後悔している」との選択の中で，「後悔している」という回答を選択した者が外国人男子は，約84パーセント，外国人女子は，約80パーセントといずれもかなりの高率であることが認められる（同書89頁）。

　こうした一連の調査結果に照らせば，近時の来日外国人犯罪者は，必ずしも特に犯罪化傾向が強いわけではなく，その意識傾向からしてわざわざ否認しようとしているのではないようにも思われる。ただ，一方で，受刑したことで反省の情が芽生えたということもあり得るわけであるから，この結果を見て，直ちに，捜査段階で否認しようとしていないとまでは言い切れないのも勿論である。

　また，彼らが受けた取調べに関しても，上記岩男氏の調査では，警察での取調べの厳しさについて「予想通り」，「予想以下」，「予想以上」という選択肢の中で，外国人男子の61パーセント，外国人女子の67パーセントが予想以上の厳しさであったと回答している（同書99頁）。ただ，そう感じることについては，実態がそれほど厳しいものではなくても，「捕まるまでは日本の警察の追及はそれほど厳しくないと高をくくっていた」のが，実際には，予想に反して追及が鋭かったからということではないかとの分析もされている（同頁）。いずれにしても，警察での取調べにおける追及の仕方として，それが不十分なものではないことを一応窺わせる結果が導き出されている。

　これらの結果からすると，来日外国人犯罪者であるからといっても特別に違いがあるわけではないことが分かるであろうし，来日外国人犯罪者だから否認を続けるのではないか，真相を話すことなどないのではないかと予断を持つような態度を取るべきではなく，日本人の被疑者を取り調べる場合と同様に，誠実に追及を続けるというスタンスが必要であると思われる。

10　身分犯に関する取調べ上の留意事項

> 身分犯に関する取調べにおいて留意すべき事項は何か。

　身分犯とは，犯罪の成立のために一定の身分が要求される犯罪をいう。具体的には，業務上横領罪の占有者たる身分や，収賄罪における公務員たる身分など，一定の身分が存することが犯罪成立のための要件となっている場合をいう。
　このような犯罪の立証に当たっては，当該身分の有無につき，まず客観的証拠関係に基づいて確定させておかなければならない。単に，取調べにおいて，私はこれこれの身分がありますとの供述を得たところで，それが客観的事実関係と齟齬しているようであれば，そのような供述は何の意味ももたない。したがって，この関係では，真実，身分が存することは必ずしも取調べで確定することではないものの，ただ，法的な意味での身分の有無のみならず，社会的実態としても当該身分を反映しているものであるとして（身分の有無についての争いをなくすという意味において），当該身分に基づくことによる行為やそれに対する周囲の対応状況などを聞き出して，それを録取しておくことは意味のあることである。
　具体的には，業務上横領における経理担当者であることは社内の規定等で明らかにすべきものであるが，実際に同社の預金口座からの現金の出入を毎日行っていることによる占有者であることなどは，被疑者の取調べで明らかにすべき身分の内容である。

11　共犯事件の取調べ留意事項

> 共犯事件における取調べにおいて留意すべき事項は何か。

　共犯事件において，他の取調官と共同して捜査をすることはよくあるが，それぞれの取調官が別々の被疑者を担当して取調べをしている時，自分の担

当した被疑者だけが全て本当の供述をしていると思い込まないことが大切である。

　集団で敢行された組織犯罪や，知能犯事件としての会社犯罪などは，かなりのケースが共犯事件となり，取り調べなければならない被疑者が多数存することも珍しくはない。その場合に，被疑者ごとにそれぞれ別の取調官が付くのが通常であると思われるが，その際，各被疑者の供述内容が異なってしまい，なかなか話が一致しないということもよくあることである。

　そのような場合，取調官は，自分の被疑者だけが本当のことを言っているものと思い込みがちである。長期間に及ぶ取調べにより，取調官も被疑者に情が移ったり，自己の取調べ結果に対する自信などから，他の共犯者の供述内容との間に食い違いがある場合，自分の被疑者こそが本当のことを言っていて，他の被疑者が皆嘘を言っているのだと思い込む傾向がある。これは自分の被疑者が自白している場合には尚更である。そのため，捜査会議などで，被疑者の代理戦争をしているのかと思われる場面が生じることもないではない。

　しかし，いくら泣きながら自白した被疑者であっても，実際のところすべてについて正直に話していない場合もかなりあるのであって，それから更に続けた取調べにより，より詳しく不都合な事実を明らかにして自白したり，また，更に別の犯罪事実について自白したりするということもしばしば見られるところである。したがって，取調官としては，常に自分の被疑者の供述を冷静に見直す気持ちを失わず，他の共犯者の供述にも虚心に耳を傾ける姿勢を失ってはならない。

　その上で，自分の被疑者に対し，その共犯者との間の供述の食い違いについては何度も追及し，その食い違っている事実の正誤について，被疑者から，裏付けの取れる事実によって決せられるような具体的な供述を引き出すように努力しなければならない。

　筆者が経験した事件であるが，ある談合事件で，被疑者全員とも，談合をした事実を認めていたものの，誰がその談合をしようと言い出したのかという点に関し，どの被疑者も，私がその談合に関わったのは間違いないし，談合の結果に従って入札したことも間違いないし，この件で有罪になることも

勿論納得しているが，という前提で，でも，談合をしようということについては，私以外の誰かが言い出したことです，それが誰であったかは覚えておりません，という供述状況になったことがあった。すべての被疑者がこのような供述をしていては，談合を言い出した者が誰もいないことになってしまう。これなどは，各被疑者の取調官が自己の被疑者は有罪となる犯罪事実を認めて自白しているのだから，この程度の供述で足りるだろうとして，その追及が甘くなったことから起きた現象である。誰か他の被疑者が談合を言い出してくれれば，自分の被疑者はこのままで済むからという安易な気持ちが，各取調官の中になかっただろうかということが反省点になるであろう（なお，この事案では，その後の取調べで，談合を言い出した者をすぐに特定することができており，これが特段問題になったわけではない。）。

12 被告人取調べの問題点

> 被告人を取り調べることの問題点は何か。

　被疑者は，公訴提起をされることにより，被告人となり，刑事訴訟の対立当事者となる。そこで，このような立場となった被告人について，果たして取調べをすることができるかどうか問題となる。これについては，当事者である被告人を捜査機関が取り調べることは，当事者主義訴訟構造に矛盾するとか，公判中心主義に反するなどという否定的な意見が多いようである。
　勿論，被告人の当事者たる地位に照らせば，起訴された公訴事実について蒸し返しのような取調べを実施することは極力避けなければならない。
　しかしながら，犯行を否認していた被疑者が，起訴後に至って反省悔悟し，捜査官に対して再度の取調べを求める場合もしばしば見られること，起訴後の余罪調べにおいて，その余罪が起訴に係る公訴事実と密接な関係があることで，起訴された事実についても取調べの必要が出てくる場合もある。その他にも事案によっては，新たな証拠の発見などにより，起訴後にどうしても被告人から事情を聞かないと真実発見ができないという場合もあり得よう。

それらのような場合にも一律に被告人の取調べをすることはできないというのは，実態を無視した議論と言わざるを得ないであろう。

起訴後であっても，事案の真相解明と適正な刑罰権の行使という要請は残っているのであるから，杓子定規に起訴後の取調べは許されないというのは問題であると思われる。

この点，判例上は，被告人の取調べは認められている。まず，昭和36年11月21日最高裁決定（刑集15・10・1764）は，「刑訴法197条は，捜査については，その目的を達するため必要な取調べをすることができる旨規定しており，同条は捜査官の任意捜査について何ら制限していないから，同法198条の『被疑者』という文字にかかわりなく，起訴後においても，捜査官はその公訴を維持するために必要な取調を行うことができるものといわなければならない。なるほど起訴後においては被告人の当事者たる地位にかんがみ，捜査官が当該公訴事実について被告人を取り調べることはなるべく避けなければならないところであるが，これによって直ちにその取調を違法とし，その取調の上作成された供述調書の証拠能力を否定すべきいわれはなく，また，勾留中の取調であるのゆえをもって，直ちにその供述が強制されたものであるということもできない。」旨判示した。

ただ，この決定は，当該事件の被告人の取調べが起訴後であったものの，それが第一回公判期日以前の取調べであったことから，第一回公判期日以前に限って取調べを認めたものであり，さらに，その供述調書についても弁護人の同意がなければ証拠能力がないとの一定の要件の下に限って，被告人の取調べを認めたものであるとの解釈もなされていた。

しかしながら，その後の昭和57年3月2日最高裁決定（裁判集225・689）では，先の昭和36年最高裁決定はそれらの要件を求めたものではないことを明確に示した。すなわち，この判決は先の昭和36年最高裁決定の理解として，「所論引用の最高裁判所判例は，起訴後においても，捜査官はその公訴を維持するために必要な取調を行うことを認めたものであり（中略）起訴後においては，被告人の当事者たる地位にかんがみ，捜査官が当該公訴事実について取り調べることはなるべく避けなければならないことを判示しているが，それ以上に起訴後に作成された被告人の捜査官に対する供述調書の証

拠能力を肯定するために必要とされる具体的な要件を判示しているとは解せられない。」として，特段の要件を要求することなく，一般的に被告人の取調べが可能であることを明らかにした。

　したがって，判例としては，公訴維持の必要があれば，第一回公判期日以降であっても，また，身柄拘束中の被告人であっても，被告人の取調べを可能と判断しているものと考えられる。

　ただ，起訴後勾留中の被告人については取調べ受忍義務の有無など問題となり得るから，そのような取調べは極力避けるべきであるとの理解の下で許されたものであることをよく認識しておく必要がある。

第3章　被疑者の罪名に応じた取調べ留意事項

1　凶悪重大事件の取調べ上の留意事項

> 凶悪重大事件における被疑者の取調べにおいて，その心構えとして一般的に留意すべき事項は何か。

　殺人，強盗殺人等の凶悪重大事件は，法治国家の根幹を揺るがす危険のある事件であり，被害者や遺族に対して取り返しのつかない被害を及ぼすものである。それゆえ，それら事件の取調べに当たっては，必ず真犯人を割り出し，これに適正な処罰を与えるという強い意思を持つ必要がある一方，極めて重い処罰が与えられることに照らし，万が一にも無実の者を犯人と思い込むことのないように最大限の注意を払う必要がある。

　したがって，そのような事件において，被疑者の取調べに当たる際には，そのような職責の重要性と重大性を深く自覚し，自己の持てる力の最大限を発揮できるように努めなければならない。

　そして，その取調べのための準備として，現場への臨場，検視の実施結果の把握及び司法解剖への立会い等は必須であり，関係者の供述内容等，証拠関係をすべて把握しておくのは当然の前提である。特に，現場の状況を正確に把握しておくことは，被疑者の供述を聞いた瞬間にその場面を思い浮かべることができることから，心証形成にも大きく役立つものである。また，そのことは死体の損壊状況についても同様にいえるのであり，犯行方法の自白が死体の損壊状況に一致しているかどうかを取調べの過程で直ちに思い描けるということは重要なことである。それゆえ，解剖への積極的な立会いなども望まれるところである。

さらには，当該事件のみならず，これと関連性の疑われる近隣地域の未検挙重要事件も把握しておき，その関連性の有無等も視野において取調べを実施する必要がある。

　そして，取調べにおいて，仮に被疑者が自白するに至っても，安易にその自白に乗ってしまうことなく，その供述の吟味を慎重に繰り返す必要がある。その上で，その自白の任意性及び信用性が十分に担保されているかどうかにも思いを致すべきである。真実の自白であれば，その内容に，具体性や迫真性があり，その動機や犯行態様に不自然なところがないはずである。したがって，その自白と客観的な証拠物等との間で矛盾が起きるはずはないことにも留意して，その供述内容を十分に検討しなければならない。

　被疑者によってはすぐに自白することなく，供述を変遷させた上で自白に至る者や，また，自白してもその供述を変遷させる者もいることから，そのような場合，その変遷の理由をきちんと詰めておき，その理由が合理的に説明できるものかどうかの吟味も怠ってはならない点である。

　被疑者の弁解の中には，一旦は自白に転じたものの，その後の公判において蘇ってくる弁解もある。そういったことを常に頭に入れておき，一度出た弁解は，完全に蘇ることのないように裏付捜査で手当てしておく必要がある。捜査時から相当な時間が経過した後の公判において，急にそのような弁解が復活して強く主張された場合，それからその裏付捜査をして虚偽であることを証明しようとしても，時の経過によりうまくいかない場合もしばしばである。当初の取調べの段階からそのような万一の事態の発生を心しておくことが肝要であろう。

　消極証拠についても同様の配慮が必要である。被疑者の取調べにおいて，消極証拠についても聞いた上で，それが当該事件の立証において関係のないものであることや，障害となるものではないことを録取しておくことも，後々の公判での対応上役立つことがある。

　筆者が決裁官として関与した事件で，老夫婦が殺害されてドラム缶にコンクリート詰めにされたというものがあった。これは，被疑者Aが被害者の夫の所有する腕時計ロレックスを取るために敢行された強盗殺人事件であった（被疑者Aはロレックスマニアである。）。被疑者Aによる死体損壊への関与は，

ドラム缶内に遺留された証拠物等から明らかであったものの，殺害を証明する直接証拠は乏しい事件であった。そして，被疑者Ａは，老夫婦の殺害は別のＢという人物がしたもので，被疑者Ａは，その指示に従って死体を処分しただけであると弁解していた（ちなみに，この事件は死体の発見が遅れ，死体損壊罪は既に時効になっていた。）。

　被疑者Ａは，当初からずっとその弁解を続け，自分が殺害したことは否認していたが，ただ一度だけ，若い検事の取調べにおいて，自分が殺害したことを認め，その旨の自白調書も作成されたことがあった。しかしながら，その後は，再び，否認に戻り，以後，殺害行為を自白することはなかった（この若い検事の取調能力は卓抜したものであり，ただ一度であっても，同検事が被疑者Ａの心を開かせたことは賞賛に値する。）。

　このような状況下で，大阪府警捜査第一課は，被疑者Ａの弁解は虚偽であり，Ｂなる人物の存在も，その指示もあるはずはないと考えていたが，それでも，全くの架空の人物を作り出して，その指示があったと創造するのは難しいことから，誰か実在の人物をモデルにして，その者から指示があったとしているのだろうと推測した。そこで，被疑者Ａの周辺の人物で親交があり，モデルであろうと思われる暴力団関係者を推定し，その人物の行動を調べ上げて，Ｂが殺害することは，アリバイやその行動状況等からして不可能という裏付け捜査を行った。このような捜査は，被疑者Ａが架空の人物を挙げていることから，実際のところ，Ｂがそれに該当するのかどうかも確実ではなく，また，モデルでしかない実在の人物であるＢのアリバイ等を調べて意味があるのかという懸念もあったが，それでも大阪府警捜査一課は，地道にモデルであると思われるＢの行動を調べ上げ，Ｂの関与がないことを明らかにしたのである。

　そして，第一審の裁判員裁判において，大阪府警捜査一課の上記裏付け捜査の証拠価値が高く評価され，被疑者Ａの弁解は虚偽であり，殺害したのは被疑者Ａ自身であるとする認定に大きく貢献し，その結果，被疑者Ａには死刑判決が言い渡された。このような地道な裏付け捜査がいかに大きな役割を演ずるかを示す好例であると思われる。被疑者Ａは，最高裁まで争ったが死刑が確定した。被害者両名の無念さをいくらかでも晴らせたのは，大阪府警

捜査一課の熱意ある上記捜査などの賜物といえよう。

2 殺人事件の取調べ上の留意事項

> 殺人に関する取調べにおいて留意すべき事項は何か。

刑法199条は，
　　人を殺した者は，死刑又は無期若しくは5年以上の懲役に処する。
と規定しているところ，殺害された事実は客観的に明らかになっており，捜査上の問題点としては，犯人性と殺意が争われることがほとんどである。

1　犯人性に関する取調べ上の問題点―虚偽のアリバイ主張について―

犯人性については，さまざまな争われ方をするので，その特定のための捜査手法には，DNA型鑑定や指紋鑑定など科学捜査による場合や，被害者や共犯者からの供述による場合などがあり千差万別である。

そこで，ここでは取調べでアリバイ主張がなされた場合について検討することとするが，平成22年4月27日最高裁判決（刑集64・3・233）を取り上げることとする。

この判決の事案は，刑務官である被告人が息子の妻に恋情を抱き，同女とその子供を殺害した上，そのマンションに火を放ったという疑いが持たれた殺人・放火事件であったところ，被告人には，明確なアリバイがなく，それに関する供述も極めて曖昧であるという状況であった。そこで，取調べにおいて，被疑者のアリバイに関する供述が虚偽若しくは曖昧であった場合，そのような供述内容は，被疑者が犯人であることを推認する間接事実となるかどうか問題となる。

このような虚偽のアリバイ主張に対してどのように考えるかについては，本件判決の堀籠裁判官の反対意見が参考になる。この意見の要旨は次のとおりである。

まず，最初に，

① 被疑者・被告人には法律上黙秘権が付与されているから，アリバイについて黙秘することをもって，被告人に不利益な心証を形成することが許されないというべきである。また，一般論として，犯罪の立証責任は，検察官にあるから，アリバイに関する主張・立証を被告人がしないことをもって，被告人に不利益な方向の判断をすべきでないといえよう。

しかし，被告人には虚偽の内容の供述をして罪を免れる権利が付与されているわけではないから，黙秘権を放棄して供述した場合に，その供述の内容が虚偽であると認められるときに，そのことが被告人に不利益な方向の判断へ働くことが許されるのは当然であろう。

と述べられている。ここでは，黙秘権を放棄して虚偽の供述をした場合に，そのことが不利益な方向への判断へ働くことが許される，つまり，話したことが嘘であった場合には，それをもって被告人に対する不利益判断の材料とすることが許容されることを明言している。

それに続けて，

② そして，犯罪発生から間もない時期に，被告人のアリバイが問題となっていることを被告人自身が十分に認識しており，被告人が犯人でなければ当然に何らかのアリバイに関する信用し得る供述をなし得る状況の下で，あえて虚偽のアリバイ供述をした場合には，被告人が犯行現場にいたのではないかと強く疑われるというのが社会一般に通用する経験則であろう。

と述べられている。つまり，虚偽のアリバイ供述がされた場合は，逆に当該被疑者が犯行現場にいたことを疑うことが合理的であるとしているのである。

その上で，更に，

③ 被告人は，本件事件発生の2日後である4月16日には，警察官からアリバイについて事情聴取され，自分のアリバイが問題となっていることを十分に認識し，その日に妻に対しては，「14日のことは何一つ覚えていない。自分のアリバイがない」旨話しているのである。

被告人は，（中略）第一審，原審及び当審において，自己の主張をまとめた文書を作成し，提出するなど，極めて几帳面であり，その内容の正確

④　ところが，被告人のアリバイに関する供述は，極めて曖昧ないしふらついており，かつ，矛盾した供述，変更した供述をしており，一つとして確定的なことを述べていないのである。被告人は，公判では，○○区内においてＢ宅を探し回り，5，6箇所で車から降りて建物の様子等を確認したと供述するが，捜査段階における引き当たり捜査において1箇所も特定できなかったのであり，ことさらといってよいほど具体性を欠くものとなっている。

　　被告人のアリバイに関する供述は，極めて不自然で，かつ，虚偽であるといわざるを得ない。

⑤　確かに，犯罪発生から相当期間経過後に身に覚えのない者に対しアリバイを求めた場合に，アリバイに関する供述が曖昧になることがあるが，本件はそのような場合には当たらない。

　　また，犯罪の嫌疑をかけられた者が，他のより重要な別の利益を守る目的で虚偽のアリバイを供述することも考えられるが，本件は2名の殺害の疑いがかかっている場合であるから，より重要な別の利益を秘匿するためということも考えられない。

⑥　そうすると，被告人は，本件犯行時刻当時どこにいたかという事実を隠していることは明らかであって，被告人が隠している事実は，まさに犯行時刻に犯行現場にいたという事実であると推認することができるというべきであろう。

と述べられている。

　実に明快に被告人による虚偽のアリバイ主張から，被告人が犯行時刻に犯行現場にいたことを推認しており，取調べにおいても，虚偽と思われるアリバイ主張がなされた場合，この事案のように逆に犯人性を推認できる状況が認められないか検討すべきであろう。

2　殺意に関する取調べ上の問題点

　殺意について取調べをするに当たっては，被疑者から被害者を殺害する意

図で当該殺害行為に及んだとの率直な殺意に関する自白を得られればそれに越したことはないが，容易には真実を供述しない被疑者もいる上，いくら捜査段階では殺意を認めていても公判廷においてはこれを否認する被告人が多いのもまた事実である。そこで，取調べにおいては，殺意を推認させる間接事実についての証拠収集も怠ってはならない。

殺意の認定に当たっては，まず，①その行為態様を正確に分析する必要がある。具体的には，被害者の身体のどの部位に（創傷の部位），どの程度の創傷を（創傷の程度），どのような凶器を使用して（凶器の種類），どのような方法で（凶器の用法）負わせたかということが客観的に明らかにされなければならないし，また，取調べにおいてもそれに見合うような供述が得られなければならない（原田保孝「殺意」『刑事事実認定重要判決50選〔第2版〕』(上) 386頁）。そして，そこで明らかにされた客観的事実を間接事実として，殺意を推認することができるかどうか検討することとなる。

また，そのほかにも，取調べにおいて，②犯行に及ぶ動機の有無，③犯行に至る経緯の中での言動，④犯行時の言動，⑤犯行後の言動等をも明らかにし，そこでみられる間接事実等から，被疑者の殺意を推認させるものが存するかどうかも検討しなければならない。

(1) 行為態様

まず，行為態様は，殺意の認定に当たって，これを直接的に推認させる重要な間接事実となるものである。

ア 創傷の部位

(ア) 被害者の身体のどの部分に攻撃が加えられたかは，被疑者の殺意を推認する上で，重要なポイントとなる。攻撃された部位が身体の枢要部であるか否かは，被疑者が被害者を殺害しようとしていたかどうかの内心の意図を推し量る上で，極めて大きなウエイトを占めることとなる。

これまでの裁判例では，頭部，顔面，頸部，胸部及び腹部については，身体の枢要部であり，それら部位に対する攻撃は，一般的に被害

者に対して死の結果をもたらすおそれのある行為であるとして，殺意を認定する上での重要な間接事実とされている。

　これに対し，意図して上記以外の四肢部分を攻撃した場合には，必ずしも殺意が認められるとは限らないであろう。むしろ，殺意は否定される方向に働くものと考えられる。もっとも，大腿部を拳銃で撃つような場合には，たとえそれが身体の枢要部でないとしても，出血やショック等により死に至る危険性の高い行為であることは明らかであることから，殺意が認められるべきものと思われる。

(イ)　この点に関連して，(a)平成8年7月24日大阪高裁判決（判時1584・150）が参考となる。

　この事案は，暴力団員が拳銃を用いて住居で横臥していた被害者を殺害したというものである。被告人は，被害者が頭を南向きに，足を北向きにして横臥していたところ，その足側，すなわち，拳銃を発射すると弾丸が被害者の下半身方向から上半身方向に向けてやや下向きの弾道で進行する位置から拳銃を発射したものであった。本件判決は，このような位置関係を踏まえた上，「約3メートルという至近距離から，殺傷能力の強力な38口径のけん銃を用いて，最初は撃鉄を上げて1発発射し，その後も連続して3発発射し，そのうち3発が被害者に当たり，被害者の身体に射入した弾丸のうちの2発は，被害者の大腿部から身体の上方に進み，総腸骨動脈，肝臓，心臓，肺などを損傷ないし貫通したため，被害者は失血死するに至ったというような事実関係のもとにおいては，被告人が右銃撃に際し，絶対に被害者の身体の枢要部に当たらない方法をとり，しかも，身体の枢要部以外に当たった弾丸が身体の枢要部に進入することを必ず避けうるような方法をとったといえる特別の事情のある場合を除いては，被告人には確定的殺意があったと推認するのが相当である。」と判示した。

　本判決は，たとえ狙って撃った部位が身体の枢要部でなかったとしても，身体の枢要部に進入することを必ず避けられるような方法を採ったといえる特別の事情がない限り，身体の枢要部に弾丸が進入し

て被害者を死に至らしめることを容認していたものといえると認定したものである。

(ウ) また，死体がバラバラに切断されて解体されていたため，その攻撃部位が必ずしも明らかでないものの，その出血量などから，身体の枢要部が攻撃されたものと認定し，そのような攻撃行為について殺意を認定した事案である(b)平成26年4月24日大阪高裁判決（公刊物未登載）を紹介する。

本件判決は，殺害行為に及んだ場所である室内の「畳の下の床板に大量の血痕があり，さらにその下のコンクリートにも被害者のものと考えられる血痕があることに照らすと，被害者は多量の出血を伴う傷を負って死亡するに至ったものと認められるところ，このような多量の出血は，被告人が被害者に対し，一撃で多量の出血を生じさせるような急所を攻撃するか，身体の重要な部分に繰り返し攻撃を加えない限り生じ得ないもので，そのような攻撃が被害者を死亡させる危険性の高い行為であることは明らかであり，被告人もその行為の危険性を当然認識していたはずである。」などと判示して，被告人の被害者に対する殺意を認めた原判決を相当として是認したものである。

このように，被害者の身体から多量の出血を伴うような状態は，通常，多量の出血をもたらす急所か，身体の枢要部に対する攻撃であるはずであり，そのような部位に対する攻撃行為であれば，被害者を死亡させる危険性についても被疑者は当然に認識認容していたはずで，そこに殺意を認めることができるとしたものである。

イ 創傷の程度

創傷の深さや個数を見ることで，被害者に加えられた攻撃がどの程度のものであったかを推し量ることができる。その創傷が深ければ深い程殺意が認定される方向に働くし，また，その個数も多い方が強い攻撃の意思を窺わせるものであり，やはり殺意が認定される方向に働く（もっとも，個数に関しては，浅い創傷が多数あるだけのような状況では，逆に殺

意がなかったという方向への認定にも用いられることもあると思われる。）。

(ア) この点については，(c)平成26年６月27日大阪高裁判決（裁判所ウェブサイト）が参考になる。

　ⅰ　この事案は，被告人が，包丁で被害者の左胸部，右乳房部，右上腕部，右側胸部，左手背部，右前腕部を突き刺すなどした上，バスタオルで頸部を絞め付けたことにより，被害者を窒息死させたものである。最終的には絞殺であると認められるが，その前段階での刺傷行為について，それが殺意に基づくものであるかどうかも問題とされたものである。

　　この事案における被害者の遺体の創傷については，「①左胸部に長さ約5.1センチメートル，幅最大約1.2センチメートル，深さ約2.0センチメートルの哆開創，②右乳房部に長さ約4.0センチメートル，幅最大約1.0センチメートル，深さ約11.5センチメートルの哆開創，③１回の刺入により同時に成傷されたと考えられる右上腕部の哆開創と右側胸部の長さ約3.4センチメートル，幅最大約1.0センチメートル，深さ約2.5センチメートル（右肺に達している）の哆開創があるほか，防御創と考えられる創傷として，④左手背部に上下径6.0センチメートル，左右径2.7センチメートルの哆開創，⑤右前腕に長さ3.3センチメートル，幅最大1.3センチメートルの哆開創，⑥右手掌面第２近位指節間関節に長さ１センチメートルの刃物によるやや鋭利な皮膚損傷がある。」とされていた。

　ⅱ　このような創傷の部位，程度に関して，本件大阪高裁判決の原判決は，「被害者の右乳房部や右側胸部の哆開創は，いずれも非常に出血が多かったり，臓器を甚大に損傷しているというような状況ではなく，また，左胸部の哆開創も含めて，凶器が刺入された方向がいずれも異なっており，特に左胸部と右乳房部の哆開創は，体の中心部に刺入されたものではないため，被告人と被害者がもみ合う過

程で成傷された可能性があり，右側胸部の哆開創も直接胸部に刺入されたのではなく右上腕を貫通した上であって，被告人が被害者の胸部を狙って刃物で突き刺したと認めることはできないとして，凶器の形状や被害者の胸部の創傷状況から直ちに殺意を有していたと断じることはできない」と判示していた。

　しかしながら，このような原判決の認定に対し，検察官は，「各哆開創の刺入方向が異なるのは，被害者が抵抗したり動いていた可能性を示すものであるが，そのような状況下でも身体枢要部である胸部に創傷が集中しており，左胸部と右乳房部の創傷は，被告人が意図的に刃先を被害者の胸部に向けて，力を入れて刺したものであって，鋭利な刃物様の凶器で胸部を深く突き刺している以上，殺意を認めるに十分である」と主張していた。

iii　そして，本件大阪高裁判決は，「これについて検討すると，被告人は，鋭利な刃物様のものを被害者の右乳房部に約11.5センチメートルの深さまで刺入させ，右側胸部にも刺入させて肺を損傷し，左胸部にも刺入させている。身体枢要部である胸部付近を中心とする上半身を3回も攻撃し，相当の力を入れて刺したことが推認できる。この刺突行為は，その行為の態様，凶器の形状，創傷の部位及び深さ等に照らし，人を死亡させる危険性が高い行為であることは明らかであり，殺意が優に認定できる。」としたものである。

　本判決は，右乳房部に約11.5センチメートルの深さまで刺入していることを重視しており，そのような攻撃が相当な力によってなされたことを認定し，殺意を認定できるとしたものであることに着目すべき事案であるといえよう。

(イ)　また，(d)平成11年10月13日東京高裁判決（高検速報（平11）102）の事案は，被告人は，被害者と向かい合うや，刃体の長さが約16.8センチメートルで刃先の鋭利な文化包丁を取り出し，被害者の前胸部を1回，手加減せずに，刃体のほとんどが没入する程強く突き刺した

ところ，被害者は，長さ約4.8センチメートル，深さ約15.1センチメートルに及ぶ肋骨，心臓を貫通し左肺に達する前胸部刺創を負い，これによる心臓損傷により，ほとんど即死の状態に至って死亡したというものである。

このような攻撃行為について，本件判決は，傷の深さなどからも相当な力を入れて上記包丁で突き刺したという間接事実などに基づき，被告人の殺意を認定した。

ウ　凶器の種類

(ア)　刃物や拳銃等であれば，それらが本来的に有する人体への危険性から，人を殺害するに足る凶器ということができる。もっとも，刃物については，その刃体ないし刃渡りの長さが短い場合，殺傷行為を十分に行い得る凶器となるか問題になることもある。しかし，たとえその刃体ないし刃渡りの長さが短い場合であっても，人の身体内部に容易に侵入できるだけの危険性を持つものである以上，前述した創傷の部位や程度，更には後述するその用法などを併せ考えることにより，人を死亡させるだけの危険性を持つものとして，それを用いた攻撃行為に殺意を認定することも十分可能であると思われる。

また，そのほかにも木刀や金属バット，更には，棍棒など，本来的には殺害に用いるための凶器とされないものであっても，上記同様に，創傷の部位や程度，その用法等他の要素も併せ考えることで殺意が認められることも当然にあり得ることである。

(イ)　この点について，(e)平成17年9月1日神戸地裁判決（裁判所ウェブサイト）の事案は，被告人は，被害者方に押し入って強盗を働く際，あらかじめ石様のものを準備した上，被害者方において，倒れた同人に対し，馬乗りになって，その頭部及び顔面を石様のもので多数回にわたって強打するなどの暴行を加えるなどして現金を強取したものであるところ，この石様のもので頭部等を殴打した際に殺意が認められるかどうか問題となった。

本件判決は,「被告人に殺意があったか否かを検討すると,被告人と被害者との年齢差及び体格差に加え,被害者が負った傷害の部位・程度に照らすと,被告人は,殺傷能力十分な石様のもので人体の枢要部である頭部や顔面を多数回にわたり相当な力で殴打したものであって,このような行為態様自体が客観的に見て被害者を殺害するに足りる多大な危険性を有するものであったこと,また被告人においてもこの認識に欠けることはなかったと認められること,犯行後には,失神した被害者の顔に衣服を掛けただけで立ち去るなど,被害者の死亡という結果をそのまま容認するような行動をとっていることに加え,捜査段階においては未必の殺意を認める供述をしていたことを総合勘案すると,犯行当時少なくとも被告人に未必的殺意があったことを肯認することができる。」としたものである。

ここでも上述したように,石様のものという凶器の種類だけでなく,被害者の負った傷害の部位,程度や,殴打の際の態様なども総合的に考慮して殺意の認定に至っていることが窺われよう。

エ　凶器の用法

この用法については,用いた際の被疑者の力の入れ具合,利き手を使ったものかどうか,凶器としての効用を発揮するような使い方であったかどうか,その使用回数はどうであったか,相手の隙を狙って使ったものかどうか,相手方の抵抗状況はどうであったか,相手方との距離の長短はどうであったかなどを総合的に判断する必要がある。

(ア)　この点につき,(f)平成26年6月3日仙台高裁判決（高検速報（平26）181）の事案では,被告人の殺意の認定について,その凶器の用法等に関して次のように判示されている。

すなわち,「凶器である本件ナイフは,人を殺傷するに足りる鋭利な性状を有することは自明であって,このことは,被告人も十分認識していたことは疑う余地はない。

そして,被告人の原審供述によっても,最初の刺突行為は,被害者

の腹部付近に突き付けていた本件ナイフを上に突き上げる恰好で，前傾姿勢の被害者の方に突き出したとされているとともに，（中略）前記のように，同刺突行為の際には被告人と被害者は数十センチメートルの至近距離で対峙する位置関係にあったことや，実際に被告人が突き出した本件ナイフは被害者の左首に突き刺さっていることをも併せ勘案すれば，被告人としては，被害者に対し，本件ナイフを突き出すに当たり，本件ナイフが被害者の心臓よりも上部に位置する人体の枢要部である首ないしは顔面の各付近に突き刺さることも十分あり得る旨認識していたと容易に推認できる（中略）。

　これらに，前記のとおり，被告人が，力を込める作業をすることに用いていた右手に持った刃体の長さ約12.3センチメートルである等の人を殺傷するに足りる鋭利な性状の本件ナイフを数十センチメートルの至近距離に対峙する被害者に対して突き出していることをも総合すれば，最初の刺突行為に及んだ際，被害者に対し，少なくとも未必的殺意を有していたことを合理的に推認できる。」としているところである。

(イ)　一方，その用法が通常の凶器としての使用方法でなかったことなども理由となって，殺意が認定されなかった事案も存する。

　これは，(g)平成10年4月16日横浜地裁判決（判タ985・300）の事案であるが，被告人が被害者である実娘と口論になり，憤激の余り，逃げる被害者に対し，出刃包丁を投げつけ，それが後頭部に命中して刺さったことが原因で被害者が死亡したというものであった。

　この事案において，出刃包丁を手に持った状態で，それで被害者を突き刺すなどしていたのであれば，そのような行為は，殺意が認められる方向に大きく働く間接事実となろうが，仮に，相手方を殺害しようとするのであれば，果たして当該出刃包丁を投げるという不確実な殺害行為に出るものであろうかという問題がある。

　この点について，本件判決は，「本件で使用された凶器は，刃体の長さが約13.2センチメートルの先鋭な出刃包丁であって，それ自体

人を殺傷することのできる危険な物である。また，前記のような犯行直前の言動に照らすと，被告人が当時被害者に対して非常に憤激していたことや，右出刃包丁を約3.3メートルの距離から下方にいる被害者の方に向かってその背後から投げつけるという行為態様などに照らせば，本件行為は被害者に傷害を負わせる危険性の高い行為であって，被告人も当然にこれを認識，認容した上で本件行為に及んでいるのであるから，被告人が本件当時，少なくとも傷害の故意を有していたことは明らかである。」として，被害者に傷害を負わせる危険のある行為であることを認識していたと認定しながらも，その凶器の用法に着目し，「しかしながら，本件行為態様は，出刃包丁を約3メートル余り下方の階段上を降りていく被害者に1回投げつけたというものであって，これにより本件ではたまたま包丁が被害者の後頭部に命中して刺さったとはいえ，一般的にみてこのような行為により被害者の死亡という結果が発生する危険性はそれほど高くはないこと」などといった理由などから，殺意は認められないとした。

　被害者を殺害しようとするのであれば，本件出刃包丁を投げるのではなく，追いかけて至近距離において刺すという行為に出るのが通常であろうし，単に，憤激に任せて投げつけただけの行為において，たまたまそれが後頭部に当たったとしても，そこに殺意を認めるのは困難であろう。

　もっとも，この事案では，凶器の用法だけではなく，後述するように，実娘に対する行為であることから，そもそも殺意を抱くまでの状況があったとも窺えず，動機等からも殺意の認定にも問題があることなどを総合的に斟酌されて，殺意が否定されたものであった。

(2)　犯行の動機

　怨恨など被害者を殺害しようという強い動機がある場合には，殺意は認定される方向に働く。したがって，動機に関する取調べは殺意の認定に重要な影響を与えるものであるから，十分に時間をかけて真実の供述を引き出す必要がある。つまり，この動機については，自白がなければ，被疑者

の周囲の間接事実から推認することが困難な場合も多いのであって，結局のところ，捜査機関にとっては，多分動機としてはこれこれのものであろうという程度の推測ができる場合はあるものの，正確な動機が不明であるということも珍しいことではない。したがって，動機が不明であるからといって殺意が認められないという関係にあるわけではないことは，よく認識しておく必要がある。

　なお，前記(d)の事案では，被告人は，その犯行に先立って，被害者から顔面を殴打されるなどしており，被害者に対して強い怒りを持っていたことから，殺害行為に及ぶ動機は十分に認められたものである。

　また，前記(c)の事案では，被告人が被害者に対して，相当に強い嫉妬心と敵対心を持っていたことが窺われ，そこに殺意につながる動機をみいだすことができると思われる。

　これらに対し，前記(g)の事案では，動機に関して「動機についてみても，被害者の無断外泊行為に腹を立て，被害者の態度に憤激したとはいえ，日ごろ大変かわいがっていた実の娘に対し，確定的故意をもって殺害を決意したというにはいかにも薄弱であること」，「被告人が実の娘が死亡してもかまわないと認容していたと認めるには動機が弱いこと」などと判示されており，殺意を持つに至るような動機形成過程がないことを指摘されている。

(3) 犯行に至る経緯の中での言動

　被疑者が被害者を殺害するに至る経緯において，殺害しなければその目的を達することができないなどの間接事実が認められれば，殺意が認定される方向に働く。

　例えば，前記(e)や(f)の事案では，被疑者は多額の金員を入手する必要に迫られており，その目的のために強盗を働く必要があった。そして，そのためには被害者を殺害することもやむを得ないとして容認するという意識経過をたどることも不自然ではないことから，そのような事情は，殺意を認定する方向に働くものといえよう。

　また，前記(a)の事案では，暴力団による対立抗争事件を契機としたもの

であり，その襲撃計画等も綿密に作られたものである上，共犯者からも「体に弾を入れなあかん。」などと言われており，そのような間接事実等は，殺意を認める方向に働くものであろう。

(4) 犯行時の言動

　被疑者がその犯行時に「殺してやる。」などと怒鳴っていれば，その言動から殺意を認定できる場合もあるであろう。ただ，そのような言動は，時として単なる激昂の表現として出されている場合もあり，そのように言ったからといって，そのように思っていたわけではないと認定される場合もあることに留意しておく必要がある。

　前記(8)の判決では，被疑者が「ぶっ殺してやる。」などと怒鳴ったことなどに関して，被疑者が「『ぶっ殺してやる。』と怒鳴った，あるいは『殺してやる。』とつぶやいたなどというのも，被告人の日頃の言動に照らし単に強がりで述べた可能性があり，これらをもって殺意を有していた根拠とするには足りないと言わざるを得ない」と述べられている。

(5) 犯行後の言動

　被疑者の犯行後の言動のうちに，殺害結果を容認する意図に基づくものが存すれば，それは殺意を認定する方向に働く。被害者が死にそうであるのに，それを放置するなどの行為は，その死を容認していることに他ならず，その前提となる自らの殺害行為を肯定するものであるから，殺害行為に及んだ際，殺意が存していたものと推認できることになろう。

　もっとも，逆に，救護措置を採ったから，死亡の結果を容認していなかったとして，殺害行為の際の殺意を常に否定することが正しいとは思われない。というのは，憤激の余り，被害者の死亡を容認して殺害行為に及んだものの，実際に死亡の危険性という現実に直面し，我に返って，慌ててその結果を回避しようとするような場合もあるからである。このような場合，いくら救護措置を採ったとしても，これが殺意の認定を妨げるようなものとなってはならないといえよう。

　前記(d)の事案では，被疑者は，犯行直後に取り押さえられた際，「俺だ

けやられっぱなしでいいのか。」などと言っており，これは被害者の死亡を容認することを意味するものと考えられ，そのような言動からも殺意を推認することは可能であろう。

また，前記(e)の事案では，前述したように，被告人は，被害者の顔に衣服を掛けただけで立ち去っており，そこに死亡という結果を容認する意図を推認することは十分に可能であろう。

これに対して，前記(g)の事案では，被疑者の犯行後の言動について，「もし確定的故意を抱いていたというのであれば，それ相応のより積極的な行為に出るのが自然と思われるが，被告人は，被害者が逃げ出しても直ちに追跡せず，衣類をまき散らすなどして当たり散らし，また，屋外に出たのち，歩いて降りて行く被害者を発見しても，直ちに接近して直接刺すことは可能であると思われるのにこのような行為に出ていないし，さらに，包丁を投げつけたのちも，歩いて行く被害者の後をついて行くだけで，それ以上の行為に出ていないこと」などの犯行後の事情に照らしても，被告人について，被害者に対する殺意を認めるのは困難であると判示されている。

③ 暴行，傷害及び傷害致死事案の取調べ上の留意事項

> 暴行，傷害及び傷害致死に関する取調べにおいて留意すべき事項は何か。

1 基本的構成要件について

(1) 刑法208条は，暴行罪として
　　　暴行を加えた者が人を傷害するに至らなかったときは，2年以下の懲役若しくは30万円以下の罰金又は拘留若しくは科料に処する。
と規定しているが，刑法上，「暴行」を手段とする犯罪は色々とあるところ，それらの「暴行」の内容について，まず正確に理解しておく必要がある。具体的には，次の4種類のものがある。

まず，①最広義の暴行として，人に対すると物に対するとを問わず，有形力の行使の全てをいうものであるが，具体例としては，騒乱罪を定めた刑法106条において，

> 多衆で集合して暴行又は脅迫をした者は，騒乱の罪とし，次の区別に従って処断する。

と規定されているところの「暴行」は，この最広義のものである。

次に，②広義の暴行としては，人に対する（必ずしも人の身体に対して加えられることを必要としない）有形力の行使であり，具体例としては，公務執行妨害罪を定めた刑法95条1項において，

> 公務員が職務を執行するに当たり，これに対して暴行又は脅迫を加えた者は，3年以下の懲役若しくは禁錮又は50万円以下の罰金に処する。

と規定するところの「暴行」がこれに該当する。

さらに，③狭義の暴行としては，人の身体に対する有形力の行使であり，刑法208条の暴行罪の暴行がこれに該当する。

最後に，④最狭義の暴行としては，人の抵抗を抑圧するに足りる有形力の行使をいうのであって，これには，強盗罪を定めた刑法236条の

> 暴行又は脅迫を用いて他人の財物を強取した者は，強盗の罪とし，5年以上の有期懲役に処する。

と規定するところの「暴行」がこれに該当する。

(2) ただ，暴行罪における「暴行」が，人の身体に対する有形力の行使であるとしても，その暴行は，人の身体に命中する必要はない。人の身体に対する有形力の行使がなされて，何らかの影響をもたらすおそれが生じたのであれば，その段階で「暴行」があったとしてよいと考えられる。

具体的には，昭和29年8月20最高裁判決（刑集8・8・1277）は，労働争議の場面において，被害者の「身辺近くにおいて，ブラスバンド用の大太鼓，鉦等を連打し，同人等をして頭脳の感覚鈍り意識朦朧たる気分を与え，又は脳貧血を起さしめ息詰る如き程度に達せしめた」行為を暴行であるとしている。

また、昭和39年1月28日最高裁決定（刑集18・1・31）は、「狭い四畳半の室内で被害者を脅かすために日本刀の抜き身を数回振り廻すが如きは、とりもなおさず同人に対する暴行というべきである」としている。この事案では、内妻を脅かすために上記部屋で日本刀を振り回しているうちに、力が入って内妻の腹に日本刀が突き刺さり、同女を死亡させてしまったものであり、上記暴行による結果的加重犯として傷害致死罪が認められたものである。

(3) 刑法204条は、傷害罪として、
　　　人の身体を傷害した者は、15年以下の懲役又は50万円以下の罰金に処する。
と規定し、また、同法205条は、
　　　身体を傷害し、よって人を死亡させた者は、3年以上の有期懲役に処する。
と規定しているが、この傷害罪における「傷害」とは、どのような概念であるのか確認しておく必要がある。

　一般的にいえば、人の生理的機能に障害を与えることと解されている。さらに、女性の頭髪を剃髪することが傷害罪になるかどうかの判断の違いにより、見解が分かれるが、これを傷害罪に含める見解（昭和38年3月23日東京地裁判決・判タ147・92）は、傷害の定義に上記の概念に加えて、身体の外観に重要な変化を加えることが含まれるとしている。

　実際に女性の頭髪を剃髪するという事件がそうそう起きるとも思えないところ、前者の見解で足りると考えて差し支えないであろう（明治45年6月20日大審院判決・刑録18・896は後者の見解を否定し暴行罪が成立するにとどまるとしている。）。

　もっとも、頭髪の場合よりも実際に起きているのは、陰毛を剃る行為である。ただ単に陰毛を剃るだけであれば、これは生理的機能を害したとはいえないし、外貌等に重大な影響を与えるものでもないので傷害には当たらない。ちなみに、強制わいせつ致傷事件に関する昭和29年5月31日大阪高裁判決（高刑集7・5・752）では、陰毛の毛根部分を残し毛幹部分

のみを剃るなどの行為であれば,「生理状態に不良の変更がないから傷害とはいえない。」としたが,「陰毛の毛根の部分から脱取してなすいわゆる引き抜く場合は傷害となるものと解すべきものである。」とした,その理由として,「人の毛髪の毛根部分は毛嚢に包まれて深く皮膚の真皮内にはいり込み,下端の乳頭は膨大して毛球をなし内腔を有し,血管,神経を容れているのであるから,これを引き抜くときはこの血管神経を破壊し表皮を損傷すること明らかで,これ身体に於ける生理状態を不良に変更し,生活機能を毀損するものというべきであるからである。」としている。

2　取調べ上の留意事項

(1)　暴行や傷害について,被害者の身体に直接に触れるかどうかはともかくとして,身体に向けられた有形力の行使があれば,そのことは外形的に明らかであり,また,そのような行為に及ぶ以上,それが過失であるとは通常は考え難いので,故意も認められるであろう。特に,被害者が生存していれば,被害状況は明らかになるので,立証上の問題も少ない。

これに対し,問題となるのは,そのような直接的な暴力の行使などがない場合における傷害罪の成否であり,特に,傷害の結果との因果関係などが争点となる。

ア　具体的には,大音量の放送を流し続けたりする行為や無言電話を架け続けたりする行為により,ストレスをかけてノイローゼに陥らせるなどの場合である[1]。

ちなみに,前者の例として,平成17年3月29日最高裁決定(刑集59・2・54)の事案では,被告人は,自宅の中で隣家に最も近い位置にある台所の隣家に面した窓の一部を開け,窓際及びその付近にラジオ及び複数の目覚まし時計を置き,約1年半の間にわたり,隣家の被害者らに向けて,精神的ストレスによる障害を生じさせるかもしれないことを認識しながら,連日朝から深夜ないし翌未明まで,上記ラジオの音声及び目覚まし時計のアラーム音を大音量で鳴らし続けるなどして,同人に精神的

ストレスを与え，よって，同人に全治不詳の慢性頭痛症，睡眠障害，耳鳴り症の傷害を負わせたというものであった。

そして，本件最高裁決定では，以上のような事実関係の下においては，被告人の行為は傷害罪の実行行為に当たるとした。

また，後者の例としては，昭和54年8月10日東京地裁判決（判時943・122）が挙げられる。

この判決で認定された罪となるべき事実は概ね次のとおりである。

被告人は，昭和51年12月頃からTインキ製造株式会社の工場で工員として勤務していた者であるが，同社社長Ｖが同工場を巡視する際，しばしば同社長から注意を受け，その都度上司からも叱責されたことから，同社長を恨み，同人に報復しようと考え，昭和53年10月初め頃から同

---

1) なお，無言電話を架け続ける事案には，傷害のみならず偽計業務妨害や威力業務妨害が成立する場合もあるので敷衍しておく。

昭和48年8月7日東京高裁判決（判時722・107）の事案は，「被告人が，中華そば店を経営するＡの営業を妨害する意図のもとに約970回にわたり同人方に電話をし，相手方が電話口に出てもその都度無言で終始し，相手方が受話器を復旧しても自らの送受話器は約5分間ないし約30分間（まれには数時間の長さに及ぶこともあった。）復旧しないで放置することを繰り返し，その間Ａ方の電話の発着信を不能にさせ，同店に対する顧客からの電話による出前注文を妨げ，かつＡを心身ともに疲労させ，同人の業務を妨害した。」というもので，Ａの営業に相当の支障を生じさせた事案であった。

この事案において，同判決は，偽計業務妨害罪の成立を認め，「偽計」とは，「欺罔行為により相手方を錯誤におちいらせる場合に限定されるものではなく，相手方の錯誤あるいは不知の状態を利用し，又は社会生活上受忍できる限度を越え不当に相手方を困惑させるような手段術策を用いる場合も含まれる。」とし，「被告人が相手方の業務を妨害する意図のもとに，約970回にわたり昼夜を問わず繰り返し電話をかけ，その都度，相手方があるいは顧客等からの用件による電話かもしれないとの懸念から電話口に出ると，無言のまま相対し，又は自己の送受話器を放置し，その間一時的にもせよ相手方の電話の発着信を不能ならしめた所為は，一面において，受信者である相手方の錯誤ないし不知の状態を利用するものであることを全く否定し得ないものがあると共に，他面において，その目的・態様・回数等に照らし，社会生活上受容できる限度を越え不当に相手方を困惑させる手段術策に当たるものというべく，これを総合的に考察すれば，まさに刑法233条にいわゆる偽計を用いた場合に該当する。」と判示した。これに対しては，「2か月余りの間の900回を超える無言電話をかけ，送受話器を復旧しないまま放置して被害者方の電話の発着信を不能にするという被告人の所為は，電話線を切断して電話の利用を妨げる場合と同じく，電話という営業に不可欠な設備に不法な操作を施し，その利用を物理的に妨害する点で，威力としての性質に欠けるところはないといってよい。また度重なるいやがらせ電話が相手方にとって大きな不安及び心労の原因ともなることはいうまでもないところであって，被害者が昼夜を分かたぬ度重なる無益な電話に困惑させられ，心身ともに疲労したという点からみれば，被告人の行為は，被害者の意思に圧迫を加えるような性質のものでもあったということができる。」，「本件のいやがらせ電話にも，欺罔的な要素が全くないとはいえないが，暴力的な要素が中心になっているとすれば，威力業務妨害罪として処断するのが適当であったといえよう。」（鈴木義男，研修310・49以下）との見解が参考になる。

54年4月19日頃までの間，ほぼ連日にわたり，深夜から早朝にかけて，自宅又は付近の公衆電話から，東京都内のV方に電話をかけて同人方の電話の呼出音を鳴らし，同人の妻Wらが受話器を取り上げて応対した場合には，無言で電話を切り，応対しない場合には，長時間にわたり電話をかけ放しにして同人方の電話の呼出音を鳴らし続け，よって，右Wに著しく精神的不安感を与え，かつ不眠状態に陥れるなどして同女の心身を極度に疲労させた結果，同女に対し，加療約3週間を要する精神衰弱症の傷害を負わせたものである。

イ　このように暴行によらない傷害罪が認められるケースも決して少なくはないといえ，このような事案の取調べにおいては，自らの行為の結果，被害者が傷害を負うという認識が必要になる。暴行の結果的加重犯としての傷害は，そのような認識を要しないが，暴行を手段としない傷害罪については，傷害結果についての認識，認容が故意の内容として求められることを忘れてはならない。つまり，このような場合は，当該実行行為と傷害結果の発生との間の因果関係（特に，PTSDの場合など）や，傷害の故意が主観的要件として求められることから，その認識，認容の立証などが可能になるように取調べを行う必要があるのである。

ウ　ただ，傷害致死の場合には，傷害行為の結果的加重犯であるので，致死に関する故意は不要である。つまり，暴行に当たるような有形力の行使の場合であっても，上述した暴行によらない傷害罪が成立することによる場合であっても，いずれであっても致死に関する故意は不要である。

(2)　暴行や傷害については，被疑者から被害者の承諾があったとの主張がなされることがある。取調べにおいて，このような場合，どのように対処すべきか問題となろう。

　　被害者の承諾とは，法益の帰属者である被害者が，自己の法益を放棄し，その侵害に承諾を与えることをいう。そして，このような被害者の承諾がある場合，犯罪の成立が否定されるのは，「被害者の承諾のもとになされ

た行為が国家・社会的倫理規範に照らして適法とみられうる場合には，承諾は違法性を阻却するもの」（大塚仁「刑法概説第3版増補版」418頁）と考えられるからである。

　そして，判例としては，昭和55年11月13日最高裁決定（刑集34・6・396）がその指針を示している。これは，自動車事故を装った保険金詐欺事件において，被害者が負傷することを承諾していたという事案であるところ，本件最高裁決定は，「被害者が身体傷害を承諾した場合に傷害罪が成立するか否かは，単に承諾が存在するという事実だけでなく，右承諾を得た動機，目的，身体傷害の手段，方法，損傷の部位，程度など諸般の事情を照らし合せて決すべきものであるが，本件のように，過失による自動車衝突事故であるかのように装い保険金を騙取する目的をもって，被害者の承諾を得てその者に故意に自己の運転する自動車を衝突させて傷害を負わせたばあいには，右承諾は，保険金を騙取するという違法な目的に利用するために得られた違法なものであって，これによって当該傷害行為の違法性を阻却するものではないと解するのが相当である。」と判示した。

　この決定では，承諾を得た動機，目的等の主観面を含めて，客観的な手段，方法等の相当性等をも考慮すべきであるとしているが，「本決定は，右のどの事実をどのように考慮するかについて特に触れてないが，要するにこれら一切の事情を総体的に考察して，健全な良識に基づき，個人の自由と社会秩序との調和を計りつつ，社会通念の是認するところを慎重に探るべきであるというに尽きるものである。」（神作良二「最高裁判所判例解説（刑事篇）昭和55年度」243頁）と解され，保険金詐欺という違法な目的に利用するために得られた承諾では，違法性を阻却することはないとした。

　このような考え方が示されたのであるから，取調べに当たっては，被害者の承諾が仮に真実あったとしても，それが有効かどうかは，当該法益侵害行為が社会生活上相当なものであること，つまり，社会的相当性の観点から違法性阻却を認めるか否かを判断することになるから，当該犯行に対して承諾を得ようとした動機，目的，身体傷害の手段，方法，損傷の部位，程度など諸般の事情を詳しく聞き出し，それが社会的に相当でないかどうかを判断すべきであろう。

4 人身安全関連事案の取調べ上の留意事項

> 人身安全関連事案（恋愛感情等のもつれに起因する暴力的事案，行方不明事案，児童・高齢者・障害者虐待事案等の人身の安全を早急に確保する必要の認められる事案）における被疑者取調べ要領は何か。

　このような事案は，捜査上，早期の着手が何よりも求められるものであるが，取調べとしては，他の事件と特段異なるところはない。恋情のもつれによる殺人事件等と同様である。取調べそれ自体よりも，被害者の安全，被疑者の早期身柄確保といった捜査上の手続の進捗状況こそが問題となる事件だからである。

　もっとも，取調べにおいて，被害者に対する恨みなどは極度に表すであろうから，その供述をそのまま録取するなどすればよく，証拠収集の面では，そのような特性があるだけのことで，構成要件該当性等に関する取調べにおいて特別なものは全くない。

　ただ，そのような激烈な感情を維持させることは，再犯を防止するという観点からも好ましくないので，取調べにおいて，それが何らかの誤解に基づくものであるなら，それを解くように努めるべきであろうし，単に，感情的なものであるのなら，その高ぶった感情を鎮めるように意を尽くして説得すべきであろう。

5 強制性交等事案の取調べ上の留意事項

> 強制性交等の取調べにおいて留意すべき事項は何か。

1 基本的構成要件について

　この罪については，従来の強姦罪から変更されているので，まず，その法改正の内容を正確に把握しておかなければならない。

(1) 平成29年の法改正について

　平成29年6月16日，第193回国会において，「刑法の一部を改正する法律」（以下「改正法」という。）が成立し，同月23日，公布された。

　この改正法では，近年における性犯罪の実情等に鑑み，事案の実態に即した対処を可能とするため，強姦罪の構成要件及び法定刑を改めて強制性交等罪とするとともに，監護者わいせつ罪及び監護者性交等罪を新設するなどの罰則の整備を行い，さらに，強姦罪等を親告罪とする規定を削除した。

(2) 強制性交等罪に関する法改正の内容について

　改正前刑法では，177条において強姦罪を規定しており，

　　暴行又は脅迫を用いて13歳以上の女子を姦淫した者は，強姦の罪とし，3年以上の有期懲役に処する。13歳未満の女子を姦淫した者も，同様とする。

とされていたが，平成29年の改正法により，

　　13歳以上の者に対し，暴行又は脅迫を用いて性交，肛門性交又は口腔性交（以下「性交等」という。）をした者は，強制性交等の罪とし，5年以上の有期懲役に処する。13歳未満の者に対し，性交等をした者も，同様とする。

と改正された。

　このような改正は，女子に対する姦淫，すなわち，女性を被害者とする性交のみを対象としていた強姦罪を見直し，行為者及び被害者の性別を問わないとしたほか，処罰対象となる行為として，通常の性交のほか，肛門性交及び口腔性交を含むものとした。

　また，その法定刑も下限を懲役3年から懲役5年に引き上げた。

(3) 本罪の客体について

　本罪の客体は改正法により女性に限定されないこととされた。というのは，本罪の保護法益が，性的自由ないし性的自己決定権であると解されることから，その侵害を受けて身体的・精神的に重大な苦痛を受けることに

ついて性差はないと考えられたからである。

　したがって，これまでは女性が男性と共謀して別の女性を強姦する場合などに，共同正犯として女性も強姦罪の主体となっていたが，改正法により，女性が暴行又は脅迫を用いて自己の性器に男性の性器を挿入させたような場合（年少男性に対する場合などがあり得よう。）には，単独で本罪の主体となり得ることになる。

(4) 本罪の犯行態様について

　ア　そもそも「性交」とは，膣に陰茎を挿入する行為であり，「肛門性交」とは，肛門内に陰茎を挿入する行為であり，「口腔性交」とは，口腔内に陰茎を挿入する行為である。

　　また，これは自らが他者の性器等に挿入する場合のみならず，「挿入させる」行為，つまり，自己の性器や肛門又は口腔内に被害者の陰茎を入れる行為も，同様に「性交」等の概念に含まれる以上，それが暴行又は脅迫によりなされた場合には本件の構成要件に該当する行為であるといえよう。

　イ　ここでいう「陰茎」や「膣」は医学的観点から認定される臓器であるが，性別適合手術による造膣術によって形成されたものであっても「膣」に含まれると解すべきであろう。

　　本罪の保護法益が性的自由ないし性的自己決定権であると解される以上，それが医学的，後天的に形成されたものであっても別異に扱う必要はないからである。したがって，人工的に形成された陰茎であっても同様に解してよいものと思われる。

　ウ　肛門性交及び口腔性交が追加されたのは，これらは従来，強制わいせつ罪に問擬されてきたが，自己の性器を他者の身体に挿入するという濃厚な身体的接触を行うという点で性交と同等の悪質性や重大性があるものと考えられるに至ったからである。したがって，これらの行為は性器を挿入するものであることから，異物を他者の性器や肛門に挿入する行

為はこれに該当しない。

また，これまで強制わいせつとされていた口腔性交や肛門性交が，強姦の対象である性交と同等に評価されるものとなったことから，量刑上の評価としても全く同等のものとして扱われることになる。

したがって，例えば，被害者となる年少男性の陰茎を加害者となる女性がその口腔に含む行為は，法的判断として，これまで男性が女性を強姦した場合と全く同様の法的評価及び量刑が与えられることになる。

ここで問題となるのは，自己の性器を舐めさせる行為が「口腔性交」に該当するかどうかである。

他者の口腔内に自己の性器を挿入すれば口腔性交に該当するが，挿入する代わりに舐めさせるという行為に出た場合，これをどのように評価するかは問題である。

すなわち，口腔内の舌は外に出すことも可能な臓器であることから，外に出して他者の性器と濃厚な身体的接触をすることが可能なのであって，口腔内と外とでそれほど違いがあるかという疑問があるからである。

しかしながら，法文上「口腔性交」としてある以上，性器間の「性交」や「肛門性交」と同様に解する必要があり，後者がいずれも性器の挿入を犯行形態としている以上，口腔性交の場合も口腔内に性器を挿入するものと解さざるを得ず，性器を舐めさせた場合には，強制わいせつにとどまると解するしかないであろう。

2 取調べ上の留意事項

性的犯罪だからといって取調べ上特別な手法があるわけではないので，他の犯罪の場合と同様の取調べを実施することになる。ただ，被害者を法廷に出廷させることを極力避けるためにも，自白の獲得の必要性は他の事件より高いといえよう。

被害者の心情を理解させ，真実反省させて再犯をさせないためにも，粘り強い取調べが求められるところである。

6 窃盗事案の取調べ上の留意事項

> 窃盗に関する取調べにおいて留意すべき事項は何か。

刑法235条は，
　　他人の財物を窃取した者は，窃盗の罪とし，10年以下の懲役又は50万円以下の罰金に処する。
と規定しているところ，まず，犯人性，それに続いて構成要件該当性として，①他人が占有する，②他人所有の財物を，③窃取することについて，特に主観的要件についても，詳細に取り調べなければならない。

1 犯人性

　現行犯逮捕でない侵入盗などの場合には，被疑者がそもそも犯人性を否認することがあるので，まず，この点についての取調べをしなければならない。この犯人性の根拠が，例えば，現場に遺留された被疑者の指紋などであれば，被疑者が当該被害現場を訪れたことは証明できるであろう。ただ，それが犯行時に遺留されたものであるかどうかを，取調べをも含めて確定できるように捜査しなければならない。犯行現場に被疑者の指紋が遺留されていながら，別の機会についた可能性があるとして無罪となった例もあるので，遺留指紋があるからといって安心することなく，これを最後まで生かせるように取調べ等をきっちりと行わなければならない。

　また，被疑者が被害品を所持していることが職務質問等で発覚することもあるが，このような場合には，近接所持の法理が使える状況であるのか検討しなければならない。これは被疑者が被害品を所持していた事実があり，それが被害発生の日時，場所と近接していたような場合には，被疑者の窃取行為を推認するという法理であるところ，このような推認が働くのは，
　①　被害発生の直後であれば，被害品は，未だ窃盗犯人の手中にあることが多いという経験則
　②　その時点であれば，窃取以外の方法で当該物品を入手した者は，自己

の入手方法について具体的に弁明し，容易にその立証することができる
はずであるとの論理則
に基づくものと考えられている。

したがって，取調べにおいて，当該被害品の入手に関して合理的な説明ができるかどうかを見極める必要がある。平成23年7月5日名古屋高裁判決（高検速報（平23）216）の事案では，被疑者は，事件発生後38時間ほど経過した後に，窃取に係るパソコン一式等を所持していたものであるが，これは廃品回収業者の軽トラックに積んであったのを見て，買い取ったものであるなどと弁解していたものであるところ，この弁解を信用できないものとして排斥し，近接所持の法理によって有罪としたものである（詳細は拙著「盗犯捜査全書」638頁以下参照。）。

2 構成要件該当性

犯人性の次には，構成要件該当性を検討しなければならない。

(1) 他人が占有しているとの要件については，被害者の手元を一時的に離れた財物，例えば，ベンチに置き忘れられたハンドバッグや財布などに関して問題となる。この場合には，被疑者の取調べにおいて，当該財物が捨てられたりしたものではなく，一時的に所有者が置き忘れただけであって，当然取りに戻ってくるものだとの認識に関する供述が得られるように努める必要がある。

高価なハンドバッグや現金の入った財布などが捨てられているはずもなく，本来の所有者の占有が失われていないこと，すなわち，所有者がすぐ近くにいて戻ることが十分に予想できる状況を認識していたことに関する取調べを尽くすことである。

(2) 他人の財物に関する要件や，窃取行為の要件については，外形的事実で認定できる部分が大きく，取調べでは事実関係を明らかにすることで足りることが多いものと思われる。

(3) 主観的要件としては，まず，故意として，他人の占有を侵害して財物の占有を自己に移転する行為についての認識，認容が必要であるため，これに関する供述が得られるように努めなければならない。この点については，自転車窃盗などで，捨てられているものであると思ったなどの弁解として現れてくるが，当該自転車が置かれていた際の客観的状況や，自転車それ自体の新旧，鍵の有無等の状況を明らかにした上で，それらの状況からして所有者のある他人の財物であるとの認識があったはずであるとして追及すべきであろう。

　また，主観的要件として不法領得の意思も判例上求められているので，この点についての取調べも欠くことはできない。これは権利者を排除して他人の物を自己の所有物として経済的用法に従い，これを利用もしくは処分する意思であるとされており，通常，勝手に持ち去ってしまうような形態のものであれば，この意思があるものと推認されよう。

　この不法領得の意思が問題となった事例を参考までに紹介する。

ア　不法領得の意思が存在したことに合理的な疑いが残るとして無罪判決が言い渡された事例として平成18年4月3日東京高裁判決（高検速報（平18）84）があり，これは以下のような事案である。

　　被告人Xは，あわび捕りを生業とし，かねてから反感を抱いていた同業者のYに嫌がらせをする目的で，Yがあわび漁に使用しているたまり（捕ったあわびを入れておくための収納網）を持ち去ればYも困るだろうし，後で自分でも使えるなどと考えてY方敷地内に侵入した。しかし，たまりが干されていなかったため，これをあきらめ，同じくYがあわび漁に使用していたジャージ1着と浮き袋1個を物干し竿から外して取り，さらに，駐車してあったY所有の自動車の右サイドミラーから，鏡の部分を取り外した。そして，Y方から約200メートル離れた他人の畑にジャージを投棄し，そこから約200メートル離れた海中に空気を抜いた浮き袋と鏡を投棄した。

　　この事案では，Xがジャージ等をY方から持ち去ってからすぐに投棄しているので，Xがジャージ等を持ち去る時点で不法領得の意思を有し

ていたのか否かが問題とされた。

　これに対し，Xは，①Yに対する嫌がらせの目的でジャージ等を持ち出した，②ジャージ等を投棄しようと考えたのはY方敷地を出た後のことである旨各供述していたが，その一方で，③ジャージ等を使うつもりはなかったとも供述していた。

　この事案では，Xの上記②の供述に基づき，Xにはジャージ等を持ち去る際には不法領得の意思があったとしてXを起訴したのではないかと思われるが，上記高裁判決は，Xの上記②の供述に加え，実際に被害品を持ち去った直後にこれらを投棄していること等を根拠として，Xが被害品を持ち去ったのは，あくまでYにこれらを使えないようにして困らせてやろうという意思によるものと認めるのが自然であり，被害品を投棄しようと考えた時期に関する前記供述は，被害品を長時間携帯することなく投棄してしまおうと考えたという意味に理解でき，それまでは使うつもりであったことを必ずしも意味するものではないと考えられるとし，Xが被害品の占有を取得した時点において，不法領得の意思を有していたことを推認するには合理的な疑いが残るとした。

　この事案のように，窃盗の被疑者と被害者の日ごろの関係が良好ではなくむしろ険悪な状態である場合には，被害者の所有物を持ち去るという行為は，被害者に対する嫌がらせである場合が十分にあり得る。そこで，被疑者が被害者の所有物を持ち去った行為が，いかなる目的の下に行われたのかを判断する際には，①持ち去った被害品の価値や換金可能性，さらには被害人において使用したいと考え得るようなものであるのか，②被疑者は，被害品を持ち去った後，それを実際にどのように処分したのか否か，その処分の時期・処分方法，処分内容等を，その取調べに際して十分に検討する必要がある。

イ　上記事案と類似した事例として，昭和46年６月21日仙台高裁判決（高刑集24・2・418）があるが，この事案は，被告人Xは数年前から浜にあげていた動力船の煙突から水を入れられたり，スクリューのねじを取り外されたり，部品を盗まれたりするなどされていたところ，これらの

いたずらをしたのはYらであると思い込み，海中に投棄する目的で，その仕返しのため，Y所有のチェーンソーを持ち出し，これを数百メートル離れた海中に投棄したことを窃盗罪として起訴したものである。この事案につき，裁判所は，Xには不法領得の意思がないとして無罪としたが，上記認定の事実関係に照らせば，不法領得の意思は認め難く，器物損壊罪で処理すべきではなかったかと考えられる。

ウ　更に，自転車窃盗に関し，一時使用であるとして不法領得の意思が問題となったものとして，昭和51年12月17日京都地裁判決（判時847・112）がある。この事案は，被告人は就寝中の一人住まいの女性を姦淫しようと思い立ち，当日午前4時前頃自分の住んでいるアパートから約50メートル離れたところにあるX方に行き，同家のガレージ内にあった無施錠の2台の自転車のうち1台を無断で持ち出し，そこから約2キロメートル離れたV女方に直行し，約10分で同所に到着し，V女方の出入口に上記自転車を止め，V女方でV女の首にナイフを突きつけるなどして姦淫しようとしたが，同女が抵抗し，さらに，警ら中の警察官に発見されたため，未遂に終わったという事案である。本件京都地裁は，被告人には自転車を乗り捨てる意思はなく，警察官に逮捕されたためX方に戻せなかっただけであること，X方からV女方までは距離にして約2キロメートルで約10分間程度を要するだけでさほどの距離はなく，さらに，仮に被告人が警察官に逮捕されることなく帰宅できたとすると，自転車を無断で持ち出してから元のガレージに戻すまでの時間は最大限2,3時間を超えるものではなく，その間の自転車の消耗も考慮に値しないほど軽微であることなどからみて，被告人の自転車の無断持ち出しが住居侵入，姦淫という違法目的であったとしても，これをもって被告人が自転車の所有者を排除するまでの意思を有していたとはみることはできないとして窃盗罪について無罪を言い渡した（この裁判例によると，違法目的の有無は窃盗の成否を考える際に考慮する必要がないことになる。）。

　この判決の判断が不当であることは明らかであるものの，このような裁判例も存することに照らせば，自転車を乗り回している最中に被告人

を自転車窃盗で検挙した場合には，①無断で持ち出した場所及びその時間帯，②無断で持ち出した後逮捕されるまでの間自転車を乗り回していた時間（期間）及びその距離，③無断で持ち出した動機（使用目的），④乗り捨ての意思（①～③によって被疑者に乗り捨ての意思があったか否かを判断できると思われる。），などについて被疑者を取り調べて明らかにしておく必要があると心しておくべきであろう。

7 万引き・クレプトマニア事案の取調べ上の留意事項

> 万引きとクレプトマニアに係る取調べにおいて留意すべき事項は何か。

1 万引きは軽微犯罪か

　そもそも万引きは立派な窃盗であり，これを軽微な犯罪とみることは誤りである。小売店などは少ない利益率で収益を上げているところ，一つの商品が盗まれるだけで，その原価を回復するために，いかに他の商品を多数売らなければならないことになるのか，その被害者の心労に率直に思いをはせるべきである。
　そのような気持ちで被疑者の取調べに臨み，被疑者の犯行は決して軽微なものではないということを本人に分からせるように説得しなければならない。更に，初犯だからどうせ起訴猶予になるなどという，被疑者の甘えを許すような取調べも刑事処分も好ましくない。高齢者犯罪で実刑になるものの大半は万引きであり，常習性が極めて強固になってしまっているのが実態である。したがって，もっと早期の段階で厳しい処分をし，犯罪性が強固になるのを阻止するべきである。そういったことを理解した上で，万引き事件の取調べに臨むべきであると考える。
　また，警備員の目撃証言や防犯ビデオの映像などから，自身の犯行が明らかであっても否認する被疑者もいる。このような場合，犯行の立証それ自体

は，被疑者の自白がなくても可能と思われるが，それでも被疑者の自白獲得に努めなければならない。上述したように，万引きはその常習性が強固になりやすく，そのような状態に至るのを回避するためにも，被疑者が自己の犯行の重大性を深く認識する機会を与える必要があるからである。

2 クレプトマニアと責任能力

また，そのような強固な常習性をもつものとして，クレプトマニア(kleptomania：病的窃盗)の問題がある。これは窃盗行為に及ぶ衝動抑制の障害により行動制御能力が減退するもので，「万引き行為時に，顕著な緊張感，興奮を覚え，万引き成功時に安堵感，緊張からの解放，達成感を経験するというクレプトマニアに特徴的な症状」(平成25年7月17日東京高裁判決・高検速報(平25)94)が見られることになる。一方，「クレプトマニアは，個人的な使用や金銭的な価値などとして必要とするわけではない物を盗む衝動に抵抗することができず，典型的には，盗む行為前の不安とその後の安堵と満足が見られる。もし窃盗が復讐や精神病に関係しているのなら，クレプトマニアとは診断されるべきではない。」(Dr. Christopher L. Heffner : Kleptomania All Psych) といわれている。

そして，クレプトマニアであると診断されることで責任能力に影響を及ぼす場合もないではない。平成28年4月25日大阪地裁岸和田支部判決(公刊物未登載)では，小売店で2万数千円の万引きをした事案において，「被告人が広汎性発達障害の影響下において，摂食障害，盗癖にり患した状態であった。摂食障害と盗癖による食料品の溜め込みと万引きへの欲求は，当人の生活全体を支配するほど苛烈な状態となっており，事件当時も被告人の自覚や意思では制御し得ない程度であったと推察され，本件の発生に大きく関与していた」などとして，クレプトマニアであることをも一つの理由として，心神耗弱であると認定されている。

また，平成27年9月30日東京地裁判決(公刊物未登載)では，被告人がドラッグストアにおいて風邪薬等を万引きした事案において，「被告人がクレプトマニア等の精神疾患を有しており，本件にその影響が全くなかったと断

定することもできないことからすれば，被告人の再犯防止のためには，治療が必要なこともまた事実である。そのため，被告人が現時点で治療に取り組んでいることは，本件の量刑に当たり，なお考慮すべき事情であるといえる。」として，執行猶予中の万引きに対し，再度の執行猶予付判決を言い渡している。

　このように判決において，クレプトマニアであることをもって心神耗弱と認定したり，量刑を引き下げたりするということがなされるのであるから，取調べに当たっては，被疑者が，真実，クレプトマニアと診断される病状をもっているのか，万引きに及ぶ理由や動機は何か。単に金を払うのが惜しくて万引きをしたのではないか，以前にクレプトマニアの治療を受けたことがあるかなど，クレプトマニアの認定に影響を与え得る間接事実については，丹念に聞いておく必要がある。

3　スーパーマーケットなどでの万引き事件の捜査において特に留意すべき事項

　スーパーで食品を万引きしたものの現行犯逮捕されたような事件の捜査をみると，その食品が再度売り場に戻されたのかどうか記録上判明しないことが多い。現行犯事件であるから，犯人の手元から食品は取り返されており，これで被害が回復したといってよいのであろうか。そのスーパーでは，取り返した食品を再度売り場に戻すのであろうか（そのようなスーパーは存在するかもしれないが，客としては，自分が買おうとして手にとった食品等が1時間前に万引きされた商品であり，犯人が現行犯逮捕されたため売り場に戻された商品であることを知れば，これを買うことはしないであろう。）。いったん万引きされた食品については売り場に戻すことはしないというのであれば，万引き犯人が現行犯逮捕されたとしても実際には，被害が回復したとはいえないのでないか。このように考えると，犯人が現行犯逮捕された万引き事件において，被害者であるスーパー等は万引きされた食品等を，その後どのように扱ったのかについて，被害者に確認しておく必要がある（被害者の供述調書に，万引きされた食品等を売り場に戻したのか否か，売り場には戻さずに捨てるなどして

処分した場合にはその理由についても録取しておくべきである。）。

　この種の万引き事件の公判においては，弁護人が，「被告人は万引き後現行犯逮捕されており，万引きした食品は被害者側に戻されたので，本件では被害は回復している。」などと主張することが予想される。それ故，捜査官としては，被害者であるスーパーは売り場に万引きされた食品等を戻していないこと，及び，その理由はそのような食品等を売り場に戻して販売するのはお客さんに失礼である（あるいはお客さんをだましていることになる。お客さんにそのようなことをしているスーパーであることを知られたら，買い物に来てくれなくなる。）と考えたためであることなどを取調べで明らかにしておかなくてはならない（つまり被害は，実際には回復していないということである。）。

　次に，書店で書籍が万引きされる事件は多いが，万引きによる被害に多く遭ったため，廃業に追い込まれた書店があるという報道を目にすることがある。書店は，書籍を買い取って販売するのではなく，出版元から委託を受けて書籍を販売しているが，利幅は少ないと言われている。例えば，価格1,000円の書籍を販売した場合，書店の利益は200円程度であると言われている。したがって，価格1,000円の書籍を盗まれた場合，書店は，価格1,000円の書籍を4冊販売しないと，万引きされた書籍1冊分の原価の被害を取り戻せないことになる。このような書店の経営事情についても万引き被害に遭った書店の経営者から聞き出した上，これまでの万引き被害の状況やそれが経営に及ぼしている状況，書籍は先ほどのように委託販売なので，万引きされた書籍についてはその価格に相当する分を現金で仕入先に支払うのか否か等についても供述調書に録取しておくべきである。

　万引き事件というとあたかも軽い事件であるかのように考えている捜査官も多いと思われるが，その被害は甚大であり，その一方で，強固な常習性に基づく犯行も多いことを忘れてはならない。それゆえ，万引き事件の被疑者を取り調べるに当たっては，再度の犯行に及ぶおそれはないか，余罪はどの程度あるのかについて徹底的に追及する必要がある。

　ことに高齢犯罪者で刑務所の出入りを繰り返す者の多くは万引き犯であり，若いうちに早期に更生させるためにも，厳正な処罰が必要なのであり，万引き事件の捜査・取調べを軽々に考えてはならない。

8 占有離脱物横領事案の取調べ上の留意事項

占有離脱物横領に関する取調べにおいて留意すべき事項は何か。

1 基本的構成要件について

刑法254条は，
 遺失物，漂流物その他占有を離れた他人の物を横領した者は，1年以下の懲役又は10万円以下の罰金若しくは科料に処する。
と規定するが，これは横領や業務上横領と並べて同じ章に規定されているものの，その行為態様などからすれば，むしろ窃盗に近い類型といえる。この罪は，他人が財物を占有しているという状態はなく，占有を離れた他人の財物を領得するという行為形態であるため，他人の占有の有無で窃盗と区別されるだけだからである。

2 取調べ上の留意事項

(1) 被害の客体が遺失物などの他人の占有を離れた物であることから，本罪が成立するためには，それはあくまで元々の所有者が未だに所有する意思を持っているものでなければならない。例えば，ある財物を紛失してしまってそれが見つからないけど，見つかったなら戻してほしいと，所有者が思っているのであれば，それは所有の意思を有していることから，当該財物は遺失物となり，占有離脱物となる。これに対し，所有の意思を完全に放棄して捨てられてしまったものは，法的には無主物（民法239条）になってしまい，そうなると，それは誰が自分のものにしても犯罪とならない。

 そこで，上記の占有離脱物になる場合において，このような物を領得した被疑者を取り調べる場合，未だ占有が元々の所有者にあったと認識する必要はないが，元々の所有者が未だに所有の意思を持っている対象物であるとの認識は必要である。つまり，所有の意思を完全に放棄して捨てられてしまったものは，上述したように無主物であり，自らがそれを領得して

も許容されると認識することになるからである。
　また，仮に，所有者は所有の意思を失っていなくても，被疑者がその財物を領得する際に，所有者は，もはや所有権を放棄しているのだと認識したのであれば，占有離脱物横領の故意がなくなることになり，やはり犯罪は成立しないことになる。
　したがって，例えば，自転車が長期間放置されていて，もはや所有者の占有が認められず，したがって，それを持っていっても窃盗罪にはならないものの，所有者が未だ捨ててしまったと思っていない限りは，占有離脱物横領罪が成立する余地があり，その場合には，それに見合う被疑者の故意が求められることになる。その際の被疑者の故意の内容としては，この自転車は，風雨に長期間さらされているので，付近に所有者がいたり，すぐに取りに戻ったりするわけではないものの，でも鍵はかかっているし，比較的新しいものであるから捨てたわけではないだろうというような認識が必要になる。それを分かった上で，あえて持っていけば，占有を離れた他人の物を領得することについての認識，認容が認められることから，占有離脱物横領が成立する。
　この罪名での取調べにおいては，この無主物になってしまっていると思っていたかどうか，未だ所有者が別にいると思っていたかどうかだけがポイントであるといってもよいであろう。

(2)　ここで氏名不詳者が遺留した自転車を被疑者が持ち去ったという事案で，無罪とされたものを紹介する。これは，平成21年3月24日立川簡裁判決（公刊物未登載）の事案である。
　公訴事実の要旨は，次のとおりである。
　　　被告人は，平成20年10月9日午前零時30分頃，JR東日本A駅南口歩道上において，氏名不詳者が遺留した被害者V所有に係る自転車1台を，自己の用に供するためにこれをほしいままに同所から乗り去り，もって占有を離れた他人の物を横領した。
　被告人は，捜査段階では自白していたが，第1回公判において，「本件は友人であるシンちゃん又はシンイチなる未成年者から，自転車をJRの

N駅付近のローソンからA駅南口まで移動させてほしいと10月8日の午前中に依頼され，夜なら良いと同意した上，自分は右足が悪く，自転車に乗れないから，深夜になってN駅付近から40分から50分かけて押して歩いてA駅南口まで移動し，シンちゃんの指定したA駅南口に置こうとしたところで，警察官の職務質問を受けた。自分は警察官にその旨一生懸命弁解したが，まったく聞いてもらえず，いろいろ追及され，無線で自転車の所有者照会の結果，自転車の所有者名が自分の名義でないと分かると占有離脱物横領で検挙されたもので，公訴事実の犯行はやっていない。」旨主張した。

　これに対し，被告人の捜査段階における自白は，「職務質問を受ける30分くらい前にA駅前の歩道上で見つけて勝手に乗ってきたものである。」旨の内容であった（職務質問は午前1時頃である。）。

　この事案の問題点は，まず，被告人の自白によると，被告人がA駅前の歩道上で本件自転車を見つけて乗り去ったのは午前零時30分頃であり，職務質問を受けたのは午前1時頃であるが，職務質問を受けた場所と被告人が自転車を持ち去った場所との間の距離は約50メートルであったところ，なぜ50メートルを移動するのに30分もの時間を要したのかということである。被告人の捜査段階の供述の中には，例えば，A駅南口歩道上から乗り出してからどこかに行き，その後職務質問を受けた場所にやって来たなどという内容の供述は存しなかった。

　次に，被告人は，当時66歳の浮浪者で難聴であった上，小学校に低学年までしか通学しておらず，かろうじてひらがなの読み書きができる程度であったにもかかわらず，警察官・検察官は，読み聞け手続を含めて取調べにおいては被告人に補聴器を使用させておらず，また，供述調書を閲読させたものの漢字にふりがなを付けていなかったことも公判で問題となった。さらに，被告人にはその言動から認知症の疑いがあったが，警察官・検察官は，この点について医師の診断を受けさせるなどの措置を講じていなかった。

　以上のようなことから，被告人の捜査段階における自白については任意性が認められず，さらに，職務質問をした警察官等の公判供述も信用でき

ないとされ，無罪が言い渡された。

　自転車に係る占有離脱物横領の事件はよくある事件の一つであるが，一見何ら問題のないように見える事件でも上記のように問題点を含むものもある。したがって，上記のような無罪事件の検討を通じて，この種事件の捜査に当たって何を留意すべきかを考え，また，取調べに当たっては上記問題点についてよく注意するようにされたい。

9　強盗事件の取調べ上の留意事項

強盗に関する取調べにおいて留意すべき事項は何か。

1　基本的構成要件について

刑法236条1項は，
　　暴行又は脅迫を用いて他人の財物を強取した者は，強盗の罪とし，5年以上の有期懲役に処する。
と規定し，また，同条2項は，
　　前項の方法により，財産上不法の利益を得，又は他人にこれを得させた者も，同項と同様とする。
と規定して，1項では財物を強取する場合につき，2項では，財産上不法の利益を得る場合につき，いずれも強盗罪が成立するとしている。

　ここでいう「暴行又は脅迫」は，相手方の反抗を抑圧するに足りる程度のものでなければならないとするのが通説・判例である。そして，その相手方の反抗を抑圧するに足りる程度の暴行，脅迫であるかどうかは，暴行，脅迫自体の客観的性質によるのであり，具体的状況に応じて，「暴行，脅迫の態様，犯行の場所，時刻等の現場の状況，犯人の服装，態度，体格，人数，それに被害者の性別，年令，性格，健康状態，精神状態等の具体的事情すべてを考慮したうえで，当該の暴行，脅迫が客観的見地から見て被害者の反抗を抑圧するに足りる程度に強力なものであったか否かを判断することにより決せ

られるものである」(昭和35年9月21日名古屋高裁判決・下刑集2・9＝10・1194)と考えるべきである。

したがって，強盗が成立するためには，客観的にみて相手方の反抗を抑圧するに足りる暴行又は脅迫を加え，その結果，相手方から財物の交付を受けるか，財産上不法の利益を得ることが必要となる。

2 取調べ上の留意事項

(1) 暴行又は脅迫の要件について

ア 被疑者の取調べにおいて，その暴行又は脅迫が相手方の反抗を抑圧するに足りるものであったことについて，どの程度の認識を録取する必要があるのか問題となる。被疑者としては，ちょっと脅す程度のつもりであったのに，相手方が必要以上に怯えていただけで，自分がしたことは恐喝ではあっても，強盗ではないとの主張がなされることがあるからである。

しかしながら，相手方の反抗を抑圧したものと評価されるかどうかは法的評価であって，被疑者が判断すべきものではない。したがって，自己の行為の内容を認識し，かつ，それを認容すれば足りるのであって，それが恐喝における暴行又は脅迫であるのか，強盗における暴行又は脅迫であるのかは法的評価であるから，被疑者の上記弁解は法的にはなんら意味をもたない。

もっとも反抗を抑圧するに足りる暴行又は脅迫であるかどうかは，一般人を基準として考えればよく，客観的に一般人をして反抗を抑圧するに足りるものであれば，それをもって強盗の手段として評価されることになる。したがって，仮に，客観的にこれに足りないような暴行又は脅迫であった場合には，被疑者の主観面がどうであっても恐喝罪しか成立しないことになる。

イ 被疑者の取調べにおいて，被疑者は，たしかに相手方の反抗を抑圧するに足りるだけの強度の暴行又は脅迫を加えたのだが，相手が豪胆な人

物で，そんなに金が欲しいなら恵んでやるよと言って，くれたものであるから，そのお金は強盗したことで取ったものではないとの主張が出された場合には，どのように考えるべきであろうか。

　このような主張は，法的には，被害者が反抗を抑圧された結果，財物を交付したわけではないので，暴行又は脅迫と財物奪取との間に因果関係がなく，結局，強盗は未遂であって，財物の交付は任意のものであって交付に関しては不可罰であるとの主張である。つまり，「強取」といえるためには，行為者の暴行・脅迫による被害者の反抗抑圧と財物奪取との間に，反抗を抑圧されたから，当該財物が奪取されたという因果関係が必要であるのかという問題であって，このような主張については見解が分かれている。

　学説では，これを必要とし，そのような因果関係がない場合には，「強取」ではないとする見解が通説であるといわれている（大塚概説各論215頁，団藤綱要各論588頁，西田各論167頁等）。しかしながら，客観的に反抗を抑圧するに足りる行為が行われ，それと財物交付との間に条件的な因果関係があるのであるから，「強取」に該当すると考えるべきである（大コメ刑法12・346）。

　この点については，前者を原因説と，後者を手段説と呼んで，その内容を正確に分析したものがある（正田満三郎「一項強盗罪・二項強盗罪・事後強盗罪相互の関係について（上）」判時1286号3頁以下）。ここでは，「第一の要素，すなわち，他人の占有する財物の奪取（占有の移転）と，第2の要素，すなわち，反抗を抑圧する程度の暴行・脅迫との結合契機をどう理解すべきかについては見解が分かれる。後者が前者の原因でなければならないとする見解（仮に原因説と名づける）と，必ずしもそれを必要とせず，後者が前者の手段に利用されれば，それで充分であるとする見解（仮に手段説と名づける）との対立がそれである。」として，それぞれの見解の当否を論じている。

　そして，「右原因説は，端的に刑法236条1項が規定する『強取』の意味にそう明確さがあるが，この説によるときは，占有移転が具体的・客観的に強度の暴行・脅迫に因って実現されたという因果的事実の証明

がえられぬかぎり，強盗既遂罪の成立は否定されることとなり，適用範囲は狭いものとなるであろう。しかし，このようなことは，窃盗罪と並んで重い強盗罪の特別類型規定を設け，治安の維持に対処しようとする法の意図にそうといえるかどうか疑いを生じる。そこで，これを修正し，原則的に原因説に依拠しつつも暴行・脅迫がもつ社会的・道義的意義を重視し，それが占有移転の直接原因とはいえないまでも，財物奪取の手段として利用されたとみられるかぎりは，なお『強取』でありうるとする手段説が生まれたものと思われる。そして，この手段説に従えば，行為者が財物奪取の目的を遂げるため暴行・脅迫を行い，それが占有者の意思を無視した一途な財物奪取の手段と認められるかぎり，占有移転の直接原因たることの証明がなくても強盗既遂罪の成立が可能となるのである。」としている。

　実際のところ，条文上，「強取」すれば足りるとしていることから，反抗抑圧をするに足りる暴行，脅迫を加えたという事実があり，また，その場面において財物を取得できたのであれば，「強いて取った」という文言に適合するものと考えても不当とは思われない。

　強盗の機会において，財物の奪取がある以上，これが既遂となるか未遂となるかは，あくまで当該強盗行為たる暴行，脅迫が被害者の反抗を一般的に抑圧するものであるかどうかを基準とすべきであり，これに該当するのであれば，もはや被害者の意思は抑圧されている状態になっているはずである以上，その後の被害者の意思内容は本罪の成否に当たっては影響を持たないと考えるべきである。そうであるからこそ，反抗を抑圧されたということに意味があることになるからである。

　したがって，その結果，財物が奪取されたことをもって既遂とすべきであり，その際に被害者が反抗を抑圧されたから奪われたのか，それ以外の理由によって交付したのかという理由に犯罪の成否をかからしめるのは妥当ではないと考える。外形的には全く同一の強盗行為について，被害者の内心の意図だけで既遂，未遂が左右されるのは，強盗罪における処罰の客観性を失わせることになって妥当ではないと考えられるからである。

ちなみに，昭和24年2月8日最高裁判決（刑集3・2・75）では，「人に暴行又は脅迫を加えて財物を奪取した場合に，それが恐喝罪となるか強盗罪となるかは，その暴行又は脅迫が，社会通念上一般に被害者の反抗を抑圧するに足る程度のものであるかどうかと云う客観的基準によって決せられるのであって，具体的事案の被害者の主観を基準としてその被害者の反抗を抑圧する程度であったかどうかと云うことによって決せられるものではない。」旨判示されている。

　したがって，取調べにおいて，被害者が喜んで渡してくれたんですよなどという弁解がされることがあったとしても，それは法的には意味を持たない主張であると考えるべきである。もっとも事実認定として，そのようなことは通常はあり得ないのであり，被疑者から真実の供述を得るように努めるのは当然のことである。

ウ　強盗の類型の中でも，典型的なものとして，コンビニ強盗があるが，消費者金融等に多額の借金があり，その返済資金を得るなどの目的でコンビニ強盗を敢行したという事案は多い。そこで，この種事案において，被疑者を取り調べる上で重要と思われる事項をいくつか取り上げることとしたい。

　まず，被疑者の借金について明らかにする必要がある。その際，被疑者に，いつ，どの消費者金融から，どれだけの金額を借り，それを何に使ったのか，強盗を敢行した時点で，何という消費者金融にどのくらいの借金があったのか，また毎月いくらくらいを返済しなくてはならなかったのかなどを尋ね，被疑者の記憶に従って答えさせればよい。そして，消費者金融からの照会結果と照らし合わせて，異なっている部分は個々に理由を尋ねればよい。

　次に，消費者金融に対する借金の返済資金を得る方法として強盗を選んだ理由等について取り調べることになる。その際，正業に就いてその給料等で消費者金融に返済しようと考えなかったのはなぜか，犯罪行為によって返済資金を得ようと考えたにしても，なぜ，強盗を選んだのか（強盗以外については思いつかなかったのか），強盗をするにしても，他の

路上強盗や押し込み強盗などではなく，コンビニ強盗を選んだ理由は何か，さらにどの程度のお金を奪えると思ったのか，その根拠は何か，その上で，どうしてこの店舗を選んだのか，下見はしたのか，選んだ凶器は何で，その選んだ理由は何かなどを聞いていくことになる。

そして最後に変装をした理由である。もちろん顔を見られないためであろうが，これを本人の言葉でしゃべらせておくことが好ましい。逆に，犯行時，被疑者が全く変装をしていなかったのであれば，その理由を明らかにしておかなければならない。

コンビニ強盗は，日本全国で平成27年に341件認知され，同年中に249件検挙されて，検挙率は73.0パーセントである（平成26年，27年の犯罪情勢—警察庁 13頁，14頁）。窃盗の検挙率が28パーセント（平成28年版犯罪白書7頁）であることに比較すると，やはり検挙されるリスクは高いのであり，それでも敢えてコンビニ強盗をしようと，それを選択した動機については，関心を持って取り調べるべき事柄であろう。

エ 刑法236条2項の財産上の利益に関する取調べ上の留意事項として，次の点を理解しておく必要がある。ここでいう「財産上の利益」とは，財物以外の財産的利益を意味し（大コメ刑法12・346），権利の取得といった積極的財産の増加だけでなく，債務の免除のような消極的財産の減少も含まれると解されている。ただ，1項の財物のように具体的な形があるわけではないので，どのようなものが具体的に「財産上の利益」に該当するか問題となる場合も多い。

具体的には，平成17年4月26日神戸地裁判決（判時1904・152）では，個室マッサージ店の経営権がこれに含まれるか問題となったが，本件判決では，「殺害行為自体によって，被害者から『経営上の権益』が移転したとはいい難い。」，「そうすると，本件では，被告人Aは，被害者殺害後，その後継者として『経営上の権益』を，実質的にはおおむね掌握したとみられるものの，それは被害者から直接得られた利益というよりも，被害者が死亡したことにより，被告人Aの同グループ内での地位が相対的に上がったことによって，事実上，得られた利益にすぎないというべき

である。検察官の主張する『経営上の権益』は刑法236条2項の財産上の利益に当たらないと解するのが相当である。」と判示した。

　また，債務の支払を免れる目的で債権者を殺害した場合，それだけで「財産上不法の利益」を得たことになり，直ちに強盗（2項強盗）殺人罪が成立するのか問題となるが，昭和32年9月13日最高裁判決（刑集11・9・2263）はこれを肯定した。この事案では，被告人は，Aから借金をしていたところ，返済をほとんどしなかったため，Aから再三その返済を求められ，これに対して虚言を弄していたが，ある日，路上でAと出会った際，Aから，強く返済を求められた上，「もうこれ以上だますと警察や信者にばらす。」と言われたので，「明日の夜全部支払うので待ってくれ。」と言ってその場を取り繕ったものの，返済の手段がなかった。その翌日，被告人は，本件の金銭貸借については証書がなく，また，Aが死亡すれば被告人以外にその金銭貸借の詳細を知る者がないことから，Aを殺害して債務の履行を免れようと考え，薪様の凶器でAの頭部を殴打したが，殺害の目的を遂げなかったというものである。最高裁は，この事案において，被告人に強盗殺人未遂罪の成立を認めたが，この事案の特徴は，金銭貸借について借用証書がなかった上，被告人とAの2人以外には両名の間に金銭貸借があったことを知らないという点であり，債務者が債権者を殺害すれば債務の支払いを究極的に免れることが確実だと認められるような状況であるので同罪の成立が認められたものである。したがって，債務の支払いを免れる目的で債権者を殺害すれば，直ちに強盗殺人罪が成立することを認めたものではないことに留意しておかなければならない。

オ　万引き等に及んだ被疑者が犯行を警備員等に発見され，逮捕を免れるために抵抗して暴行を加えることがあるが，その際の暴行の程度は，強盗罪のそれと同程度であるのか，それともそれより軽いものでよいのか問題となることがある。取調べに当たって，被疑者がどの程度の暴行を加えたのかを明らかにする過程で，それが事後強盗としての要件を満たすものかどうか判断しなければならないからである。

㋐ 刑法238条は，

> 窃盗が，財物を得てこれを取り返されることを防ぎ，逮捕を免れ，又は罪跡を隠滅するために，暴行又は脅迫をしたときは，強盗として論ずる。

と規定しているところ，事後強盗罪の暴行・脅迫も本罪が強盗として論ぜられる以上，その暴行・脅迫は強盗罪におけるのと同じ程度のものであるべきことは当然である（前出大塚222頁）とされている。したがって，それは相手方の反抗を抑圧するに足りる程度のものでなければならない。また，それは具体的状況に照らして，客観的に判断されなければならない。

ただ，それでも他人の財物を奪取しようとして行われる暴行・脅迫と，既に他人の財物を取得している犯人が，それを確保するために行う暴行・脅迫とは，おのずからニュアンスの違いがあり，後者は，前者に比べてわずかながら軽い程度のものでも足りると考えられている。

㋑ この点を明らかにしたものとして，昭和31年3月20日東京高裁判決（判タ57・47）がある。この判決では，「刑法第238条にいわゆる準強盗罪の構成要件たる『暴行』とは，同法第236条における『暴行』の意義との均衡上，相手方の抗争を抑圧する程度のものたることを要するは所論のとおりである。然し，その抑圧とは，右第236条の場合には財物奪取を防禦するために消極的になされる反抗を圧伏することを意味するに反し，第238条の逮捕関係の場合には，窃盗犯人を逮捕せんとして積極的に加えられる拘制を排除することを指称し，従って，前者においては財物奪取の目的に発するものであるのに，後者においては犯人自身の庇護を目的とするものであるから，斉しく抑圧というも各目的および方向上に彼此相違がある。而してその暴行が当該逮捕のための拘制を抑圧する程度のものなりや否やは，具体的各場合の実情に照らして客観的に判断せらるべき事柄であり，その暴行を受けた者の被害に関する意識状態の如きは斯る判断の一基準たり得るに過ぎ

ない。」として事後強盗罪を認定している。

したがって，例えば，万引きした犯人が警備員から逮捕を免れるために，万引きの被害品である栄養ドリンクの瓶で警備員の頭部を殴打して負傷させたという程度であっても，事後強盗罪の暴行に該当すると考えるべきである。

(ウ) もっとも，これを否定した裁判例もいくつかあるので，どのような事情で事後強盗の成立を認めなかったか参考までに紹介することとしたい。

i 昭和62年2月9日福岡地裁判決（判時1233・157）は，被告人が，コンビニでサラミ3本を窃取し，同店を出て逃走を企てた際，これを追跡捕捉しようとした同店従業員に対し，右手でそのシャツの襟元付近を掴んで押し返すなどの暴行を加え，同人の前頸部に表皮剥離と皮下出血の傷害（加療約1週間）を加えたという事案に対し，裁判所は，事後強盗致傷罪の成立を否定し，窃盗罪と傷害罪の成立を認めた。

その理由は，①本件暴行の現場は，銀行，会社事務所，飲食店等が密集して立ち並ぶ通称「天神西通り」沿いの歩道上で，昼夜を問わず交通量や人の往来が多く，本件犯行は8月15日の午後3時55分頃で，これを見守る車が停車し，周囲に人だかりができる状況であった，②被害者である店員は，被告人について，以前に万引をした疑いを抱いていたため，犯行当日，被告人の行動を注視し，万引をしたことの確認が得られれば直ちに逮捕する態勢にあったものであって，同人が過去に空手の修行を積んでいたこととも相まって，被害者には被告人を逮捕するについて相当の自信と余裕があったことが窺える，③万引を現認した被害者は，直ちに被告人を追い，同店から約10メートル余りの歩道上で，サラミを手に持っていた被告人の右手を捕らえて停止を求めたが，被告人はサラミを左手に持ち替えて握りしめながら，右手で同人の襟元付近を掴んだ上押し返

すなどして逃れようとし，他方，被害者もこれに動じることなく，右手で被告人の左肩付近の着衣を，左手で被告人の右手首付近をそれぞれ摑み，両者その態勢で組み合ったまま，数分の間，激しくもみ合ったが，その間，被害者は，終始被告人を離そうとせず，被告人を押さえつけるなどしながら通行人に警察署への電話通報を依頼し，通行人が現場住所の詳細が分からず被害者に尋ねるや，その時現場に来た近くの飲食店の店長に電話を交替するよう指示するなど，<u>被告人の逮捕に向けて的確に行動するとともに，最後まで被告人を自分一人で取り押さえる自信があったから，周囲の通行人らに積極的に加勢を求めることもなく</u>，結局，<u>被告人は，前記態勢のまま被害者一人に取り押さえられた形で逃走を断念せざるをえなかった</u>，④被害者は，そのカッターシャツの襟元部分を10センチあまり破られ，前頸部に表皮剝離と皮下出血を負ってはいるものの，その破損状況や受傷程度に加えて被告人も被害者からそのポロシャツの胸付近を破られていることなどに照らすと，<u>これらは前記のような激しいもみ合いの過程で自然に生じたとみられる</u>のであって，ことさら被告人が被害者の頸部を締め上げるなどしてできたものではないこと等の事情を考慮すると，被告人の本件暴行は，被害者の逮捕行為，財物取還行為を抑圧するに足りる程度のものとは認められないとしたものである。

ii 平成13年10月29日東京地裁判決（判時1825・160）は，スーパーマーケットで万引をした被告人（39歳女性）が，これを発見した女性警備員（69歳）に捕まりそうになったことから，その腕に嚙みつくという暴行を加えて負傷させたという事案で，裁判所は，強盗致傷罪を認めず，窃盗罪と傷害罪を認定した。

その理由としては，①警備員は青果担当の男性2名に応援を求めているが，その際の発言が，自らの救助を求めるものというよりは，青果担当の男性の手を借りて被告人を捕まえようとする趣旨のものと解されるし，男性2名が駆けつけたとき，警備員は被告人のリュッ

クサックの肩ひもから手を離さず,被告人を捕まえようとしていた。その後も,男性2名に被告人との対応を任せてしまうのではなく,警備員自らが男性2名とともに2階事務所まで被告人を連れて行っていることを考えると,警備員は,被告人の暴行を受けても,主観的に被告人を捕まえることをあきらめず,捕まえる意思を強く持ち続けていたものと推認されるし,客観的にも被告人を離しておらず,被告人を確保していたと認められる。②犯行現場と売場との位置関係,犯行現場の状況,警備員の声に気付いた青果担当の男性2名が直ちに犯行現場に駆けつけていること,<u>犯行時刻は平日の昼間であり,買物客などの人通りも多かったものと推認される</u>ことからすると,店員や買物客が警備員と被告人とのもみ合いに気付く可能性が十分にあり,そうした店員や買い物客が警備員の応援に入ることも考えられる状況にあったといえるし,警備員自身,その警備員としての経験からすれば,当然こうした事情を十分に認識していたものと推認される。③警備員は,万引犯人から絡まれたのは本件が初めてであるとはいえ,警備中に何度も万引犯人から暴行を受けた経験があった旨供述していることに照らせば,被告人から抵抗を受け何らかの暴行を受ける可能性があるかもしれないことは予想できたはずであるし,警備員が被告人の行動をある程度の時間注視した上,被告人に声をかけたという経緯に照らせば,<u>警備員にはそれなりの心の準備があったことも窺える</u>。④被告人の暴行は,相当強度であったことが推認されるとはいえ,<u>凶器を用いたものではない</u>。警備員と被告人の年齢差はかなりあるが,警備員が経験豊富なベテランの警備員(約30年間)であるのに対し,被告人は警備員の身長とほぼ同程度でやせており,警備員に体格的・体力的に勝っているものとはいえないこと,実際にも被告人は警備員に腕やリュックサックの肩ひもをつかまれ,それを振りほどこうとして抵抗しても警備員の手は離れなかったこと等を考えると,<u>被告人と警備員の年齢差から一般的に推認されるほど両者の間に力の差はなかったものと考えられる</u>,として被告人の暴行が警備員の反抗を抑圧するに足りる程度

のものではないとして強盗致傷罪の成立を否定し，窃盗罪と傷害罪の成立を認めた。

10 恐喝事件の取調べ上の留意事項

> 恐喝の取調べにおいて留意すべき事項は何か。

1 基本的構成要件について

刑法249条1項は，
　人を恐喝して財物を交付させた者は，10年以下の懲役に処する。
と規定し，同条2項では，
　前項の方法により，財産上不法の利益を得，又は他人にこれを得させた者も，同項と同様とする。
と規定する。

　この恐喝で用いられる暴行又は脅迫は，強盗罪が相手方の反抗を抑圧するに足りる程度のものでなければならないことと比較して，その程度に至らない暴行，脅迫を指す。このような場合は，相手方に反抗の余地が残されていることになるので，そのような状況下では，完全には意思決定の自由が奪われておらず，したがって，その際の交付行為は，瑕疵ある意思表示に基づく交付行為となって，恐喝罪が成立することになるからである。それゆえ，恐喝の手段としての暴行や脅迫は，相手方に恐怖心を生じさせるような害悪を通知することであるが，それは相手方の反抗を抑圧するに至らない程度のものであることになる。

2 取調べ上の留意事項

　上述したように，相手方に恐怖心を生じさせるような害悪の通知であればよいので，文言上，明確に被害者の身体やその家族に害悪を加える旨の告知

がなくても、暴力団の名刺やバッジ、暴力団幹部と一緒に写っている写真など、一般人が畏怖するに足りる物や文書を提示するだけで、脅迫行為が成立するのである。

特に、飲食店の経営者等にみかじめ料を要求するような場合には、当該暴力団員は、被害者の店舗付近に活動の拠点を持っているのが通常であることから、日常的に威圧感を与えることができることになる。したがって、そのような場合には、脅迫文言の程度がより弱いものであっても、被害者としては十分に畏怖する状況があることになるから、恐喝罪が成立すると考えるべきであろう。

この点について、平成26年11月19日名古屋地裁判決（公刊物未登載）が参考になる。これは指定暴力団の総長である被告人が、他の場所に社交飲食店を開店しようとしていた被害者に「みかじめ料」の支払の継続を企図し、財産、営業への危害を加える気勢を示して支払いを要求し、合計78万円の交付を受けたという事案である。この事案では、被告人は、「新しい店をオープンしても払わなきゃいけない。新しい店に替わっても、若い衆に取りに行かせるよ。払わなければ放火されるぞ。」などと言い、もしみかじめ料の支払を継続しなければ同店の財産及び営業等にいかなる危害をも加えかねない気勢を示してみかじめ料の支払を要求したものであるところ、ここでは「払わなければ放火されるぞ。」という明白な脅迫文言がある以上、恐喝罪が成立することは当然である。

問題は、もしそのような「払わなければ放火されるぞ。」という文言がなかったとしたら、この事案では恐喝罪は成立しないのであろうかという点である。

それは個々の事案ごとの証拠関係によるのであるが、もともとみかじめ料を支払わされるきっかけなどをも含めて、本件に至るまでに被疑者らの行為の中に被害者が畏怖するような事実が存し、被害者がその事実によって怯えていることを被疑者らが認識していたのであれば、恐喝罪の実行行為の際の脅迫文言等に直接的に危害を加えるような言動がなかったとしても、それまでの行為によって被害者が簡単に畏怖状態に陥ると認識していたのであれば、恐喝罪が成立すると考えるべきであろう。

11 詐欺事件の取調べ上の留意事項

> 詐欺に関する取調べにおいて留意すべき事項は何か。

1 基本的構成要件について

刑法246条1項は
　　人を欺いて財物を交付させた者は，10年以下の懲役に処する。
と規定し，同条2項は，
　　前項の方法により，財産上不法の利益を得，又は他人にこれを得させた者も，同項と同様とする。
と規定しているところ，その構成要件上の行為は，欺罔行為→被害者の錯誤→被害者による財産的処分行為→受領行為という経緯をたどるところ，これらの各要件を満たす事実関係を被疑者から引き出し，供述調書に録取しなければならない。

2 欺罔行為について

まず，欺罔行為であるが，これは虚偽の事実を申し向けることにより，相手方を錯誤に陥れることを意図してなされる行為である。

ただ，この行為はあくまで財産的処分行為に向けられたものでなければならない。

したがって，飲食店で「ちょっとトイレに行ってくる。」と言って店の外に出て，そのまま逃走しても，これは詐欺罪を構成しない。というのは，たしかに被害者は，犯人が外に出ることは了解しているが，それ以外に代金の支払を猶予したり，免除したりする意図ではなく，そもそも犯人の文言がそのような財産的処分行為に向けられたものではないことから，詐欺罪の構成要件である欺罔行為に該当しないからである（もっとも利益窃盗という罪があれば，それに該当すると思われるが，現在の刑法にはそのような罪はないことから，不可罰とせざるを得ないものである。）。

これは，旅館の浴衣を着て外出する際に，「ちょっと散歩してくる。」と言って，そのまま逃走してしまった場合，浴衣の詐欺ではなく，窃盗が成立すると考えられていることや，宝石店の店先で「ちょっとこの宝石を見せて。」と言って，手に取るのを了解させて，手にした途端逃げ出した場合にも，詐欺罪ではなく窃盗罪が成立すると考えられていることと同様である。

　旅館の浴衣についても，宝石店の宝石にしても，その占有をそのまま相手方に委ねるということに関する欺罔文言ではないことから，被害者の財産的処分行為に向けられた欺罔行為とはいえず，詐欺罪にはならないのである。したがって，これらの場合には，窃盗罪のみが成立し，詐欺未遂罪も成立しない。

　それゆえ，取調べにおいても，当該欺罔文言が相手方のどのような行為に向けられたものであるのかをよく理解した上で取調べを行わなければならない。

　また，寸借詐欺などで，被疑者が「妹の亭主が交通事故を起こしたので，その治療費として20万円貸してほしい。給料日が今月25日だから，その日に必ず返すから。」と申し向けた場合，この文言のうちで何を重視すべきであろうか。通常，他人に金銭を貸与する場合，もっとも気にするのは，それが本当に返還してもらえるだろうかということであろう。

　もちろん，相手方が当該金員を必要とする理由についても関心はあろうが，返してくれないと思っていたのであれば絶対に貸さないのであるから，欺罔されるかどうかの中心は，こちらにあるものと考えられる。

　したがって，このような文言で詐欺がなされた場合，妹の亭主が交通事故を起こしたかどうかの裏を取る必要はあるが，もしそれが虚偽であったとしても，それだけで詐欺として十分な欺罔文言であると考えてはならない。あくまで返済の意思，能力があったか，真実，25日に返済できるだけの給料が入ることになっていたのかどうかという点に力点が置かれなければならない。

　しばしば，この返済の意思，能力についての捜査が不十分のまま，文言の中に嘘が入っているので詐欺ですという処理をみかけるが，欺罔文言のうちのどの部分が被害者の錯誤を引き起こしているのかという点を見極めて取調べを行う必要がある。

3 錯誤について

(1) この要件については，欺罔された結果，一定の意思決定をしたという過程において，真実を知っていれば異なった判断をしたはずであったのに，欺罔されたため誤った判断に至ったという心理的経過を求めるものである。ただ，そのためには，そのような判断が重要な事項に関するものでなければならない。平成22年7月29日最高裁決定（刑集64・5・829）において，その判断が示されている。

　この事案は，被告人が，Bらと共謀の上，航空機によりカナダへの不法入国を企図している中国人のため，航空会社係員を欺いて，関西国際空港発バンクーバー行きの搭乗券を交付させようと企て，平成18年6月7日，関西国際空港旅客ターミナルビル内のA航空チェックインカウンターにおいて，Bが，A航空（以下「本件航空会社」という。）から業務委託を受けている会社の係員に対し，真実は，バンクーバー行きA航空36便の搭乗券をカナダに不法入国しようとして関西国際空港のトランジット・エリア内で待機している中国人に交付し，同人を搭乗者として登録されているBとして航空機に搭乗させてカナダに不法入国させる意図であるのにその情を秘し，あたかもBが搭乗するかのように装い，Bに対する航空券及び日本国旅券を呈示して，上記A航空36便の搭乗券の交付を請求し，上記係員をしてその旨誤信させて，同係員からBに対する同便の搭乗券1枚の交付を受けるなどしたというものであった。

　そして，詐欺罪に該当するかどうかの判断のために必要な事実関係として以下のような事実が認められている。すなわち，「本件において，航空券及び搭乗券にはいずれも乗客の氏名が記載されているところ，本件係員らは，搭乗券の交付を請求する者に対して旅券と航空券の呈示を求め，旅券の氏名及び写真と航空券記載の乗客の氏名及び当該請求者の容ぼうとを対照して，当該請求者が当該乗客本人であることを確認した上で，搭乗券を交付することとされていた。このように厳重な本人確認が行われていたのは，<u>航空券に氏名が記載されている乗客以外の者の航空機への搭乗が航空機の運航の安全上重大な弊害をもたらす危険性を含むものであったこと</u>

や，本件航空会社が<u>カナダ政府から同国への不法入国を防止</u>するために搭乗券の発券を適切に行うことを義務付けられていたこと等の点において，当該乗客以外の者を航空機に搭乗させないことが本件航空会社の航空運送事業の経営上重要性を有していたからであって，本件係員らは，上記確認ができない場合には搭乗券を交付することはなかった。また，これと同様に，本件係員らは，搭乗券の交付を請求する者がこれを更に他の者に渡して当該乗客以外の者を搭乗させる意図を有していることが分かっていれば，その交付に応じることはなかった。」という事実関係が存したのであった。

　上記の犯行状況及び航空券交付業務の実態に照らし，本件最高裁決定は，「以上のような事実関係からすれば，<u>搭乗券の交付を請求する者自身が航空機に搭乗するかどうかは，本件係員らにおいてその交付の判断の基礎となる重要な事項である</u>というべきであるから，自己に対する搭乗券を他の者に渡してその者を搭乗させる意図であるのにこれを秘して本件係員らに対してその搭乗券の交付を請求する行為は，詐欺罪にいう人を欺く行為にほかならず，これによりその交付を受けた行為が刑法246条1項の詐欺罪を構成することは明らかである。」としたのである。

　ここで重要なのは，上記の下線で示したような被欺罔者にとって「重要な事項」に当たるかどうかの判断の基準となる事実関係を把握しておくということである。そのような事柄が被欺罔者にとって「重要な事項」に当たるのであれば，その点に関して虚偽の事実を述べていたのかどうかを被疑者の取調べにおいて明らかにしておく必要があろう。

(2)　また，銀行から交付を受ける預金通帳を他人に譲渡するつもりであるのにその情を秘して口座開設の手続きをとり，実際に通帳の交付を受けた場合も，銀行にとって口座開設者が通帳を譲渡するつもりであることは取引約款に違反する行為であり「重要な事項」に該当することから詐欺罪が成立する。

　なお，このような場合において口座開設者をY，その依頼をしたものをXとして，どの銀行で預金口座を開設するのかはYの判断に任され，預金

口座開設の際にYが入金した資金もYが自分の手持ち資金の中から自ら支出し，さらに，預金口座開設の際に使用した印鑑もY自ら用意したような場合と，XがYに対し，預金口座はA銀行で開設することを指示し，預金口座開設の際に入金する金額として500円をYに手渡した上，預金口座開設の際に使用する印鑑もXがYに手渡した場合とを比較し，法的構成をどう考えたらよいのか。

　この場合，前者の場合は，Xには詐欺罪の教唆犯，Yには被教唆者としての実行正犯が，後者の場合には，XとYには共謀共同正犯が成立するとする考え方があろう。ただ，実務上，教唆犯が適用されるのは道交法違反・過失運転致傷などの身代わりの場合など限られており，上記いずれの場合においても共謀共同正犯として処理して問題はないと思われる。

(3)　これに対し，クレジットカードを使用する際，明らかに名義人でない者が使用した場合などはどうであろうか。つまり，クレジットカード契約を締結している者以外の者が当該クレジットカードを使用するということは，それを利用された店舗にとって「重要な事項」となるのかならないのかという問題である。具体的には，カード名義人が女性であり，使用した者が男性であった場合，その使用を許した店舗は詐欺の被害者になるのかという形で問題とされる。

　特に，そのクレジットカードが盗まれた物であって，盗んだ被疑者が男性であった場合，カード名義人の女性になりすましてカードの正当な利用権限があるように装って欺罔したということになるのであろうか。この点の齟齬は利用された店舗の者にとって「重要な事項」には当たらないのであろうか。

　この点について参考となるのは，平成元年11月15日大阪高裁判決（高検速報（平元）175）の事案である。

　この事案において弁護人が，「被告人は本件クレジットカードの名義人ではなく，同カードの利用権限がないことが明らかであり，被告人が正当な利用権限のあることを仮装し，加盟店担当者らが被告人に右権限のあることを誤信したことはない。また，加盟店担当者らが被告人を名義人の家

族と思っていたとしても,右誤信は同人らの勝手な思い込みによるものであり,仮に名義人の許諾がある場合でも家族による同カードの利用は許されていないから,右仮装が『正当な利用権限』のあることを仮装したことにはならない。」旨主張したのに対し,裁判所は,「証拠によると,加盟店規約上本件クレジットカードの使用権限を有する者は名義人本人に限られているが,本件の殆どの場合加盟店担当者らは被告人が本件クレジットカードの名義人本人でないことを知悉しながら,被告人が名義人本人の家族等であろうと考えて右クレジットカードによる商品販売等に応じていること,被告人は本件以外にも多数回本件クレジットカードを使用して本件同様の手口で商品を購入等していると窺えること,被告人の累犯前科の犯罪事実中にも,本件同様不正に入手した女性名義のクレジットカードを使用して数回商品を騙取した事犯があること等の事実が認められ,これらの事実に照らすと,クレジットカードによる取引の実情は必ずしも所論のいうように加盟店規約に厳格に則ったものではなく,クレジットカードの利用者がカードの名義人本人でない場合であっても,名義人本人の家族等で本人の明示又は黙示の許諾があると一応認められる場合には右クレジットカードの利用を認める扱いが相当程度行われていると認められ,被告人はそのように装って本件カードを呈示し,商品の購入を申し込んだのであるから,原判決が,被告人が『正当な利用権限を有する』ことを仮装し,その旨誤信させたと認定した点に誤認があったとはいえ」ないとした。

このように,クレジットカードによる取引の実情が加盟店規約に厳格に則ったものでなく,クレジットカードの利用者がカードの名義人本人でない場合であっても,名義人本人の家族等で本人の明示または黙示の許諾があると一応認められる場合にはその使用を許すのが実情である以上,名義人本人であるかどうかは,詐欺罪の成否に影響を与えないとしたものである。

4 財産的処分行為及び受領行為について

これらは被欺罔者の行為やそれに対応する被疑者の行為であるため,被欺

罔者の取調べで明らかにする事項や外形的事実の存否を確定すればよいので，取調べ上でさほど問題となることはない。

5　主観的要件について

　詐欺事件での被疑者の取調べで問題となるのは，ほとんどがその「故意」の存否である。契約書が存在したり金員の交付が明らかであったりする詐欺事件では，外形的事実はほとんど争われず，ただ，だますつもりはなかった，当時としては，それでうまくできると思っていたなどとして故意を否定する弁解をするのがほとんどである。

　このような場合，水掛け論に終わってしまうことも多い。被害者側から被疑者の故意に関するような証拠が出されればよいが，そのようなことは極めて稀である。つまるところ，取調官において，詐欺被疑者の弁解を覆して自白を獲得できるかどうかにかかっているという面もないではない。それゆえ，取調官がいかに頑張っても否認のままで自白することなく，結局，最後まで一対一の供述対立状況のままで終わってしまうこともある。しかしながら，このような状況であっても，被害者の供述が十分に信用でき，それを補強するような間接事実があるのであれば，積極的に立件，起訴すべきであろう。立証はたしかに被害者の供述のみということにもなるが，それでもそれが真実であるのなら，それだけで有罪とされるべきである。また，そうでなければ被害者が救済されないこととなるのであるから，決して諦めたり，逃げたりしてはならないと考えている。

　なお，詐欺罪も財産犯であるから，不法領得の意思は必要と考えられるが，実際上，問題となることはまずないので，特に意識する必要はない。

6　取調べ上の留意事項

　知人間での詐欺など，自分の素性が分かる相手からの，寸借などとして金銭をだまし取る場合がある。このような場合には，取調べに当たってどのようなことに留意すべきであろうか。

このような場合，嘘がバレれば，警察に通報され，自分が特定されていることから，すぐに逮捕されてしまうおそれがあろう。したがって，このリスクについてどのように考えていたかは必ず尋ねなければいけない事項である。すなわち，取調べの際には，被疑者に対し，「もし，Yに嘘がばれたら，Yは警察に届け出るとは考えなかったか。Yが警察に届け出たら，君は詐欺罪で逮捕されると思わなかったか。」，「だから，君は，Yに嘘がばれたら，どのように対処しようと考えていたのか。」という質問をすべきである。この点を解明しておかないと，後に法廷で，自分の身元がわれているのに，そんな相手をだますはずがないという弁解を出されるおそれがあるからである。

要は，この種の犯罪においては，被疑者に対し，「嘘がバレたら，どのように対処しようと考えていたのか。」ということを質問し，この点に関する被疑者の供述を供述調書に録取して明確にしておくことが必要なのである。そのことによって，被疑者の詐欺の犯意が明らかになるからである。

また同様のことは，無銭飲食の場合にも当てはまり，所持金もなく飲食した後，どうしようと考えていたのかということを明らかにすべきである。

無銭飲食をした後にどうしようと考えていたのかについて被疑者から供述を得ておかないと，公判において，被疑者が，「支払うつもりはあった。」などと犯意を否認したときにその対応に苦慮する場合があるからである。要は，無銭飲食後にどうするつもりであったのかを被疑者に問い，例えば，「最後は刑務所に行けばすむことだから，支払えないことが分かってもいいやと思っていた。」などと語らせて初めて詐欺の犯意が明らかになるのである。

12 特殊詐欺事件の取調べ上の留意事項

> 振り込め詐欺などの特殊詐欺の被疑者の取調べにおいて留意すべき事項は何か。

特殊詐欺の被疑者だからといって，通常の詐欺事件と比べて取調べにおい

て特別なものは何もない。

　ただ，受け子や出し子については，その犯意を否認することが通常であることから，その際に，どのような客観的事実に照らせば，その犯意を認定できるのか理解しておくほうが取調べ上有用であろうから，その犯意認定に関する事項について解説する。

1 受け子について

(1) 故意の問題

　ア　現在の特殊詐欺事件において検挙される犯人は，圧倒的にこの受け子である。しかし，必ずしもその全てが適切に起訴されて有罪になっているとは言い難いところもあるのが実情である。

　　最も問題なのは，受け子の詐欺の共犯者としての故意の立証が困難であるとして不起訴にされる例である。受け子は，検挙されると，ほぼ必ず「重要な書類を受け取る仕事だと聞いていた。お金を受け取るとは知らなかった。」と弁解して詐欺の共犯者としての犯意を否認する。

　　これに対して，多くの起訴例では，

　　① 被害者が口頭で「このお金を会社に渡してください。」とか，中にいくらいくら入っていますなどと，封筒の中身が現金であることについて言及し，それを受け子が聞いていたこと

　　② 被害者は，ほぼ例外なく高齢者であること

　　③ 受け子は，普段は着用しないスーツ等を着て，会社員であることをあえて装っていること

　　④ 偽名を使っていること

　　⑤ 指示する架け子らとの携帯電話をつないだまま，被害金の受取りをしていること

　　⑥ 被害者との会話をスムーズにしており，架け子らの欺罔行為としての言動を知っていたものとうかがわれること

　　⑦ 書類を受け取るだけの仕事にしては日当が高額であること

　などの間接事実から当該受け子の詐欺の認識，認容を認定し，故意が存

したものと判断している。

そして，特殊詐欺組織側もその対策として，わざわざ架け子が被害者に対し，「受け取る会社の人には現金だと分からないようにして渡して欲しい。」と指示したり，わざと「大事な書類です。」などと受け子に対して言わせたりして，受け子の詐欺の故意を否認しやすいように仕掛けをしている事案も決してめずらしくない。

また，受け子にとって，被害者の交付するものが現金であると分かる状況になった場合，特殊詐欺組織の指導により，さも驚いたふりをしておくという方策が採られているおそれもあることに留意しておかなければならない。したがって，受け子が驚いたという行為をもって故意を否定すべき事案かどうかは慎重に見極めなければならない。

では，いかにして，重要書類を受け取るだけの仕事であると思っていたとの受け子の弁解を崩したらよいのであろうか。

イ　その前提として，そもそも本件のような詐欺の故意については，どの程度の立証が求められるものであるかについて検討しておく。

(ア)　まず，詐欺における故意の内容としては，被害者を欺罔して財物を交付させることの認識，認容であろう。そして，この場合，現金にせよ，重要書類にせよ，実際に当該金品を受け取っているのであるから，財物を交付させるという認識，認容は存する。そうであるなら，故意を充足させるためには，被害者が他の共犯者の行為によって欺罔されていることの認識，認容と，それゆえに上記財物を交付したという認識，認容があれば足りる。

そこで，被疑者の供述を別にして，客観的事実関係に照らし，どの程度の疑わしさを立証すれば，上記故意の存在を認定することができるのであろうか。

(イ)　客観的状況としては，(a)通常はスーツなど着ない受け子が，わざわざそれを着用した上，偽名を名乗っているところ，それに対し，高齢

者が，初対面の当該受け子に対して，封筒等に入った何かを交付し，受け子はそれを依頼者に交付するだけで日当が得られるというものである。どのようなオレオレ詐欺事件であっても，上記程度の事実関係は認められるであろう。事案によっては，さらに，(b)受け子が被害者と架け子の話した内容に符合するような話をし，また，所持する携帯電話を依頼者との間でつなぎっぱなしにするなどという状況も認められる場合もあろう。

　このような状況下にあって，たとえ(b)のような状況までは認められなくても，(a)のような状況だけでも，そこに被害者が欺罔されていることの認識，認容と，それゆえに当該財物を交付したという認識，認容は推認できるのではないかと思われる。

　すなわち，相手が高齢者であり，それに対して，わざわざスーツを着用した上，偽名を用いて対応するということの意味は，自分が何かを演じることで高齢者に働き掛けをしていることに他ならない。そして，その結果，自分が当該高齢者から何かを受け取るということは，スーツを着用して他人になりすました自分が高齢者の判断に影響を与えた結果によって，その交付を受けたということを意味する。一般的には，高齢者の判断能力が若年者より劣っていることは医学的に公知の事実であり，そのような判断能力しか有していない者に対して，初対面であるにもかかわらず，スーツを着た人物であるということで何かを信用させていると認められる状況にあるのである。しかも，それを受け取るだけの労力で相当な額の報酬が得られるということは，それがおよそ適切な経済活動であるとは評価できないことを意味し，結局，そこには被害者を信用させることによって相当な利得が得られる事情が存するからとしか説明はつかないはずである。そうであるなら，受け子の当該行為は，金銭的に高価な価値があるものの受領，すなわち金銭なり，有価証券なりの交付を受ける詐欺であるとしか説明がつかないのであるから，そのことはスーツを着て偽名を使って何かを演じている受け子においても，当然に他の共犯者による欺罔行為を認識，認容し得る状況にあったといえるのではないかと思料する。

(ウ) もっとも検挙された受け子は，多くの場合，「重要な書類を受け取る仕事だと思っていた。現金を受け取るとは思っていなかった。」と弁解するが，被害者側の言動の中に，交付する物が現金であるという趣旨の言葉などが含まれていなかった場合などには特にこの弁解が功を奏することとなる。

しかしながら，たとえ重要書類だとしても，それが当事者らにとって金銭的価値を有するものであるなら，それがだまされたことによって交付されたと認識，認容していたという状況にある以上，これは，客体の錯誤になるだけで，財物の交付を受けるために欺罔したという構成要件は充足することになる。そうであるから，この場合の受け子の弁解は法的に意味を持たないことになる。

もっとも受け子の弁解は，そのような価値のある重要書類ではなく，金銭的な価値はないものの当事者にとっては価値のある書類という趣旨で述べているものであろうから，錯誤の問題となる場合とは異なるのが通常である。

しかしながら，経験則上，知らない人から書類を受け取るだけで高額の日当がもらえるような仕事は世の中には存在しない。そのような仕事が真実存在するのであれば，希望者が殺到することになろう。したがって，そのような仕事が絶対にないとはいえないとして，その弁解を受け容れて立件をあきらめるようなことは断じてしてはならない。

(エ) この点について論及したものとして，平成19年10月16日最高裁決定（刑集61・7・677）が参考になる。同決定では，「刑事裁判における有罪の認定に当たっては，合理的な疑いを差し挟む余地のない程度の立証が必要である。ここに合理的な疑いを差し挟む余地がないというのは，<u>反対事実が存在する疑いを全く残さない場合をいうものではなく</u>，抽象的な可能性としては反対事実が存在するとの疑いをいれる余地があっても，健全な社会常識に照らして，その疑いに合理性がないと一般的に判断される場合には，有罪認定を可能とする趣旨であ

る。」としている。

　つまり，この決定の趣旨に従えば，「抽象的な可能性としては」重要書類を受け取るだけで報酬が得られる仕事が存するという「反対事実が存在するとの疑いをいれる余地があっても」，そのような仕事が存するということはあり得ないという「健全な社会常識に照らして，その疑いに合理性がないと一般的に判断される場合」である以上，受け子の上記弁解は意味を持たないと解すべきではないだろうか。

　それゆえ，上記(a)で示した間接事実が存在すれば，それで受け子の詐欺における故意の立証の程度としては十分であるといえるのではないかと考える。

ウ　このような受け子の詐欺の犯意に関して，次のような裁判例が参考になろう。

(ア)　平成28年2月10日東京地裁判決（公刊物未登載）

　この事案は，被告人が，空き部屋宛に送付された現金を受け取るというもので，被告人は，公判では，「受け取る物はわいせつDVDだと思っていた。」旨主張して，詐欺の犯意及び共謀を否認したものである。しかしながら，本件東京地裁判決は次のとおり判示して故意を認定した。

　実行指示者から「依頼される宅配便の受領は，居住者のいない居宅等に宅配便で何かを送らせ，それを名宛人でもない被告人らが名宛人を装って受領してKらに渡すものであるから，送り主からKらに宅配便の在中物が渡ったことを不明にし，捜査官から，あるいは捜査官のほか送り主から，その物が誰に渡ったのかの追求を困難とするための工作であることは明らかである。そのほか，その工作が空き物件の確認同様に仕事として勧誘されたものであるから，1回限りのものではなく，以後同様の行為を継続することを想定し，その都度，予め送付先として居住者のいない居宅等を手配し，受領する被告人らに報酬を支払うなどの手間や費用をかけることに見合うものであることも，同

様に認識するものと認められる。」とした上で,「被告人が述べるわいせつなDVDも違法なものであるなら,宅配便の中身として想定されるものの一つではあろうが,(中略)わいせつなDVDだとのみ考えた具体的根拠もないのであるから,ほかの犯罪の可能性も考えるはずで,他の法禁物である可能性のほか,送り主が居住者である宛先の名義人に送ったつもりのものをだまし取るかもしれないことを思い至るといえる。手間や費用に見合い,宅配便で送付できるものとして,現金かもしれないことも普通に考えるであろうから,詐欺の被害者から送付された現金の受け取り役かもしれないとも想定したものと認められる。したがって,被告人は当初から,少なくとも,自らの行為が詐欺に加担するかもしれないという限度では認識していたと認められ,未必の故意に欠けるところはないといえる。」と判示して被告人につき,詐欺未遂の共同正犯の成立を認めた。

(イ) 平成28年4月22日さいたま地裁判決（公刊物未登載）

　この事案も被告人が,空き部屋宛てに送付された現金を受け取るというもので,被告人は,公判では,「先輩から依頼された大麻を受け取ろうとしたにすぎない。」旨主張して,詐欺の犯意及び共謀を否認した。しかしながら,本件さいたま地裁は以下のとおり判示して,故意を認定した。

　被告人が空き部屋に不法に侵入した上,別人を装って,本件小包を受け取った事実,及び被告人が本件小包を受け取ることによって5万円の報酬を受領することになっていた事実などに照らして,「本件小包の受取が正当な社会経済活動の一環でなかったことは明らかであって,本件小包の中身はその受取自体が違法と評価されるような物であると強く推認されるところである。そして,そのような物としては,被告人がいうような①大麻等の法禁物に限らず,本件のような②詐取された金品を含む違法行為により交付される財物の受領であることも考えられる。むしろ,受取の態様からすれば,送付者に送付先を偽ったりすることなどで誤解させた上で交付させた財物を受け取るなどの

詐欺である可能性を当然想定できるというべきである。
　したがって，本件小包を受け取った被告人としては，あえて①であると確信できるだけの特段の事情がない限りは，詐欺を含む②違法行為による財物の受領であることについて，少なくとも未必的認識があったと認めるのが相当である。」とした上，さらに，「わざわざ被害者に対し空き部屋を宛先として指定し，受け子役の被告人をして，その空き部屋に不法に侵入させ，偽名を名乗らせて本件小包を受け取らせるという態様は，①のような法禁物の受取よりも，むしろ②のような違法行為により交付される財物の受取に整合的である。すなわち①の場合，受領者側としては，送付すること自体が違法である旨意識している送付者側から捜査機関に身元が発覚するおそれが小さいことからすると，受領や侵入に都合の良い空き部屋を探し出すコストをかけたり，空き部屋に不法に侵入して管理権者に不審を抱かれるリスクを冒したりする必然性は乏しい。他方，②の場合であれば，被害者がいずれかの段階で違法行為により財物を交付した事実に気付くかもしれず，送付先を知らされている被害者を通じて情報が捜査機関にもたらされる結果，検挙される危険が常にあるから，本件のように，被害者に対しては空き部屋宛に送付するように指示し，報酬を約束してでも用意した受け子役をして，当該空き部屋に侵入させ，居住者を装わせて，受領させる方法を採ることは，詐欺組織の上位者にとっては，受領場所の契約関係等から身元が発覚するリスクを下げられる合理性があるといえる。空き部屋に侵入することで管理権者に不審を抱かれるリスクは，受け子役に負わせれば済む。」などと判示して，被告人の故意を認定し詐欺未遂の共同正犯の成立を認めた。

(ウ)　平成30年12月11日最高裁判決（裁判所ウェブサイト）
　これも，先の２件の裁判例と同様に，空き家宛てに送られてきた現金を受け取るという形態の受け子事案である。

　ⅰ　この事案の概要は，次のとおりである。

被告人は，平成27年9月頃，かつての同僚であったGから，同人らが指示したマンションの空室に行き，そこに宅配便で届く荷物を部屋の住人を装って受け取り，別の指示した場所まで運ぶという「仕事」を依頼された。被告人は，Gから，他に荷物を回収する者や警察がいないか見張りをする者がいること，報酬は1回10万円ないし15万円で，逮捕される可能性があることを説明され，受取場所や空室の鍵のある場所，配達時間等は受取りの前日に伝えられた。被告人は，同年10月半ばから約20回，埼玉県，千葉県，神奈川県及び東京都内のマンションの空室に行き，マンションごとに異なる名宛人になりすまして荷物の箱を受け取ると，そのままかばんに入れ又は箱を開けて中の小さい箱を取り出して，指示された場所に置くか，毎回異なる回収役に手渡した。実際の報酬は1回1万円と交通費2,3,000円であった。

ⅱ そして，第一審判決である平成28年7月20日鹿児島地裁判決（公刊物未登載）では，被告人に対して，有罪判決を言い渡しており，その際に認定された罪となるべき事実は，概ね次のとおりである。

① 被告人は，氏名不詳者らと共謀の上，A（当時83歳）が，老人ホームの入居契約に名義を貸した問題を解決するために立替金を交付する必要があり，同立替金が後に返還されるなどと誤信していたことに乗じて，同立替金名目で同人から現金をだまし取ろうと考え，平成27年11月17日，氏名不詳者が，山梨県富士吉田市内のA方に電話をかけて嘘を言い，Aに前記問題を解決するために現金を交付する必要があり，交付した現金は返還される旨誤信させ，よって，同日，同人をして，埼玉県川口市内のマンションの301号室B宛てに現金150万円を入れた荷物を宅配便で発送させ，被告人が，同月18日，前記マンションの305号室において，荷受人であるBなる人物になりすまして配達業者従業員からこれを受け取り，もって人を欺いて財物を交付させた。

② 被告人は，氏名不詳者らと共謀の上，老人ホームに入居する権

利を第三者に譲渡したことによる問題を解決するための立替金名目で，C（当時80歳）から現金をだまし取ろうと考え，氏名不詳者が，平成27年11月18日から同月19日までの間，鹿児島市内のC方に電話をかけて嘘を言い，Cをして，東京都足立区内のマンションの205号D宛てに現金を入れた荷物を宅配便で発送させ，被告人が，同月21日，前記マンションにおいて，荷受人であるDなる人物になりすまして配達業者従業員からこれを受け取ってだまし取ろうとしたが，Cがうそを見破るなどしたため，その目的を遂げなかった。

③　被告人は，氏名不詳者らと共謀の上，E（当時87歳）が，老人ホームに入居する権利を第三者に譲渡したことによる問題を解決するために立替金を交付する必要があり，同立替金が後に返還されるなどと誤信していたことに乗じ，同立替金名目で同人から現金をだまし取ろうと考え，氏名不詳者が，平成27年12月4日，川崎市内のE方に電話をかけて嘘を言い，Eに前記問題を解決するために現金を交付する必要があり，交付した現金は返還される旨誤信させ，よって，同日，同人をして，東京都江戸川区内のマンションの405号室F宛てに現金150万円を入れた荷物を宅配便で発送させ，被告人が，同月5日，前記マンションの405号室において，荷受人であるFなる人物になりすまして配達業者従業員からこれを受け取り，もって人を欺いて財物を交付させた。

iii　しかしながら，その控訴審である平成28年11月10日福岡高裁宮崎支部判決（公刊物未登載）では，空室利用送付型詐欺はそれほど報道されていなかったから，被告人がこれを詐欺の手段と認識し得たとはいえないし，その宅配荷物の中身に疑問を持たなくても不思議ではないなどとして無罪とした。

iv　これに対し，検察官が上告したところ，本件最高裁判決は，次のとおり判示して，上記控訴審判決を破棄し，有罪としたことで，上

記第一審判決が確定した。

すなわち,「被告人は,Gの指示を受けてマンションの空室に赴き,そこに配達される荷物を名宛人になりすまして受け取り,回収役に渡すなどしている。加えて,被告人は,異なる場所で異なる名宛人になりすまして同様の受領行為を多数回繰り返し,1回につき約1万円の報酬等を受け取っており,被告人自身,犯罪行為に加担していると認識していたことを自認している。以上の事実は,荷物が詐欺を含む犯罪に基づき送付されたことを十分に想起させるものであり,本件の手口が報道等により広く社会に周知されている状況の有無にかかわらず,それ自体から,被告人は自己の行為が詐欺に当たる可能性を認識していたことを強く推認させるものというべきである。この点に関し,原判決は,上記と同様の形態の受領行為を繰り返していただけでは,受け取った荷物の中身が詐取金である可能性を認識していたと推認する根拠にはならず,この推認を成り立たせる前提として,空室利用送付型詐欺の横行が広く周知されていることが必要であるなどというが,その指摘が当を得ないことは上記のとおりである。また,原判決は,従来型の詐欺の手口を知っていたからといって,新しい詐欺の手口に気付けたはずとはいえないとした上,本件のように宅配便を利用して空室に送付させる詐欺の手口と,被告人が認識していた直接財物を受け取るなどの手口は異質であり,被告人にとって,相当高度な抽象能力と連想能力がないと自己の行為が詐欺に当たる可能性を想起できないとするが,上記両手口は,多数の者が役割分担する中で,他人になりすまして財物を受け取るという行為を担当する点で共通しているのであり,原判決のいうような能力がなければ詐欺の可能性を想起できないとするのは不合理であって是認できない。原判決が第一審判決を不当とする理由として指摘する論理則,経験則等は,いずれも本件詐欺の故意を推認するについて必要なものとはいえず,また,適切なものともいい難い。

そして,被告人は,荷物の中身が拳銃や薬物だと思っていた旨供

述するが，荷物の中身が拳銃や薬物であることを確認したわけでもなく，詐欺の可能性があるとの認識が排除されたことをうかがわせる事情は見当たらない。
　このような事実関係の下においては，被告人は，自己の行為が詐欺に当たるかもしれないと認識しながら荷物を受領したと認められ，詐欺の故意に欠けるところはなく，共犯者らとの共謀も認められる。」と判示した。
　そもそも，先の㋐や㋑の裁判例でも明らかなように，空室利用送付型詐欺は，相当にポピュラーなものになっていたのであり，それを敢えて否定した上記福岡高裁宮崎支部判決が不当であることは明らかであり，本件最高裁判決は，極めて適切妥当な判断であるといえよう。

　なお，同月14日にも最高裁において，ほぼ同じ趣旨の判決が言い渡されている（裁判所ウェブサイト）。

⑵　共犯性の問題
　ア　受け子の行為は，共同正犯か幇助犯かという問題があり，判決で幇助犯と認定されたものも存するところである。
　　しかしながら，受け子の行為は，詐欺を完成させるための被害金の受領という構成要件上重要部分を受け持つものである上，架け子の電話の内容と矛盾しないように話を合わせたり，その受取役にふさわしい身なりや肩書きを用いたりするなどして被害者への欺罔行為にも加担しているのであるから，実行行為の一部を担っていることは明らかである。
　　したがって，受け子については当然に共同正犯と考えるべきである。
　イ　この点につき，平成23年11月25日東京高裁判決（東高時報62・1＝12・117）が参考になる。

　　㋐　この判決は，受け子の行為を幇助犯に過ぎないとした第一審の横浜

地裁の判決を破棄して，共同正犯と認めたものである。

　本件東京高裁判決は，「本件犯行は，いずれも子供を装う役の者がその母親の自宅に電話をかけ，金融会社から借金返済を迫られているので代わって支払って欲しい，金融会社の者が金を受け取りにいく，などと虚偽の話をし，被害者がその話を信じて金を支払う意向を示すと，被害者の現金の準備状況に応じて，支払金額，受渡場所・時刻などを打ち合わせ，被害者に受取役の者の名前や服装等を伝える一方，それで話し合われた内容を受取役の被告人に伝え，それをもとに，被告人が定められた時刻，場所に赴き，被害者から金を受け取り，打ち合わせたとおりの金額が記載されている領収証を渡す，という態様のものである。このような詐欺を遂行するには，電話をかけて被害者を信じ込ませる電話口での語りの巧妙さと相手方の反応に合わせた臨機応変の対応等が重要であるのはもとより，受取役の者が，これら欺罔役の者と密接に情報を交換し，被害者と打ち合わされた内容を把握し，金融会社の者に見えるような服装で，予めそれらしい外観の領収証を準備し，欺罔役が被害者に伝えてある偽名を名乗るなどして被害者に接触することが必要であり，これらの者が密接に連携した上，被害者からの金銭受領に向けて一体として動くことが予定されているものといえる。」とし，このような観点からみた受け子である被告人の行為は，「単に交付された金銭を受領するという事実行為であるにとどまらず，目的達成に向けた欺罔行為の一部にも関わり，本件犯行を完遂させるために重要かつ不可欠な行為と評価できる。」と判断している。

(イ)　そして，幇助犯を認定した第一審判決（横浜地裁判決）に対しては，「これに対して，原判決は，被告人が本件詐欺の幇助犯の責任を負うにとどまるとし，その理由として，〈1〉全体的な犯行計画は氏名不詳者らが策定したもので，被告人は，その内容を全く知らされておらず，詐欺の犯意も未必的なものにとどまる，〈2〉単に指示されるまま，犯行全体のうちごく一部をなすにすぎない現金受領役を果たしただけである，〈3〉被告人の報酬は，詐取し，又は詐取しようとした金額

に対してごくわずかである，などの事情を挙げる。

　しかしながら，被告人は，未必的にせよ自己の行為が原判示のオレオレ詐欺の一端を担うものと認識しながら，受取役を実行したものと認められるのであるから，〈1〉の点が共同正犯を肯定することの大きな支障になるものとは考えられない。

　〈2〉については，前記のとおり，被告人の行為は，欺罔行為の一部を担った上での，本件犯行の最終目的である現金受領という重要かつ不可欠な役割を果たす行為であり，これを単に指示されるまま犯行全体のうちのごく一部の行為を担当したにすぎない，などと矮小化した評価をするのは明らかな誤りというほかない。

　〈3〉については，なるほど本件犯行の取得（又は取得予定）金額全体からすると，被告人の報酬はごくわずかの割合にとどまるとはいえるが，その金額は，金に困っていた少年である被告人にとっては，絶対額として必ずしも低額とはいえず，これを得ようとして本件犯行に加担した被告人の心情をも考慮すると，この点が共同正犯の成立を否定するほどの大きな事情になるとは考えられない。」として，上記横浜地裁の判断を否定して，共同正犯を認定したものである。

ウ　また，近時のものとしては，平成27年6月11日東京高裁判決（判時2312・134）が挙げられる。

㈎　この事案は，被告人は，他人の親族になりすまし，その親族が現金を至急必要としているかのように装って現金をだまし取ろうと考え，氏名不詳者らと共謀の上，氏名不詳者が，被害者方に電話をかけ，被害者（当時63歳）に対し，同人の甥を装い，電車内に小切手を忘れてしまった，200万円貸してほしい，部下のタナカさんにお金を受け取りに行ってもらうなどと嘘を言い，さらに，被害者方前路上において，被害者に対し，被告人がタナカを名乗り，現金200万円の交付を受けようとしたが，同人が警察に通報するなどしたため，その目的を遂げなかったというものであった。

(イ) このような事案において第一審判決は、「被告人が、スラックスにワイシャツを着用してネクタイを締め、携帯電話で氏名不詳者と話をしながら、受渡場所として指定されていた被害者方前路上にやって来て、被害者に対し、『上司から言われてきたタナカです。』などとうそを名乗り、被害者から『200万円』と大きく書かれた偽券入りの信用金庫の封筒を手渡しで受け取って、被害者に説明等を求めることもしないまま、封筒を上着のポケットに入れてすぐさま立ち去ろうとしたことなどの事実を認めて、これらの事実によれば、遅くとも偽券入りの封筒を受領しようとした時点で、被告人に詐欺の故意があったことは優に認定することができるとした。そして、被告人は、一日当たり5万円から10万円程度の報酬の約束で、氏名不詳者の指示に従って行動することとし、偽券を受領する際には詐欺の認識があったのに、そのまま氏名不詳者の指示に従い続けて、現金の受取役という詐欺罪の成否を握る極めて重要な役割を果たしたものであること、被告人の取った行動は、氏名不詳の架け子が、被害者に対して伝えてあった現金の受渡場所や受取役の名前、立場と合致するものであることに照らせば、被告人に詐欺の具体的な手口についての認識がなかったとしても、遅くとも詐欺の故意が生じた時点において、被告人と、被告人に指示を出す氏名不詳者や架け子らとの間で順次共謀が成立したものと認められる」としたものである。

(ウ) この判決に対し、弁護側は、被告人は、被害者から偽券入りの封筒を受け取ろうとする時点までは、詐欺に加担しているとの明確な認識はなく、被害者から偽券入りの封筒を受け取る際に初めて詐欺の未必的な故意を生じさせたものにすぎず、被害者から封筒を受け取った直後に警察官に現行犯逮捕されており、氏名不詳者らとの間では受け取る直前に会話がごく短時間しかなされていないから、被告人と氏名不詳者らとの間に意思の連絡があったとは認められないと主張した。また、被告人の立場は従属的なものに過ぎないとも主張した。

㈣ このような主張に対し、本件東京高裁判決は、「被告人は、見ず知らずの氏名不詳者から、渡された携帯電話機を通じて指示された場所に赴き、偽名を用いて相手（被害者）から荷物を受け取るという仕事を持ちかけられ、それだけで相当高額な報酬が得られるという説明であったのであるから、それが何らかの違法な行為ではないかと疑うのは当然のことであって、被告人においても、少なくともそのような疑いを抱いていたことは明らかである。そのような状況において、被告人は、相手から『200万円』と大きく記載された封筒を示され、何らためらいもなく受け取ったことからすれば、封筒を示された時点で、それが現金をだまし取る詐欺であると容易に認識したものであることは優に推認できる。そして、氏名不詳者においても、被告人が相手から荷物を受け取るに当たり、場合によっては現金詐欺であることを察知する事態となることは了解している事柄であるから、被告人が現金詐欺と認識した時点で、被告人と氏名不詳者との間に本件詐欺についての暗黙の意思の連絡があったといえる。また、現金の受領という実行行為の一部を担当した被告人の行為は、詐欺の幇助にとどまらず、詐欺の共同正犯に当たることは明らかである。そうすると、遅くとも封筒を受領しようとした時点で被告人に詐欺の故意が認められ、その時点で氏名不詳者との間に共謀が成立するとした原判決の判断に誤りはない。」として、被告人の受け子としての行為は、幇助犯にとどまらず共同正犯となる旨判示したものである。

エ このような判断は十分に参考になるものであり、受け子の行為の重要性を認識した上で、共同正犯としての立件が求められるものと考える。

⑶ 犯人性の問題

受け子の場合は、現行犯で逮捕されることも多く、その犯人性が問題となることは比較的少ないといえる。

しかしながら、現行犯逮捕された最後の事案以外の余罪では、その犯人性が問題となるのであって、この点における捜査の重要性が減じられるこ

とはいささかもないことである。
具体的には，
① 被害者による面割り
② 被害金の授受の際に受け子が触れた領収書や，渡された名刺その他の書類からの指掌紋鑑定やDNA型鑑定
③ 被害者方周辺の防犯ビデオの解析

等の捜査は適切に行っておく必要がある。

(4) いわゆる「だまされたふり作戦」における捜査上の問題点

　この受け子の摘発において用いられる「だまされたふり作戦」とは，特殊詐欺の被害者が詐欺に気付き，警察と相談して現金に偽装した荷物を交付あるいは送付するなどして，偽装荷物を受取に来た人物を詐欺未遂の現行犯人として検挙する捜査手法である。

　若干おとり捜査的色彩があるが，平成16年7月12日最高裁決定（刑集58・5・333）は，「おとり捜査は，捜査機関又はその依頼を受けた捜査協力者が，その身分や意図を相手方に秘して犯罪を実行するように働き掛け，相手方がこれに応じて犯罪の実行に出たところで現行犯逮捕等により検挙するものであるが，少なくとも，直接の被害者がいない薬物犯罪等の捜査において，通常の捜査方法のみでは当該犯罪の摘発が困難である場合に，機会があれば犯罪を行う意思があると疑われる者を対象におとり捜査を行うことは，刑訴法197条1項に基づく任意捜査として許容されるものと解すべきである。」と判示しており，「だまされたふり作戦」は直接の被害者がいる詐欺事件ではあるものの，この判例の許容する「機会があれば犯罪を行う意思があると疑われる者」を対象にし，「通常の捜査方法のみでは当該犯罪の検挙が困難である場合」に当たると思われることから，任意捜査として適法になし得るものと考えられている。なお，前田雅英「『だまされたふり捜査』と詐欺未遂罪の承継的共同正犯」（捜査研究No.795・46頁）においても，だまされたふり作戦は，犯人側の欺罔行為が行われた後，偽装荷物を受取に来た人物を検挙するもので，捜査機関が犯人の犯意を誘発したものではなく，違法な捜査ではないとされている。

ただ，この点については下級審において判断が分かれ，犯罪が成立しないとする判決なども出され，混乱した状況が続いていた。

しかしながら，平成29年12月11日最高裁決定（刑集71・10・535）によって，その議論には終止符が打たれ，だまされたふり作戦による詐欺未遂罪は成立することに確定した。

この最高裁決定では，まず，事実認定として，「Xを名乗る氏名不詳者は，平成27年3月16日頃，Aに本件公訴事実記載の欺罔文言を告げた（以下「本件欺罔行為」という。）。その後，Aは，嘘を見破り，警察官に相談してだまされたふり作戦を開始し，現金が入っていない箱を指定された場所に発送した。一方，被告人は，同月24日以降，だまされたふり作戦が開始されたことを認識せずに，氏名不詳者から報酬約束の下に荷物の受領を依頼され，それが詐欺の被害金を受け取る役割である可能性を認識しつつこれを引き受け，同月25日，本件公訴事実記載の空き部屋で，Aから発送された現金が入っていない荷物を受領した（以下「本件受領行為」という。）。」とした上で，このような「事実関係によれば，被告人は，本件詐欺につき，共犯者による本件欺罔行為がされた後，だまされたふり作戦が開始されたことを認識せずに，共犯者らと共謀の上，本件詐欺を完遂する上で本件欺罔行為と一体のものとして予定されていた本件受領行為に関与している。そうすると，だまされたふり作戦の開始いかんにかかわらず，被告人は，その加功前の本件欺罔行為の点も含めた本件詐欺につき，詐欺未遂罪の共同正犯としての責任を負うと解するのが相当である。」旨判示して，詐欺未遂罪の成立を認めた本件控訴審の福岡高裁判決の結論を支持したものである。

本件決定においては，「その加功前の本件欺罔行為の点も含めた本件詐欺」について刑責を負うとしているのであるから，詐欺罪の承継的共同正犯を認めたものと評価してよいであろう。また，本件受領行為が「詐欺を完遂する上で本件欺罔行為と一体のもの」として評価されていることから，受領行為について詐欺罪の実行行為の一部であることも認めたものといってよいのではないかと思われる。

最高裁として，だまされたふり作戦について基本的に詐欺未遂罪が成立

することを認めた点は，実務上，大きな意義があるものといえよう。

2　出し子について

(1)　故意の問題

　　出し子が特定されて引出行為が認定されても，「知らない男から預金を引き出してくれと頼まれた。」旨弁解し，特殊詐欺の共犯者としての詐欺の故意を否認するのはもちろんのこと，預金者の了解があったと認識していたとして窃盗の故意も否認するのが通常である。

　　しかしながら，このような弁解に対しては，前記1(1)イで述べた論理と同様に考えてよいと思われる。つまり，このような預金の引出しを面識のない人物に依頼するというのは，経験則上あり得ないことであり，もし，そのようなことがあり得る例外的な事情などが弁解として主張されるのであれば，その弁解が合理的であるかは厳しくチェックされるべきであり，それが不合理であれば，その弁解は自ずと信用性のないものとして排斥されると考えるべきである。

(2)　共犯性の問題

　ア　出し子も上述した受け子同様，共同正犯か幇助犯かという問題があり，判決で幇助犯と認定されたものも存するところである。

　　　しかしながら，出し子についても受け子と同様に，出し子の行為は，詐欺を完成させるための被害金の現金化という構成要件上重要部分を受け持つものであり，その引出しができない限り現金獲得という目的が達成できないものである。そうである以上，特殊詐欺組織の共犯者との間で詐欺についての共謀を推認できる間接事実等が存するのであれば，幇助犯ではなく共同正犯と認めるべきである。

　イ　ただ，詐欺についての関与が薄く，他人名義の預貯金口座からの出金という認識にとどまるものである場合には，窃盗の本犯として処理することが妥当な場合もあると思われる。このような場合に，被疑者に窃盗

罪が成立するのは，出し子に依頼した者Ｘには当該他人名義の口座から預金を引き出す正当な権限はなく，権限のないＸから預金を引き出すよう依頼された被疑者にも上記名義の口座から預金を引き出す正当な権限がないからである。

　これについて，平成17年８月１日東京地裁判決（公刊物未登載）は，①預金口座の譲渡は，金融機関の承諾なしに行っても法律上その金融機関に対抗できず，金融機関が関与することなく，当事者間で預金者たる地位を移転することは営業譲渡などの特殊な場合を除き，金融機関として許容できないことであって，預金取引の当事者以外の者が口座を自由に利用することは到底認めることができないはずである（預金者との関係も明らかでない氏名不詳の第三者が預金口座を譲り受けて犯罪に悪用することを金融機関が承認するはずもない。）。②したがって，口座やキャッシュカードの譲受人である振り込め詐欺の犯人らは，金融機関に対し本件預金口座の預金者の地位を取得することはなく，それらの者は，金融機関が口座の利用やカード使用による払い戻しをすることを許容することが推認されるような預金者との間に特殊な関係がある者（例えば，親子，夫婦等）にも当たらないから，同人らが預金を払い戻す権限を取得することはないのであって，当然のことながら，その者からさらに引出しを依頼された者も預金払い戻しの権限を有するいわれはない。③被告人は，現金の引出しを依頼してきたＸらが他人名義の預金口座を犯罪に係る金員の入金先として使用していることを認識し，Ｘらが正当な預金者でなく，預金払戻しの権限を有していないことを知った上で，現金を引き出したものであるから，被告人の行為は，預金者の取引先である金融機関と提携しているＡＴＭの管理者（その立場は預金先の金融機関と同視できる。）の意に反してＡＴＭ内の現金の占有を侵害したことに帰するので，窃盗罪が成立するというべきであるとした。

ウ　もっとも，詐欺の共謀については，具体的な詐欺の実行行為がなされたことまでの認識を要するわけではない。投資詐欺の事案において，出し子が詐欺に関わっていることを認識しながらも，被害者に対して，誰

が何時どのような欺罔行為をしたかなど具体的な実行行為について全く知らなかったという事案において，第一審の広島地裁福山支部においては詐欺の幇助犯としてしか認定しなかったものの，控訴審において共同正犯として認めた事案が参考になる。

　この判決は，平成25年４月23日広島高裁判決（高検速報（平25）203）であるが，上記第一審判決を批判して「詐欺の共謀が成立したといえるためには，ほかの実行行為者による欺罔行為の態様や内容等について，必ずしも詳細かつ具体的に認識している必要はないし，また，共犯者の間で，数人が順次に意思を連絡しあうことにより，犯罪を実現する意思が形成されたような場合でもよく，必ずしも共犯者全員を覚知している必要はない。」などと認定した上で，同事案において，詐欺を行っていることについての認識は有しているのであるから，具体的な態様を知らなかったから共同正犯としての共謀を認められないとした原判決を破棄したものである。

エ　また，更に平成22年９月２日東京地裁判決（公刊物未登載）も参考になる。

　この判決の事案では，

①　被告人は，現金が振り込まれる他人名義の銀行口座を自ら調達し，さらに当該口座に係るキャッシュカード等を保管し，「凍結」の有無の確認や被害者から振り込まれた現金引き出しを行うATMをどこのものにするかなどを自らの裁量で決定するなど，当該口座の管理も行っていた。Ｘら実行行為者による欺罔行為は，被害者らに振り込ませる銀行口座を指定してなされているから，被告人による当該口座の調達や管理が，欺罔行為を行うために欠くことのできない前提条件となっていた。

②　被告人は，Ｘのために他人名義の携帯電話機等も調達しており，それらは少なくともＸと被告人との間の連絡に用いられた。被告人とＸが，当該携帯電話を通じて，被告人が調達管理している銀行口座の「凍結」の有無，現金引出しのタイミング等について連絡しあっていたこ

とが，被害者らをして当該口座に詐取金を振込入金させ，それを当該口座から引き出すという詐欺の目的を達成するために重要であった。
③　被告人による上記各行為は，それ自体は形式論理面からすると詐欺の実行行為には当たらないようにみえるものの，仮に実行行為者がこれらの行為をするときは実行行為の一部とも評価できるようなものであり，少なくとも，詐欺の犯行に必要かつ密接で，その効果を高めたと評価できる，重要かつ不可欠の行為といえるものであった。
④　被告人は，Xとの間で，これらの行為に関して，引き出した現金の中から報酬として1割程度の利益分配を受ける合意をし，しかも，実際に引き出した現金から被告人が報酬分をあらかじめ控除した上で，その残額をXに交付していた。そして，この報酬は，被告人が口座等を調達しただけで得られるものではなく，Xら実行行為者による欺罔行為により被害者が振込入金することにより初めて得られることができた。

という事実関係が認められた。

このような事実認定に基づき，本件判決は，「このように，被告人は，実行行為者に劣らない重要かつ不可欠の役割を分担して主体的に犯罪に関与したのみならず，犯罪結果の利益の分配を受け，その完遂に重大な利害関係を有していたものである。したがって，被告人は，自己の犯罪を実現させる意思をもってXら詐欺の実行行為者との間において相互利用，相互依存の関係にあったと認められるから，欺罔行為の具体的な担当者や方法等について関知していなかったとしても，被告人には，Xら実行行為者との間に詐欺の共謀共同正犯が成立する。」として，出し子に振り込め詐欺の被害者を対象とする詐欺の共同正犯の成立を認めた。

(3)　犯人性の問題

出し子の場合は，受け子と異なり，現行犯で逮捕されることは多くない。被害発生後，直ちに，現金引出しが行われるため，速やかに出し子の検挙に至るのが困難であるからである。

出し子の場合は，ATMを操作することから，その際の防犯ビデオ画像

の解析や，ATMからの指紋採取等により人定を試みるのは当然であるが，当該ATMの存する金融機関の周辺にある防犯ビデオ画像の分析も同様であろう。特に，当該預貯金口座が凍結されていないかどうかを確認するため，少額の出し入れなどの作業を他のATMで行っていた場合には，それも防犯ビデオに映ることから，これも人定のためのプラスにはなろう。

　上記のような捜査や，共犯者の供述などから出し子を人定して割り出すことになるが，それらも容易なことではない。結局は，現行犯がもっとも効率的であり，ATMの操作に当たり，マスクや帽子で顔を覆い隠すような挙動に出ている者については，当該金融機関が直ちに警察に通報して警察が急行し職務質問をするなどの手立てを採らない限り，出し子の検挙は後手に回ると言わざるを得ないであろう。

　もっとも逮捕して取調べができるということは，それらの困難を乗り越えて検挙したからということはいえようが，犯人性は後々の公判においても問題となることが多いので，犯人ならではの秘密の暴露なども得られるように努めるべきである。

　なお，実際にあった特殊詐欺事件の捜査過程を逐一解説したものとして，阪井光平「特殊詐欺捜査についての一論考——幅広く奥行きのある捜査の展開」（警察学論集71巻4号50頁以下）は，特殊詐欺の捜査及び取調べに極めて有用である。一読されることを強く推薦する。

13　電子計算機使用詐欺事件の取調べ上の留意事項

> 電子計算機使用詐欺の取調べにおいて留意すべき事項は何か。

1　基本的構成要件について

刑法246条の2では，
　　前条に規定するもののほか，人の事務処理に使用する電子計算機に虚偽の情報若しくは不正な指令を与えて財産権の得喪若しくは変更に係る

不実の電磁的記録を作り，又は財産権の得喪若しくは変更に係る虚偽の電磁的記録を人の事務処理の用に供して，財産上不法の利益を得，又は他人にこれを得させた者は，10年以下の懲役に処する。

と規定している。本条は，246条2項の詐欺利得罪の補充類型であり，電子計算機が人に代わって自動的に財産権の得喪，変更の事務を処理している場合における不法な財産上の利得行為を処罰するものである。なお，本条前段は，不実の電磁的記録を作成して財産上の利益を得る行為であり，後段は，不正に作成された電磁的記録を使用して財産上の利益を得る行為である。

ここでは，取調べにおいてもっとも問題となり得る「虚偽の情報」とは何かについて検討することとしたい。

2 取調べ上の留意事項

何が「虚偽の情報」であるかについて問題となった事案を順次紹介する。

(1) 平成5年6月29日東京高裁判決（判時1491・141）の事案は，A信用金庫B支店の支店長をしていた被告人が，情を知らないB支店係員に命じ，同支店設置のオンラインシステムの端末機を操作させ，D事業組合に設置され，A信用金庫の預金残高管理・受入れ・払戻し，為替電文の発・受信等の事務処理に使用されている電子計算機に，被告人がB支店に設けていた自己名義の当座預金口座（預金残高マイナス2,799万9,000円）に2,800万円の入金があったとする虚偽の情報を与え，同電子計算機に接続されている磁気ディスクに記録された前記自己名義口座の預金残高が2,800万円を加算した1,000円であるとする財産権の得喪・変更にかかる不実の電磁的記録を作って2,800万円相当の財産上不法の利益を得た上，更に，情を知らないB支店係員に命じ，前記電子計算機に，E（被告人に4,600万円を貸し付けていた者）がF銀行に設けていたH名義の普通預金口座（預金残高1,191万4,494円）に4,600万円の振り込みがあったとする虚偽の情報を与え，同電子計算機に接続されている電子計算機を介して，F銀行の電子計算機に接続されている磁気ディスクに記録されたH名義口座の預金残高が

前記残高に4,600万円を加算した5,791万4,494円であるとする財産権の得喪・変更にかかる不実の電磁的記録を作ってEをして4,600万円相当の財産上不法の利益を得せしめたというものであった。

　この事件について，警察は被告人を業務上横領罪で送致し，検察官は電子計算機詐欺罪で起訴したところ，第一審の東京地裁は，「入金・送金の権限を有する支店長が行ったのであるから，本件入金・送金は架空のものではなく，支店の業務として行われたものである。したがって，『虚偽の情報』を与えたことにはならない。」などとして被告人には背任罪が成立するとしたことから，検察官は，解釈に誤りがあるとして控訴したものである。

　そして，本件東京高裁は，「虚偽の情報」とは，「電子計算機を使用する当該事務処理システムにおいて予定されている事務処理の目的に照らし，その内容が真実に反する情報をいうところ，金融実務における入金等に即していえば，入金等の入力処理の原因となる経済的・資金的実体を伴わないか，あるいは，それに符合しない情報をいう。被告人が係員に指示して電子計算機に入力させた振込入金等に関する情報は，いずれも現実にこれに見合う現金の受け入れ等がなく，全く経済的・資金的実体を伴わないものであることが明らかであるので，虚偽の情報に当たる。」として電子計算機詐欺罪の成立を認めた。

　このように「虚偽の情報」であるかどうかは，その内容を実質的にみて判断する必要があるのであり，形式的に入力権限があるかどうかなどという点にこだわると上記東京地裁判決のような解釈の誤りを犯すことになるので注意が必要である。取調べにおいてもこの点をよく意識しておかなければならない。

(2)　また，同様に「虚偽の情報」が問題となった事案として，平成18年2月14日最高裁決定（刑集60・2・165）も参考になる。
　その公訴事実の要旨は，「被告人が，窃取したA名義のクレジットカードの番号等を冒用し，出会い系サイトのメール情報受送信サービスを利用する際の決済手段として使用される電子マネーを不正に取得しようと考

え，自己の携帯電話機を使用して，インターネットを介し，出会い系サイト通信事業提供者であるB社及びC社から委託を受けたクレジット決済代行業者であるD社が設置し，電子マネー販売等の事務処理に使用する電子計算機に対し，上記クレジットカードの名義人，同カードの番号及び有効期限を入力送信し，Aが同人名義のカードを使用して販売価格合計11万3,000円相当の電子マネーを購入する旨の虚偽の情報を与え，上記電子計算機に接続されているハードディスクに，Aが同人名義のクレジットカードを使用して上記電子マネーを購入したとする財産権の得喪に係る不実の電磁的記録を作り，よって同額相当の電子マネーの利用権を取得し，もって同額相当の財産上不法の利益を得た。」というものであった。

　これに対し，弁護側は，被告人が入力送信したクレジット番号等は，真正なカードのものであるから，「虚偽の情報」には当たらず，その結果作成されたのも「不実の電磁的記録」とはいえないと主張した。

　そこで，本件最高裁決定は，「被告人は，本件クレジットカードの名義人による電子マネーの購入の申込みがないにもかかわらず，本件電子計算機に同カードに係る番号等を入力送信して名義人本人が電子マネーの購入を申し込んだとする虚偽の情報を与え，名義人本人がこれを購入したとする財産権の得喪に係る不実の電磁的記録を作り，電子マネーの利用権を取得して財産上不法の利益を得たものというべきであるから，被告人につき，電子計算機詐欺罪の成立を認めた原判断は正当である。」とした。

　このように本件最高裁決定においても，入力された情報が実質的にみて虚偽であるかどうかを判断しているのである。

　なお，この事例において，何が「虚偽の情報」であるのかについて，同決定の調査官解説は，「本件システムでは，クレジットカード面上の情報を入力するだけで決済ができ，それ以上に申込みがカードの名義人本人であることを示す情報（主体認証情報）の入力が求められていない。一般にクレジットカード会社の約款では，会員がクレジットカードを他人に譲渡，貸与等することは禁止されており，オンラインによる取引においても，例外は認められていない。クレジットカードによる決済を行うオンライン取引は，クレジットカード会社と提携して行われるものであり，特別の事情

のない限り，このようなクレジットカードの仕組みを踏まえたものと考えられる。そして，クレジットカードの所持人と名義人は原則として同一であり，カード面上に表示されるクレジットカード番号や有効期限等の情報を正しく入力することは当該カードを所持する名義人本人でなければ通常はできないものであり，本件システムは，このような事情を前提にしていると考えることができる。そうすると，取引の際にカード面上の情報以外に主体認証情報の入力を求めていないとしても，そのことから当該システムが名義人以外によるクレジットカードの使用を容認する趣旨とすることはできないと考えられる。」，「結局，本件システムはクレジットカードの名義人本人以外の者が利用することを予定しておらず，被告人による行為は，電子計算機に対して『クレジットカードの名義人本人が同カードによる決済で一定額分の電子マネーの購入を申し込んだ』とする情報を与えたものということができる。」(藤井敏明「最高裁判所判例解説刑事篇平成18年度」69～71頁，法曹会) としているが，正にそのとおりであろう。

(3) 更に，近時においては，いわゆる還付金詐欺といわれる特殊詐欺において，被害者を被利用者としてATMに「虚偽の情報」を入力させて振込手続をさせるという手法がしばしば見られるところである。

例えば，平成29年9月21日神戸地裁判決（公刊物未登載）では，還付金詐欺グループの犯行が対象とされているが[2]，ここで認定された罪となるべき事実は，概ね次のとおりである。

被告人は，社会保険事務局職員等になりすまし，相手方に医療費の還付金を受領できる旨誤信させた上，現金自動預払機の操作を指示し，振込送金の操作と気付かせないまま被告人らの管理する預金口座に現金を振込送金する操作を行わせて財産上不法の利益を得ようと考え，氏名不詳者らと共謀の上，各被害者に対し，電話を介して，社会保険事務局職員や市役所職員等と偽って，欺罔文言としての嘘を言い，前記各被害者をしてその指示に従えば医療費の還付金を受けられるものと誤信させた上，振込場所の

---

[2] ほかに，同種の事案として，平成28年7月13日大阪高裁判決（高検速報（平28）195）等がある。

各場所に赴いた同人らに対し，現金自動預払機の操作を指示し，同人らをして，各口座に係るキャッシュカードを振込場所の各場所に設置された現金自動預払機に挿入させて同機を作動させ，預金残高管理・受入・払戻等に使用する電子計算機に対し，前記各口座から，被告人らが管理する各口座に振込金額を振込送金したとする虚偽の情報を与えさせ，前記各電子計算機を介して，別の電子計算機に接続されている磁気ディスクに記録された前記各口座の残高を前記振込金額の金額分増加させて財産権の得喪，変更に係る不実の電磁的記録を作り，よって，合計3,430万7,895円相当の財産上不法の利益を得た上，別の電子計算機に接続されている磁気ディスクに記録された各口座については，前記虚偽の情報を与えさせたが，各口座に取引停止措置を講じられたため，財産上不法の利益を得るに至らなかった。

　このように還付金詐欺では，自己の操作の意味を理解していない高齢者等を道具としてATMを介してデータを保存する磁気ディスクに虚偽の情報を記録させることから，「欺罔による財産的処分行為」が認められないため詐欺罪は成立せず，間接正犯として電子計算機詐欺罪が成立するものである。そして，指示されたとおりの内容で送金手続の操作をしていることが，本人の認識している内容と異なっていることから，その内容は実質的には「虚偽の情報」であるとして，電子計算機詐欺罪の成立が認められるのである。

(4)　また，前記の各事案とは異なり，高速道路のETCシステムの電子計算機に「虚偽の情報」を与えたものとして，平成27年6月9日横浜地裁判決（裁判所ウェブサイト）がある。

　ア　この事案は，ETCレーンから高速道路内に流入する際，一時的に自車の車軸を上昇させて料金車種の区分を誤って計測させ，本来の通行料金との差額を利得した行為について，電子計算機使用詐欺罪の成立を肯定したものであり，ここで認定された罪となるべき事実は，概ね次のとおりである。

被告人は，一般貨物自動車運送事業等を営むＡ株式会社に運転手として勤務していた者であるが，Ｂ株式会社等が管理運営する高速道路料金所と通行車両の車載器との間の無線通信等による自動的な通行料金の算出・徴収等の事務処理に使用される電子計算機等で構成されるＥＴＣシステムを利用するに際し，同システムにおいて，高速道路流入時の接地車軸数によって料金車種区分が認識され，流出時に当該区分及び通行区間によって料金が決定されることを利用して，けん引車と被けん引車の接地車軸数の合計が４車軸であり料金車種区分上の特大車（以下「特大車」という。）である連結車両で高速道路を通行するに当たり，これらの車軸のうち１車軸を一時的に上昇させることにより，同システムに，同車両の接地車軸数の合計が３車軸であり料金車種区分上の大型車（以下「大型車」という。）である旨の虚偽の情報を与えて高速道路の通行料金の一部の支払を免れようと企て，平成22年５月19日及び平成23年11月21日の前後２回にわたり，神奈川県内所在のＢ株式会社高速自動車国道Ｃ自動車道料金所において，同料金所直前まで接地車軸数が４車軸の状態で走行してきた同表車両欄記載の各連結車両の車軸自動昇降装置をそれぞれ操作して一時的に同車両の後前軸を上昇させた３車軸の状態で同料金所ＥＴＣレーンに進入し，同状態で同レーンに設置された車軸数計測器の上を通過して，真実は，各車両がいずれも特大車であるのに，これらがいずれも大型車であると計測させ，同計測器に接続されたＥＴＣシステムの利用による通行料金の算出等の事務処理に使用される電子計算機にその旨虚偽の情報を与えるとともに，当該計測結果を同電子計算機から送信させて同車両に搭載された車載器に挿入されたＥＴＣカードにその旨の情報をそれぞれ保有させた上，同料金所ＥＴＣレーン通過後，各車両の後前軸が自動的に降下した状態で高速道路を通行し，神奈川県内所在の同高速道路料金所ほか１か所において，同車載器から各流出料金所設置の前同様の各電子計算機に，真実は，各車両がいずれも特大車として高速道路を通行したのに，これらがいずれも大型車であるとの虚偽の情報をそれぞれ送信し，神奈川県内所在の株式会社Ｄ電算室内に設置されたＥＴＣシステムの利用による通行料金の徴収等の事務処理に使用され

る電子計算機に前記虚偽の情報を与えて同車両の通行料金が別表支払料金欄記載の各金額である旨の財産権の得喪，変更に係る不実の電磁的記録を作り，よって，Ａ株式会社に同表特大車料金欄記載の各金額との差額の合計額である1,085円相当の財産上不法の利益を得させたものである。

イ　この事案において，弁護側は，被告人の車両は，流入料金所に流入した時点で３車軸の状態であり，特大車であったとはいえないから，ETCシステムに虚偽の情報を与えたとはいえないとして無罪であると主張した。

　　しかしながら，本件判決では，「各連結車両の被けん引車に装備されていた車軸自動昇降装置は，おおむね，車軸制御弁を『下降』にした場合は後前軸が下降した状態を保持し，『自動』にした場合は，後軸の軸重が軽くなると後前軸が上昇し，重くなると後前軸が下降するというものであるところ，上記各車両は，被告人が判示流入料金所の直前で車軸制御弁を『下降』から『自動』に操作したことにより，設計上予定されていない一時的な後前軸の上昇が起こり，上記流入料金所のETCレーンに設置された車軸数計測器の上を３車軸の状態で通過したものの，別紙一覧表番号１においては約１分後の本線流入前の時点で，また，同表番号２においては約３分後の本線流入直後の時点で，既に後前軸が自動的に降下して４車軸の状態に戻っており，同状態のまま判示各流出料金所まで数十分にわたって通行したものであって，その間積荷に変動はなかったのであるから，そもそも，上記流入料金所を通過した時点において，その後の各通行区間を後前軸が上昇した３車軸の状態で通行することができないものであったと認められる。そして，前掲関係証拠によれば，上記車軸数計測器に接続されたETCシステムの利用による事務処理の目的は，車両の通行区間及び同区間の通行時における料金車種区分に応じた通行料金の算出等にあると認められるところ，このことに照らせば，被告人において，上記各車両が各通行区間を３車軸の状態で通行することができないにもかかわらず，一時的に後前軸を上昇させた状態で上記車軸数計測器の上を通過し，３車軸の大型車であると計測させたこ

とは，上記事務処理に使用される電子計算機に虚偽の情報を与えたものというべきである（なお，被告人がこの点につき少なくとも未必的に認識し，認容していたことは，その供述内容から明らかであり，故意に欠けるところもない。）。」として電子計算機詐欺罪の成立を認めたものである。

ウ　このように一時的に車軸数を減らした形で走行させたことが，「虚偽の情報」を与えたことになるのであって，「虚偽の情報」を与えて電子計算機上に不実の電磁的記録を作出する方法も多岐にわたっていることは取調べに当たっても認識しておくべきであろう。

14　横領・業務上横領事件の取調べ上の留意事項

> 横領・業務上横領に関する取調べにおいて留意すべき事項は何か。

1　基本的構成要件について

刑法252条1項は，
　　自己の占有する他人の物を横領した者は，5年以下の懲役に処する。
と規定し，同法253条は，
　　業務上自己の占有する他人の物を横領した者は，10年以下の懲役に処する。
として，業務性が認められる場合には加重処罰することとしている。
　このような横領事犯においては，自己の占有下に他人の財物があること，そして，それを「横領した」こと，更に，業務上横領の場合には，その占有が業務に基づくものであることが要件とされている。

2　取調べ上の留意点

業務上横領を含めて横領事犯は，詐欺などと比較すると立証が容易で，そ

の意味で捜査がやり易い罪である。そのため，地検特捜部などにおいて若い検事に初めての独自捜査をさせる場合などは，業務上横領事件を配点して処理させるということもしていた。というのは，まず，被疑者の占有というのは外形的に明らかなことが多く，これが争点となることはまずないし，横領罪は，その犯意が発露した段階で直ちに既遂になると判例などでも認められているから（明治43年12月6日大審院判決・刑録16・2129等），被疑者が自己の物とするための領得行為（例えば，預かっている通帳から現金を引き出すという行為など。）が認められれば，そこに故意も認められ，即時に既遂となることから，弁解されることが少ないという特徴があるからである。また，仮に弁解しようとしても，その理由を合理的に説明するのは困難が伴う場合が多い（上記の例でいえば，通帳から現金を引き出す理由を説明しなければならないが，合理的に説明できるかどうかは，事案にもよるが難しい場合も多いであろう。）。さらに，業務性についても，その占有権限がどのようなものかをみれば，自ずと明らかになることから，それほど認定が難しくなるということもない。

　もちろん，上記のことはあくまで一般論であって，個々の事案では各要件が熾烈に争われることもあろうかと思われる。ただ，そのような場合であっても，他の財産犯と同じように，各要件ごとに認められる証拠関係に照らし，被疑者の弁解が合理的なものかどうかを逐一チェックして追及すればよいものと考える。

　もっとも近時かなりよく見られる業務上横領事件は，後見人である弁護士や司法書士等が被後見人の財産を勝手に流用して横領するという事案である。この場合，犯行を認める事案もあるが（平成29年1月10日名古屋地裁判決・公刊物未登載[3]，平成27年7月2日東京地裁判決・公刊物未登載，平成25年10月30日東京地裁判決・公刊物未登載等），自己の報酬など正当な理由に基づくも

---

3) ちなみに，この事案で認定された罪となるべき事実は，概ね次のとおりである。
　　被告人は，愛知県弁護士会に所属する弁護士であり，平成25年7月31日に名古屋家庭裁判所豊橋支部からAの成年後見人に選任され，その財産管理業務に従事していたが，豊橋信用金庫中央支店等3か所に開設された4口座の預金をAのために業務上預かり保管中，平成25年12月2日から平成27年7月28日までの間，11回にわたり，愛知県豊橋市内の豊橋信用金庫中央支店等3か所において，自己の用途に費消する目的で，前記4口座から現金合計1,828万3,025円を払い戻し，もって横領したものである。

のであるから不法領得の意思がなかったとして無罪を主張する事案もある（平成28年４月15日横浜地裁判決・公刊物未登載，平成26年９月２日神戸地裁判決・裁判所ウェブサイト等）。もっとも後者のような事案であっても，その使途先や費消状況などが被後見人のためになっていないのであれば，単なる弁解に過ぎないものであるのが通常である。後見人の報酬などは家庭裁判所の審判で決せられるものであるし，後見人である被疑者による被後見人の財産管理状況や被後見人のための活動状況，更には，家庭裁判所への報告状況等を明らかにすることで，そのような弁解は排斥できるものと思われる。そして，それらの事案も結果として有罪とされている。

15 背任事件の取調べ上の留意事項

> 背任に関する取調べにおいて留意すべき事項は何か。

1 基本的構成要件について

刑法247条は，背任罪について，

> 他人のためにその事務を処理する者が，自己若しくは第三者の利益を図り又は本人に損害を加える目的で，その任務に背く行為をし，本人に財産上の損害を加えたときは，５年以下の懲役又は50万円以下の罰金に処する。

と規定するが，背任罪が成立するための要件は，①被疑者が他人のためその事務を処理する者であったこと，②当該融資が，任務違背行為に該当すること，③被疑者において当該融資が任務違背行為に該当することを認識・認容していたこと（未必的認識とその認容でよい。），④財産上の損害が発生したこと，⑤財産上の損害が発生することについて認識・認容していたこと（未必的認識とその認容でよい。），⑥図利目的（自己又は第三者の利益を図る目的）又は加害目的（本人を害する目的）が存在したことである。

また，会社法960条１項では，取締役等の特別背任罪を規定しているが，

これは犯罪の主体として、取締役等の会社法上特別の地位にある者について加重処罰するためのものであり、主体以外の構成要件としては、刑法の背任罪と同様に考えてよい。

2 取調べ上の留意事項

背任罪は、その構成要件の複雑さから捜査は容易ではなく、また、主観的要件である図利加害の目的も非常によく争われる。そのため、第一審判決では有罪とされても控訴審で破棄されて無罪とされるようなケースもまま見られるところである。

また、有罪とされていても、その法的構成を背任罪とするより、詐欺罪若しくは業務上横領罪とするほうがよいのではないかと思われる事案も存する。

ここでは、近時の背任罪についての裁判例を概観することにより、背任罪の捜査及び取調べにおいてどのようなことに留意すべきであるのか検討することとしたい。

⑴　平成29年7月11日大阪地裁判決（公刊物未登載）
　　この判決の事案は、国立大学の教授であった被告人が、①大学と建設会社等との共同研究の職務に関し、4社の従業員から便宜を図った謝礼として現金の供与を受けたという収賄、②支払う必要のない共同研究の経費を大学に支出させて財産上の損害を加えたという背任の各罪に問われたものである。

　ア　このうち、背任についての罪となるべき事実の一部は、概ね次のとおりである。
　　　被告人は、平成20年4月から国立大学法人□□大学大学院工学研究科の教授であり、同科地球総合工学専攻建築構造学講座の専任教授として、同大学と外部機関等との共同研究に関し、同大学の研究代表者として外部機関等と協議し、その受入れの可否を決した上、受け入れた研究

を実施するなどの職務に従事していたものであるが，同大学では，同大学が外部機関等と共同研究を実施する場合の経費は，原則として当該外部機関等に請求できるものと定めており，また，同大学の教職員が職務上の研究の助成や研究実施の経費とする目的で寄付金を受けた場合には，当該教職員は，原則として当該寄附金を改めて同大学に寄附するものと定めていたところ，平成25年4月頃から平成28年11月頃にかけて，自己の職務として，A社及びB社との共同研究を実施するに当たり，両社との間で，同研究の経費は両社が支払う旨合意したのであるから，速やかに，同大学に対して，同合意が存在し，同経費は両社に請求できる旨知らせるなどして，同大学の経費負担を免れさせるようにすべき任務があり，かつ，実際には，被告人において，両社をして，同研究の経費支払として，平成25年6月28日から平成28年9月30日までの間，11回にわたり，被告人が管理する株式会社D名義の普通預金口座に合計1,407万9,753円を振込送金させたのであるから，速やかに，自ら同研究の経費を精算し，あるいは，同振込送金額相当の金員を同大学に寄附するなどして，同大学の経費負担を免れさせるようにすべき任務があるのに，それらの任務に背き，自己の利益を図り，同大学に損害を加える目的で，前記合意の存在及び前記振込送金の事実を同大学に秘して，自ら同研究の経費を精算せず，かつ，同振込送金額相当の金員を同大学に寄附しないまま，同大学の支出担当者をして，平成25年7月31日から平成28年10月31日までの間，20回にわたり，同研究の経費として合計1,083万1,821円を現に支出させ，もって，同大学に同額の財産上の損害を加えたものである。

イ　この事案では，被告人は，外部の機関と共同研究をする場合において，外部の機関がその経費を負担してくれるときは，被告人の所属大学からその経費相当分を受け取る必要がないにもかかわらず，いわば二重取りをしていたものである。したがって，被告人には，所属大学に対し，外部の機関が経費を負担してくれるということを報告して精算するなり，その金額を寄付するなりする任務があったとして，所属大学に経費相当

分として支出させた金額を被告人が受領した行為を背任罪として構成したものである。

　もっとも，このような事案であれば，もともと所属大学は，経費相当分を被告人に支払う必要がなかったのに，被告人が告知義務に違反して告知しなかったため，所属大学が支払う必要があるものと誤信して支払ったと認められるのであるから，むしろ詐欺罪として構成したほうが実態に即していたのではないかと思われる。

(2)　平成29年４月19日広島高裁岡山支部判決（裁判所ウェブサイト）
　ア　この判決の事案は，取締役としてＢ株式会社の業務を統括する地位にあった被告人が，返済能力のない取引先Ａに対し，担保を徴するなどすることなく，約２億円の金員を貸し付けて本人であるＢ株式会社に同額の損害を加えたとして特別背任の罪に問われたものである。

　その公訴事実の要旨は，「被告人は，Ｂ社の取締役として同社の業務全般を統括し，同社の利益を図るとともに同社に損害を与えないように忠実にその職務を行う任務を有していたものであるが，取引先Ａの利益を図る目的で，その任務に背き，同社に借入金の返済能力がなく，Ｂ社がＡに貸付を行えば，その貸付金の回収が困難になることを認識しながら，何ら担保を徴することなく，その他貸付金の回収を確実にする措置を講じないまま，Ｂ社従業員をして，Ｂ社名義の当座預金口座からＡ名義の普通預金口座に，平成20年７月17日に9,999万9,160円，同月28日に4,999万9,160円，同年８月25日に4,999万9,160円の合計１億9,999万7,480円を振込送金させて同額をＡに貸し付け，もって，Ｂ社に同額の財産上の損害を加えた」というものであった。

　このような事案において，争点となったのは，被告人に図利加害の目的があったか否かという点であった。

　この図利加害の目的については，判例は，図利加害に関する認識・認容があり，かつ，本人図利の動機が主たるものでない場合に図利加害目的の存在を認めるとしている。つまり，昭和35年８月12日最高裁決定（刑集14・10・1360）では，「主として不法に融資して自己の利益を図

る目的がある以上，たとえ従として右融資により本人のため事故金を回収してその補塡を図る目的があったとしても背任罪の成立を免れないものと解すべきである」としていることから，その犯行の動機が主として本人のための利益を図る場合には，背任罪の成立が否定される余地があるからである。

イ　本件の第一審判決は，「本件で任務違背行為とされている本件貸付は，合計2億円もの巨額であり，当時のB社の純資産，収入，流動資産等の額からすると，Aの破たんに伴ってB社の経営及びその存立に重大な悪影響を生じさせるものであった。AのB社に対する従前の返済状況や残債務の額，本件貸付金の使途がAの短期の借入金の返済であったこと等からすれば，本件貸付が返済される可能性は相当低く，そのことを被告人も認識していたといえる。にもかかわらず，担保の提供を受けるなどの回収のための措置を何ら講じないまま本件貸付を実行した。このように本件貸付は，B社に重大な損害を与える現実的危険性の高い行為であるところ，それでもなお被告人がB社の利益を図る目的で本件貸付を行ったというためには，このような本件貸付の重大性及び危険性を払拭しうるだけの確実な収益がAに期待できること又はそのような危険な行為をあえて行うべきBにとっての必要性や緊急性があることが不可欠である。本件貸付当時，Aに本件貸付の返済を可能とするような収益を期待できる状況にはなく，被告人のいうβグルカン関連事業の成功可能性は単なる希望的観測にすぎない。B社は，本件貸付当時，Aに対する未回収債権が約2億円あったが，同債権の回収を断念しても，直ちにB社の運転資金が不足する事態が生じる可能性があったとはうかがわれないから本件貸付を行う必要性及び緊急性はなかった。なお，B社からAに対する資金提供は約4億円に達していたところ，B社は，平成20年6月20日，Aから本件返済を受けているが，これによってAに対する未回収債権が約1億8600万円に減少し，その金員の大半が同日までに金融機関への返済に充てられ，B社の財務状況は大きく改善したのであり，本件貸付は，それを再び大きく悪化させるものであるから，本件返済と

本件貸付が近接して行われたからといって，本件貸付が本件返済前の状況と実質的な変動がない状況の下で行われたということはできない。以上によれば，被告人は，本件貸付をＡの利益を図る目的で行ったものであり，Ｂ社の利益を図る目的で行ったものではないと認められるから，被告人が第三者図利の目的を有していたと認められる。」とした。

ウ　これに対し，本件高裁判決は，第三者の利益を図る意図であったとしても，そのような行為に及んだ主たる動機が本人の利益を図ることではなかったことが必要であるとし，そのような本人の利益を図る動機の有無及び程度の認定に当たっては，任務違背行為の内容・程度と，任務違背行為によってもたらされる本人の利益の内容・その実現可能性等の相関関係によって判断すべきであるとした。その上で，任務違背性の程度及び本件貸付によってＢ社にもたらされる利益の内容，その実現可能性が問題となり，これらが総合的にみて見合ったものといえるか否かが分水嶺となると判断の基準を示した上，事実認定上，本件貸付の任務違背性の程度は大きいものではなく，Ｂ社にもたらされる利益に見合っていなかったとまではいえないから，被告人が本件貸付に及んだ主たる動機が本人たるＢ社の利益を図ることにあったという可能性を払拭することはできず，第三者図利の目的を認定するには合理的な疑いが残るとして無罪とした。

エ　しかしながら，本件高裁判決のように，任務違背行為の内容・程度と，任務違背行為によってもたらされる本人の利益の内容・その実現可能性等が見合っていない場合には図利加害目的が肯定されるものの，そうでない場合にはこれを否定するという枠組みはこの判決独自のものであり，一般的な考え方とは必ずしもいえない。むしろ，この両者の関係は，もっと全体的にみて本人にとって実質的に不利益になるか否かという観点を任務違背性の要件の問題として考えればよいと思われる。

　したがって，後者のような考え方に基づいて判断された第一審判決のほうが妥当である。

(3) 平成26年6月13日大阪高裁判決（公刊物未登載）
　ア　本件は，学校法人A学園の理事的な立場にある被告人が，当時の学園理事長と共謀し，返済できないと認識しながら学園から3億8,000万円の融資を無担保で受け，学園に損害を与えたとして，背任罪に問われたものである。本件では，任務違背性や図利加害目的等が争われたが，そのいずれについても認定して有罪判決が言い渡されたものである。
　　ちなみに，その第一審判決である平成25年11月22日大阪地裁判決（公刊物未登載）で認定された罪となるべき事実は，概ね次のとおりである。
　　被告人は，大阪府東大阪市内に事務所を置く学校法人A学園の顧問で実質的に同学園を支配するものであり，同学園の理事長であるBとともに，同学園の業務全般を統括し，同学園の資産を管理するに当たっては，法令及び同学園の寄附行為に定められた規定を遵守した上，その財産を適切に管理運用すべき任務を有していたものであるが，Bと共謀の上，前記任務に背き，被告人自身の利益を図る目的で，平成22年3月30日から同年4月19日までの間，3回にわたり，いずれも，同学園の理事会の決議を経ることなく，かつ，被告人自身に十分な資力がないため，その返済が著しく困難であることを知りながら，無担保で，同学園から被告人に対し，合計3億8,000万円の貸付けをさせ，もって，同学園に同額の財産上の損害を加えたものである。

　イ　まず，任務違背性であるが，弁護側は，本件融資は，実質的にはA学園からC学院に対する資金の融通であり，A学園の利益になるものであって，経営判断として合理性があるから，任務違反に当たらないと主張した。その理由とするところは，C学院ではその経営する高校の新学生寮が建設中であったところ，その工事代金の支払いがなされずに，学生寮の完成引渡しが延びると，同学院の高校の認可取消しのおそれがあったところ，A学園はC学院と提携して経営再建を目指しており，同高校の新学生寮建設代金支払いのための資金融通は，両校の連携を深め，共倒れを防ぐなど，A学園の利益ともなるものであって，経営判断として合理的なものである，そして，C学院への直接の融資にしなかったの

は，学校法人間の金銭融通は認め難いとする文部科学省担当者の意見があり，被告人個人が便宜的に間に入ったからであるなどとした。

これに対して，本件判決は，「しかしながら，C高校の新学生寮の完成引渡しがないと全寮制が維持できず，高校の認可取消しのおそれがあったなどという事実は認められず，本件融資の時点で，C学院の利益が直ちにA学園の利益になるという関係があったとは認められない。」などとして，その主張を排斥した。

ウ　また，図利加害目的については，弁護側は，本件融資は，A学園（本人）の利益を図る目的でなされたものであり，被告人自身の利益を図る目的（図利目的）がないと主張した。

これに対して，本件判決では，「しかしながら，本件融資による貸付金の使途には，C高校の新学生寮建設工事代金の支払いとは全く関係のないものも含まれているほか，同工事代金と関連する支払いに充てられているものであっても，それがA学園の利益につながるものとはいえず，同学園の利益を図る目的でなされたものとは認められない。本件融資は，原判決が説示するとおり，被告人個人が支払期限の切迫する各支払いに対応するため融資させたものというべきであり，被告人が自らの利益を図る目的でしたものであることは明らかである。」として，その主張を排斥した。

エ　本件では，理事的な立場にある被告人が理事長と共謀して背任行為に及んだと構成されているが，A学園の資金管理状況がどのようなものであったかにもよるものの，理事長としてはA学園全体の資金を占有していると構成する余地もあることから，業務上横領として構成することも可能ではなかったかと思われる。また，被告人の立場にもよるが，A学園には資金管理を担当する理事がいるはずで，手続上，その者に対して，自己の個人的用途に当てる意図であることを秘して出金手続をとったのであれば，詐欺として構成する余地もあったものと思われる。

ただ，本件では任務違背等背任罪の構成要件を満たすに十分な事実関

係や証拠関係が存したものと認められ，それゆえ本件のような法的構成が採られたものと思われる。

　取調べに当たっても，当初の法的構成にとらわれずに，事実関係の解明に応じて，フレキシブルに法的構成を変えていくことも頭の中に入れておく必要があるところである。

16　「見せ金」事件の取調べ留意事項

> 公正証書原本不実記載・同行使となる，いわゆる「見せ金」事件の取調べにおいて留意すべき事項は何か。

1　「見せ金」とは

　ここでいう「見せ金」とは，会社設立の際の資本金について，実際にはこれに見合うものを払い込んでいないのに，あたかもこれを払い込んだかのように仮装する違法行為のことをいう。これは，株式会社などを設立する際に，その資金がないにもかかわらず，会社設立を図るため，この「見せ金」と呼ばれる方法を用いて，資本金が払い込まれたかのように装い，違法に会社設立をする場合などに使われるものである。

2　見せ金による会社設立の方法

　見せ金による株式会社の設立に当たって，古くから用いられてきた方法としては，株式払込取扱金融機関とは別の金融機関から，資本金相当額の借入をし，それを株式払込取扱金融機関に株式払込金として納めることで，払込金保管証明書を発行してもらい，それを使って法務局で株式会社の設立登記をし，これができたら，「時期をみて」，その株式払込金を引き出し，その借入をした金融機関に返済してしまうという方法である。この方法によると，そこで登場するどちらの金融機関も被疑者の違法な意図に気付くことがない

ため，資本金相当額の資金を持っていなくても，比較的簡単に会社設立を成し得ることとなる。

もっとも現在では，払込金保管証明書は不要とされる場合もあることから，その場合には，どの金融機関に資本金としての資金を預けてもよいのであるが，犯行の原理としては上記と同じである。

そして，そのような行為は，実質的には資本金が払い込まれていないにもかかわらず，商業登記簿の「資本金の額」の欄に，一定金額の資本金の額を記載することになるため，この欄に虚偽の記載をしたこととなる結果，公正証書原本不実記載・同行使罪が成立することになる。

3 上記方法による場合の取調べ上の留意事項

⑴　このような事件の取調べをするに当たって，何に留意すべきかであるが，それにはまず被疑者がもっとも注意していることを知っておく必要がある。それは，上の文章の中で「時期をみて」という部分に鍵括弧をつけておいたが，この返済の時期の問題である。つまり，被疑者としては，長く借入をしておくと，その分利息が高くなることから，本音を言えば，一刻も早く株式払込金を引き出して返済をしてしまいたいのであるが，しかし，あまりに早くその資金を引き出してしまうと，いかにも最初から「見せ金」で株式会社を作るつもりであったのが，見え見えになってしまうという危険がある。

したがって，この両者のバランスを取ることを考えた上で「時期をみて」返済をするのである。実際のところ，きちんと統計をとったわけではないが，だいたいは，2週間くらいで返済している場合が多いように感じられる。その程度の間隔があれば，当初は，株式払込金として払い込んだのだが，設立後の株式会社の事情により，その資金を返済に回すことになったのだという言い訳ができる期間だと判断することによるものと思われる。

そして，この事件の立証においては，その被疑事実のほとんどの部分は，登記関係書類や資金の流れという客観的証拠により立証できることになる。しかしながら，それでは立証しきれない主観的要件である「会社の

設立登記完了後直ちに引き出して返済する意図の下に、貸付けを受けた資金を株式払込取扱金融機関の別段預金口座に入金して仮装」するというところに取調べのポイントがある。

　つまり、この意図というのは、先に説明したように、引き出す期間が延びれば延びるほど立証が難しくなるので、被疑者の取調べに当たっては、その意図を自認する供述を得るように努力するとともに、当該会社の活動実態や、その活動資金の調達状況、払込金が会社資金として運用された事実の有無、借入金の返済が会社の資金関係に及ぼす影響の有無、さらには、被疑者の資産状況などをきちんと聞いて裏付捜査によって立証できるようにしておく必要がある。

　なお、この見せ金の事件から、別の詐欺事件や背任事件に展開することもあり、この見せ金の事件を見つけることは、場合によっては、捜査上非常に効果的な場合もある。そのためにも、ある事件の捜査の過程で問題のある株式会社が登場した場合には、その会社の設立の経緯を調べておくことも役に立つ場合があると思われる。

　実際に筆者が担当した農協の組合長の背任事件では、この「見せ金」の事件が入口となって、その後、背任事件や贈収賄事件に展開した。

(2)　そして、その取調べ上重要な点を2点挙げる。
　ア　まず、一つ目は、前項で説明した振込金保管証明書についてである。会社法は、発起設立の場合、同法34条2項が、発起人の払込について、株式の「払込みは、発起人が定めた銀行等（中略）の払込みの取扱いの場所においてしなければならない。」と規定し、募集設立の場合、同法63条1項が、「設立時募集株式の引受人は、（中略）発起人が定めた銀行等の払込みの取扱いの場所において、それぞれの設立時募集株式の払込金額の全額の払込みを行わなければならない。」と各規定している。

　　そして、同法64条1項は、発起人は、払込取扱銀行等に対し、払込金保管証明書の交付を請求することができる旨規定している。その上で、商業登記法47条2項は、株式会社の設立登記申請書に添付する書類について定めているところ、同項5号は、「会社法34条1項の規定（注：

発起設立の場合を指す。）による払込みがあったことを証する書面（同法57条1項の募集をした場合（注：募集設立の場合を指す。）にあっては，同法64条1項の金銭の保管に関する証明書）」を上記申請書に添付しなければならない旨規定している。したがって，募集設立によって株式会社を設立した場合は，設立登記の際，払込取扱銀行作成の払込金保管証明書が必要となるが，発起設立によって株式会社を設立した場合は，「払込みがあったことを証する書面」で足りるので，必ずしも払込金保管証明書が必要とされるわけではないという点に注意すべきである（実際のところ，株式払込金が振り込まれた銀行等の預金口座の通帳の写しで足り，また，それによって登記がされている。）。

また，新株発行の場合，会社法208条1項は，「募集株式の引受人は，(中略) 株式会社が定めた銀行等の払込みの取扱いの場所において，それぞれの募集株式の払込金額の全額を払い込まなければならない」と規定している。そして，商業登記法56条2号は，株式会社の変更登記における申請書の添付書類として，「金銭を出資の目的とするときは，会社法第208条1項の規定による払込みがあったことを証する書面」を要求しているに過ぎないので，新株発行に伴って発行済み株式総数につき変更登記をする際においても，必ずしも払込取扱金融機関作成の払込金保管証明書は必要ではないことにも注意すべきである。

イ　二つ目は，この種事件の捜査において必要とされる関係書類の入手方法についてである。「見せ金」事件の捜査に当たっては，株式会社設立登記申請書に添付した書類（定款，払込金保管証明書又は株式が払い込まれた銀行等の預金口座の通帳写し，創立総会の議事録，取締役・監査役就任を承諾したことを証する書面等）を入手する必要がある。これらの書類は，管轄法務局に存在するので，法務局から，株式会社設立登記申請書に添付された書類の写しを入手しなければならないことになる。しかしながら，法務局は，払込金保管証明書や取締役・監査役就任を承諾したことを証する書面の写しなどについては，捜査関係事項照会に応じられないとするのが実情である（したがって，捜査関係事項照会によって，これら

の書類の写しを入手することはできない。)。そこで，捜査官が，捜査関係事項照会書を持参して，法務局に赴き，上記書類を見せてもらい，これら書類を自ら写真撮影して写真撮影報告書を作成するという方法と，裁判所に差押許可状を発付してもらい，これを持参して法務局に赴き，同許可状を示して，上記書類の写しを入手するという方法があることを覚えておかれるとよいであろう（いずれの場合にも予め法務局の担当者に対し，法務局に赴く日時や目的等を連絡しておいたほうがスムーズに行くと思われる。）。

4 会社の自己資金を用いて自社への払込をする「見せ金」による増資について

　これは，株式会社が増資をする際，自分の会社の資金をその増資の引受先に貸し付けて払込をさせた場合であり，会社資金による払込と呼ばれているものであるが，これも「見せ金」の一つのパターンである。このような事件の参考となる平成17年12月13日最高裁決定（刑集59・10・1938）があるので紹介したい。この事案を簡略化して説明すると以下のような事案である。
　株式会社東京相和銀行（以下「東京相和銀行」という。）は，自己資本比率の向上を目的として第三者割当増資を計画したが，十分な引受先を確保することができなかった。そこで，東京相和銀行は，同銀行の会長のファミリー企業であり，かつ，同銀行の実質的支配下にあったT開発株式会社に株式を引き受けさせた。そのため，T開発は引受によって40億円を払い込む必要が生じた。この40億円については，東京相和銀行が用意したが，その方法は，同銀行がA会社に42億円を貸し付け，A会社はこの貸付金の中から，同じグループ内のB会社に対する借入金のうち40億円をB会社に返済し，B会社は返済を受けた40億円をT開発に貸し付け，T開発はこれを株式払込金として払い込んだというものである。このように，T開発が払い込んだ40億円は，東京相和銀行が間接的にT開発に融資したものであり，同銀行の資金が回り回ってT開発に移動したに過ぎないと考えることができる。したがって，この払込は，東京相和銀行の自己資金によりなされたものである。

しかし，そうであるからといって，このような払込が直ちに無効になるわけではない。東京相和銀行は，Ａ会社に対して42億円の貸付金債権を有している。つまり，同銀行がＡ会社から42億円を回収できるというのであれば，増資によって同銀行の資本は充実されたと考えることができる。しかし，この事案で本件最高裁決定は，<u>この42億円の貸付金債権は，Ｔ開発が40億円をＢ会社に返済しないと，同銀行においてＡ会社に返済を求めることができない旨の合意がなされていた上，Ｔ開発にはさしたる資産はなく40億円をＢ会社に返済できるような能力はなかったと認められたので，最高裁は，同銀行がＡ会社に貸し付けた42億円はＡ会社から返済されることは不可能に近く，したがって，同銀行のＡ会社に対する42億円の貸付金債権は実質的な資産とは評価できず，Ｔ開発の払込は無効であるとした。</u>これから分かるように，この種事案においては，増資をした会社の資金が回り回って株式払込金として戻って来ただけでは払込は無効となるわけではなく，要は，上記の42億円の貸付金債権が実質的に増資をした会社の資産と評価できるか否かという点についてしっかりとした捜査をすることが必要となる。

17　器物損壊事案の取調べ上の留意事項

> 器物損壊に関する取調べにおいて留意すべき事項は何か。

　刑法261条は，
　　（中略）他人の物を損壊し，又は傷害した者は，3年以下の懲役又は
　　30万円以下の罰金若しくは科料に処する。
と規定しているが，この罪は親告罪である（同法264条）。したがって，告訴がなければ起訴することはできないが，具体的な事件の捜査においては，誰が告訴権者であるのかを確定する必要がある。
　例えば，コンビニエンスストアの窓ガラスが破壊された事件が発生した場合を考えてみると，告訴権者は，原則として当該店舗の所有者であるが，当該店舗の所有者が誰であるのかについては建物の不動産登記簿謄本を取り寄

せてそれを見れば判明する。もし，建物の不動産登記簿謄本を確認した結果，その店舗建物がAの所有であることが判明し，さらにコンビニエンスストアの経営者Xも取り調べたところ，XがAから建物を賃借してコンビニエンスストアを経営していることが判明したとしよう。この場合，Xも告訴権を有するのかが問題となるが，現在では，このような賃借人は，法的に保護に値する独自の利益を有するものとして告訴権を有すると解されている。もっとも，このような事例の場合は，XからだけでなくAからも告訴状を提出してもらうようにした方がよい。また，上記の店舗建物の賃借人，かつ，コンビニエンスストア経営者が会社である場合も考えられるが，そのような場合は，告訴権を有する賃借人は当該会社であるので，当該コンビニエンスストアに常駐している責任者が従業員にすぎない場合（その従業員の地位が店長であったとしても。）は，当該従業員がコンビニエンスストアを経営する会社を代表して告訴することはできないので，この点は注意を要する。あくまでも，代表者に告訴状を作成して提出してもらわなければならない（ただし，会社の代表者が，当該コンビニエンスストアの店長に告訴について委任している場合は別である。その場合も，委任されていることが証明できるよう代表者から店長宛ての委任状を証拠物として提出させる必要がある。）。

　さらに，国や地方公共団体の所有物件について，誰が告訴権を有するのかを判断するに当たっては，法令だけでなく内部規則等をよく調査した上で，真に告訴権を有する者から告訴状の提出を受けるようにしなくてはならない。例えば，ある警察署が使用しているパトカーが損壊された場合，告訴権者は，当該警察署の署長なのか，県警本部長なのか，県警本部総務部長なのか，県知事なのか等々が考えられるが，誰が告訴権者であるのかについては，必ず，法令，内部規則等をよく調査して判断すべきである。

　次に，例えば，建造物損壊罪は建造物の一部を損壊した場合でも成立するので，建物の玄関ドアが損壊された場合のように建造物に取り付けられた物を損壊した場合，器物損壊罪・建造物損壊罪のいずれに該当するのかが問題になる場合がある。この点については，平成19年3月20日最高裁決定（判時1963・160）が参考になる。

　この事案は，被告人が，市営住宅1階にある元妻方の玄関ドアを金属バッ

トで叩いて凹損させるなどしたというもので，被告人は建造物損壊罪により起訴されたが，弁護人が，「本件ドアは，適切な工具を使用すれば容易に取り外し可能であって損壊しなければ取り外すことができない状態にあったとはいえず，器物損壊罪が成立するにすぎない。」などと主張した。これに対し，本件最高裁決定は，「建造物に取り付けられた物が建造物損壊罪の客体に当たるか否かは，当該物と建造物との接合の程度のほか，当該建造物における機能上の重要性をも総合考慮して決すべきものであるところ，上記事実関係によれば（本件ドアは5階建て市営住宅1階にある居室の出入口に設置された，厚さ約3.5cm，高さ約200cm，幅約87cmの金属製開き戸であり，同ドアは上記建物に固着された外枠の内側に3個のちょうつがいで接合され，外枠と同ドアとは構造上家屋の外壁と接続しており，一体的な外観を呈している。），本件ドアは，住居の玄関ドアとして外壁と接続し，外界とのしゃ断，防犯，防風，防音等の重要な役割を果たしているから，建造物損壊罪の客体に当たるものと認められ，適切な工具を使用すれば損壊罪に該当せずに同ドアの取り外しが可能であるとしても，この結論は左右されない。」と判示した（この最高裁決定を解説する最高裁調査官は，「従来の判例が，建造物損壊罪の建造物該当性の判断にあたって，『毀損せずに取り外し可能か』を基準としてきたとの理解は，必ずしも正確とはいえないであろう。」としている。《曹時第61巻4号305頁以下》）。

　もっとも，どのような判断がなされてもよいように，念のために所有者から告訴を取っておいた方がよいであろう。

18　公務執行妨害事件の取調べ上の留意事項

> 公務執行妨害に関する取調べにおいて留意すべき事項は何か。

1　基本的構成要件について

刑法95条1項は，
　　公務員が職務を執行するに当たり，これに対して暴行又は脅迫を加え

た者は、3年以下の懲役若しくは禁錮又は50万円以下の罰金に処する。と規定しているが、本罪が成立するためには、①相手方が公務員であること、②公務員が適法に職務を執行中であるか、執行しようとしていること、③その公務員に対し、暴行・脅迫を加えたことが要件であるところ、それらの外形的事実については、被害者が公務員であることから、通常は、被害者の供述等により明らかになり、被疑者の取調べに当たって問題となるのは、それらの要件についての故意、つまり、それらの要件を認識、認容していたかどうかに係ることが多い。

2　駐車監視員は公務員か

(1)　まず、①の公務員性については、例えば、私服警察官に逮捕された際に抵抗し、相手が公務員とは思わなかったという弁解がなされることがある。真実、相手が公務員であると知らずに暴行等を加えたのであれば、公務執行妨害は成立しない。ただ、実際には、警察官であることを分かりながら単なる否認として分からなかったと言っている場合が多いことから、取調べに当たってはその真偽を見極めるように努めなければならない。

　この点に関して、駐車監視員に対し、暴行を加えたため公務執行妨害罪で逮捕された被疑者が、「駐車監視員が公務員であることは知らなかった。」などと弁解することがある。

　改正道路交通法が平成18年6月1日から施行され、駐車監視員が違法駐車車両の確認等の事務を行うようになった。駐車監視員は、道路交通法51条の12第7項により、

　　　刑法その他の罰則の適用に関しては、法令により公務に従事する職員とみなす。

と規定されているので、駐車監視員が違法駐車車両の確認等の事務を行っている際、同人に対して暴行や脅迫を加えた場合には公務執行妨害罪が成立することになる。

　そこで、逮捕された被疑者が上記弁解をし、その弁解が嘘でないならば、被疑者には公務執行妨害罪は成立しないのであろうか。これは、公務執行

妨害罪が成立するためには，被疑者において，暴行・脅迫を加えた相手方が「公務員」であることを認識していたことが必要であるが，被疑者にこのような認識があったといえるためには，被疑者がどのような事実を認識していればよいかという問題である。

　これを考える上で参考となる事例として，平成14年12月16日東京地裁判決（判時1841・158）がある。この判決の事案は，被告人は自動車販売修理業を営むA社の代表取締役であり，B社は国土交通省関東運輸局長から指定を受けたいわゆる民間車検場で，CはB社の代表取締役かつ自動車検査員としてB社で整備された自動車が法定の保安基準に適合する旨を証明する業務に従事していたものであるが，CがA社の自動車16台について法定の整備・検査を全く行わなかったのに，これらが保安基準に適合している旨の虚偽の証明をし，その報酬として小切手を受領したという贈収賄事件である。Bは道路運送車両法94条の7によって，「刑法その他の罰則の適用については，法令により公務に従事する職員」とみなされる。

　この事案において，被告人は，Bがみなし公務員であることは知らなかったなどと供述したが，その一方で，「陸運局の行う車検制度が公的な制度であることは分かっていた。車検証が公的な文書であることも分かっていた。車検を受けるには自動車が基準に適合しているかを検査する必要があり，本来ならばそれは陸運局に自動車を持ち込んで検査をしてもらい，検査を通して車検証をもらうものであるが，その代わりに，民間車検場に自動車を持ち込んで検査をしてもらい，その後どういう手続を踏むのかは分からなかったが，何らかの手続を踏んで車検証が下りるということは分かっていた。」旨供述していたところ，本件判決では，「被告人は，民間車検場において自動車の検査をした上で手続を踏んで車検証の交付を受けることになること，すなわち，民間車検場の職員が陸運局と同様の法的効果を生ずる検査を行っていることを認識していたというべきであり，結局のところ，被告人は，車検を受けるための自動車の検査について，民間車検場の職員等は陸運局の職員と同様の立場にあることを認識していたものにほかならないというべきである。そうすると，被告人は，自動車検査員が刑法の適用について公務員とみなされることを直接知らなかったとし

ても，その実質的根拠となる事実の認識はあったものというべきである。」として贈賄罪の成立を認めた。

　この裁判例を参考にすると，本件の問題点では，①駐車違反の取締りは警察官が行っていた，②警察官に代わって，この仕事を民間人が行うようになったことは知っていた，③従来と同じように駐車違反で取締りを受けた場合には最終的には反則金を支払う義務があることは分かっていたことを被疑者が認識していれば駐車監視員が「公務員」であることの認識はあったと判断してよいし，仮に②については知らなかったと供述しても，駐車監視員は制服を着用しているのであるから，それを目にした被疑者は，駐車監視員のことを「駐車違反の取締り業務をしている者」であると認識したはずであり，これに加えて，①及び③を認識していれば，公務員性を認識していたと判断してよいと考える。取調べに当たっても，これらの要件を満たす状況にあったかどうかを被疑者に追及すべきであろう。

(2)　次に，②の職務執行性については，例えば，相手方が公務員であるとは思っていたものの，職務外の行為であると認識していた場合も，この要件に対する認識，認容を欠くことになるから，公務執行妨害は成立しない。もっとも，職務外かどうかは，警察官の場合は，例えば，退庁後とか非番の時であっても，その職務自体において国民の保護を図ることが任務とされている以上，職務遂行性が認められることも多い。例えば，現行犯逮捕や緊急執行などは，当然に職務行為となるから，非番の時であっても，その執行時は職務外にはならない。そこで，被疑者において，警察官である相手方がそのような外形的行為に出ているという認識さえあれば，仮に非番の時であっても職務執行性を満たすことになる。

　ただ，この②要件は，職務が適法であることを求めている。したがって，当該職務執行が違法であると認められた場合は，その職務執行をしている公務員に対して暴行等を加えても公務執行妨害は成立しない（もっとも暴行罪の構成要件は満たすことになる。）。そこで，問題となるのは，当該公務員の行為は適法な職務行為であるのだが，被疑者がその行為を違法であると思って抵抗して暴行等を加えた場合である。このような場合には，本罪

の故意が認められるかどうか問題となる。

　この場合，職務執行の違法性を認識した内容如何によって故意の有無が左右されると考えるべきである。例えば，緊急執行により逮捕されようとした際，告知された被疑事実が聞き取れず，何もいわずに逮捕されるのは違法だと思って抵抗して暴行等を加えた場合には，被疑者の認識における事実関係では被疑事実が告知されない逮捕となることから，事実の錯誤となり，故意を阻却する。一方，被疑事実の告知を受けたものの，そのような事実は身に覚えがないから，違法な逮捕状が出されていたのだと思ったのであれば，それは逮捕状が出されており，その被疑事実の告知も受けたことは認識しているので，法律の錯誤となり，故意は阻却されないと考えるべきであろう。

　取調べにおいて，被疑者が事実関係をどのように認識していたのかを正確に把握することが，この適法性の認識に関する問題を処理する上で，極めて重要になることを認識されたい。

19　偽計業務妨害事案の取調べ上の留意事項

> 偽計業務妨害に関する取調べにおいて留意すべき事項は何か。

1　基本的構成要件について

刑法233条は，

　　（前略）偽計を用いて，（中略）その業務を妨害した者は，3年以下の懲役又は50万円以下の罰金に処する。

と規定しているが，ここでいう「偽計」とは，人を欺き，あるいは，人の錯誤・不知を利用したり，人を誘惑したりするほか，計略や策略を講じるなど，威力以外の不正な手段を用いることをいう（条解刑法〈第2版〉652頁，弘文堂）。また，「業務」とは，職業その他社会生活上の地位に基づいて継続して行う事務又は事業をいう（同上654頁）。

2 平成21年3月12日東京高裁判決

インターネット上で殺人予告などをした場合には，本条違反が成立するかどうか問題となるが，平成21年3月12日東京高裁判決（判タ1304・302）が参考になる。

(1) 事案の概要

　この事案は，被告人が，平成20年7月26日，茨城県稲敷郡内の自宅において，同所に設置されたパーソナルコンピューターを操作して，そのような意図がないにもかかわらず，インターネット掲示板に，同日から1週間以内に東日本旅客鉄道株式会社土浦駅において無差別殺人を実行する旨の虚構の殺人事件の実行を予告し，これを不特定多数の者に閲覧させ，同掲示板を閲覧した者からの通報を介して，同県警察本部の担当者らをして，同県内において勤務中の同県土浦警察署職員らに対し，その旨伝達させ，同月27日午前7時頃から同月28日午後7時頃までの間，同伝達を受理した同署職員8名をして，上記土浦駅構内及びその周辺等への出動，警戒等の徒労の業務に従事させ，その間，同人らをして，被告人の予告さえ存在しなければ遂行されたはずの警ら，立番業務その他の業務の遂行を困難ならしめ，もって，偽計を用いて人の業務を妨害したというものであった。

(2) 「業務」の該当性

　この事案において，そもそも警察官による上記業務が偽計業務妨害罪における「業務」に該当するのかどうか，まず問題とされた。つまり，本件において妨害の対象となった警察官らの職務は「強制力を行使する権力的公務」であるから，同罪にいう「業務」に該当せず，同罪は成立しないと弁護側から主張されたのである。

　そして，この点について，本件東京高裁判決は，「最近の最高裁判例において，『強制力を行使する権力的公務』が本罪にいう業務に当たらないとされているのは，暴行・脅迫に至らない程度の威力や偽計による妨害行為は強制力によって排除し得るからなのである。

本件のように，警察に対して犯罪予告の虚偽通報がなされた場合（インターネット掲示板を通じての間接的通報も直接的110番通報と同視できる。），警察においては，直ちにその虚偽であることを看破できない限りは，これに対応する徒労の出動・警戒を余儀なくさせられるのであり，その結果として，虚偽通報さえなければ遂行されたはずの本来の警察の公務（業務）が妨害される（遂行が困難ならしめられる）のである。

妨害された本来の警察の公務の中に，仮に逮捕状による逮捕等の強制力を付与された権力的公務が含まれていたとしても，その強制力は，本件のような虚偽通報による妨害行為に対して行使し得る段階にはなく，このような妨害行為を排除する働きを有しないのである。

したがって，本件において，妨害された警察の公務（業務）は，強制力を付与された権力的なものを含めて，その全体が，本罪による保護の対象になると解するのが相当である（最高裁昭和62年3月12日第一小法廷決定・刑集41巻2号140頁も，妨害の対象となった職務は，「なんら被告人らに対して強制力を行使する権力的公務ではないのであるから，」威力業務妨害罪にいう「業務」に当たる旨判示しており，上記のような解釈が当然の前提にされているものと思われる。）。」旨判示して，警察の公務も本件のような場合には，「業務」に含まれるとしたものである。

(3) 軽犯罪法1条31号との関係

また，次に，本件では，被告人の行為は，軽犯罪法1条31号の
　　他人の業務に対して悪戯などでこれを妨害した者
のうちの「悪戯など」に該当するにとどまるものであるとの主張もされた。

ここでいう「悪戯」とは，「一時的なたわむれで，それほど悪意にないもの」であるといわれている（大コメ刑法〈第二版〉12・100。昭和40年10月25日台東簡裁判決・刑裁月報6・10・1104は，「『他人の業務に対して悪戯などでこれを妨害した』とは客観的に見て面白半分でするような行為またはこれに類するような行為で他人の業務に対して，その円滑な運用を妨げることを意味するものと解するを相当」とする旨判示している。）。この軽犯罪法違反の罪は，広く他人の業務を妨害する行為を禁止しようとする趣旨の規定であ

るから，偽計を用いて人の業務を妨害するに至れば，偽計業務妨害罪が成立すると考えるべきである。

この点についても，本件判決は，「軽犯罪法1条31号は刑法233条，234条及び95条（本罪及び公務執行妨害罪）の補充規定であり，軽犯罪法1条31号違反の罪が成立し得るのは，本罪等が成立しないような違法性の程度の低い場合に限られると解される。

これを本件についてみると，被告人は，不特定多数の者が閲覧するインターネット上の掲示板に無差別殺人という重大な犯罪を実行する趣旨と解される書き込みをしたものであること，このように重大な犯罪の予告である以上，それが警察に通報され，警察が相応の対応を余儀なくされることが予見できることなどに照らして，被告人の本件行為は，その違法性が高く，『悪戯など』ではなく『偽計』による本罪に該当するものと解される。」旨判示した。

いずれについても極めて妥当な判断であるといえよう。

3　取調べ上の留意事項

警察の業務であるから一律に偽計業務妨害の対象にならないと考えるのは誤りであり，本件判決のように，事案に応じて解釈すべきであることを忘れてはならない。

そして，虚偽通報さえなければ，本来，遂行されたはずの当該所轄警察署の業務ができなくなっていることから，当該業務への妨害が認められるという関係にあるのである。

また，本件のような業務の妨害が単なる「悪戯など」に該当するはずもないので，安易に軽犯罪法を適用しようと思ってはならないところである。つまり，軽犯罪法1条31号違反の罪が成立し得るのは，業務妨害罪が成立しないような違法性の低い場合に限られると解され，違法性の程度が高いと考えられる上記事案については同号違反の罪は成立しないと考えられる。

結局，このような事件の捜査・取調べにおいては，犯行の態様・目的・妨害の程度をよく検討することが重要であるといえよう。

20 公務員犯罪の取調べ上の留意事項

> 公務員犯罪の被疑者取調べにおいて留意すべき事項は何か。

　公務員犯罪として想定されるのは、公金横領、虚偽公文書作成、収賄などであろうが、公務員犯罪だからといって、他の事件の取調べと特に異なるところはない。

　在宅での取調べが連日にわたる場合など、勤務先の官庁にその理由を述べて、取調べのために職務を中断して来てもらうことを手配させることがある程度である。

　筆者が、旧厚生省のキャリア官僚を収賄の疑いで連日取り調べていた際も、その勤務先の上司には事情を説明して、取調べのために勤務を中断することの了解をとらせていたことがある。

　金銭の授受は、当該官僚も贈賄業者も認めていたことから、刑事処分とは別に勤務先において人事上の処分を受ける可能性があったが、そのようなことも理解させた上で、取調べに臨むように伝えておくことが必要であろう。

　もっとも、公務員犯罪に限ったことではないが、特に、公務員の場合、刑事処罰を受けることは社会的な注目を集めることから、単に、刑罰を受けるにとどまらず、厳しい社会的な制裁が加えられることとなるため、取調べの際の抵抗の度合いも激しいものとなる傾向がある。

　しかしながら、そこに犯罪が存する以上、自らの過ちを率直に認めさせるように情理を尽くして説得することである。

　そして、どのように否認しても、もはや逃げることはできないということを毅然として伝えることであろう。

　ただ、社会的な制裁を怖れて、自殺するおそれもないとはいえないので、在宅での取調べにおいては、そのリスクをよく考えて、強制捜査に移行すべき時期を見誤らないことである。

21　被疑者の職務権限の取調べ上の留意事項

> 被疑者の職務権限に関する取調べにおいて留意すべき事項は何か。

　贈収賄に関する職務権限についての捜査は，捜査開始後，速やかに実施すべきである。これは身分犯における身分同様に，客観的に確定させなければならない事柄であることから，本来的には関係者の供述によって確定するようなことではないからである。

　ただ，職務権限と認定されるものの中には，必ずしも法令や規則などで確定的に記載されているものだけではなく，事実上，それが被疑者の職務内容となっているものもある。そのような場合には，被疑者のみならず，その周辺の関係者から被疑者の実際の職務内容がどのようなものであって，被疑者の権限の範囲としてどの程度まで認められていたのかということを個々の供述や，それを支える物証（例えば，物品購入に関する職務権限が一定の範囲で被疑者に認められていたような場合であれば，宛先が被疑者になっている納品書等）なども早期に収集しておくべきである。少なくとも，職務権限に関する捜査が強制捜査着手時点までに終了していないなどということは絶対にあってはならないことである。

22　取締役等の贈収賄事件の取調べ上の留意事項

> 会社法967条に規定する取締役等の贈収賄罪の取調べにおいて留意すべき事項は何か。

　会社法967条1項は，株式会社の取締役等が，
　　その職務に関し，不正の請託を受けて，財産上の利益を収受し，又はその要求若しくは約束をしたときは，5年以下の懲役又は500万円以下の罰金に処す。
としており，同条2項でその相手方となる贈賄者に対しては，3年以下の懲

役又は300万円以下の罰金に処することとされている。この規定は、もともと商法493条に規定されていたものであるところ、平成17年の商法改正の際に、同じ規定が会社法に移されたものである。

そもそも、この規定は、帝人事件に起因して内閣が倒壊した経緯に鑑みて立法されたものであるところ、株式会社の取締役などの役員には、その会社の経営などに関して多大な権限があることから、その権限や地位を利用し、不正を働く場合には、その弊害も相当なものに上ると考えられることなどから、その責任については公務員などの場合と同視し、これら会社役員の瀆職罪を公務員の場合と同様に処罰することとしたものである。

この種事件の取調べに関する留意事項としてもっとも重要なことは、この事件それ自体ではなく、会社犯罪や一般的な経済事件の捜査をしている時である。つまり、それらの事件の捜査の際に、この会社法に規定される贈収賄事件がないかどうかのアンテナを張り巡らせ、その上で、被疑者なり、参考人なりを、その観点をも踏まえて取り調べているかどうかということである。実際のところ、これまでこの規定による摘発事例はほとんどないのではないかと思われる[4]。たしかに、その構成要件において、「不正の請託」などが求められていることから、公務員の単純収賄よりは要件が厳しくはなっている。しかしながら、収賄の対象となる者が一般的な株式会社の取締役であればよいのであるから、決してこの分野の瀆職が公務員の場合と比較して少ないとは思われない。例えば、金融機関である株式会社の取締役が貸付に当たって、不良貸付先から請託を受け、それを了解する対価として金銭等を受領するケースが全くないとは考え難いであろう。このような場合、背任罪等はよく検討すると思われるが、同様に、この会社法上の収賄罪についても検討しておかなければならない。実際のところ、不慣れであるがゆえに、この規定の適用に消極的になっているのではないかと懸念されるところである。

そこで、この収賄罪の取調べをするに当たっての留意事項であるが、通常の贈収賄事件の捜査とまったく同じである。ただ、その要件の中でも、この

---

[4] いわゆる造船疑獄事件のうちの一部の事件で、新聞社の社会部副部長が旧商法493条1項の主体となる使用人に該当するとして起訴された事例はある。しかし、昭和37年5月17日東京高裁判決（判時311・31）では、上記の者は主体たりえないとしてこれを否定した。

種事件では,「不正の請託を受けて」の立証がポイントになることが多いであろうと思われる。そして,その文言の解釈であるが,まず,「請託」とは,一定の職務行為を行うこと又は行わないことを依頼することである。次に,それを「受けて」というのは,単に,相手の話を聞くというだけでなく,それを承諾して受け入れることである。

その上で,「不正」というのは何を指すかであるが,一般的には,株式会社における役職の職務上の義務に違反する一切の行為といわれている。そして,具体的にどのようなことを指すかについては,まず,本条の立案審議の際には,「会社重役が一部株主の依頼を受けて,悪意を持って故意に名義書換を拒み,そのために財産上の利益を得た場合」(昭和12年3月24日第70回帝国議会衆議院商法中改正法律案委員会議事録第4回15頁)や,「取締役が他の会社から材料を仕入れる際,一般の市価よりも特に高く買い上げてやり,相手から特別の割戻しとしてのコミッションを受け取る場合」(同月29日同議事録第9回39頁)を考えていたようであるし,それ以外にも,取締役が会社の手形を濫発するような場合,法令・定款・株主総会の決議等に反することを内容とする場合,背任的な行為を内容とする場合,その他,会社に損害を加えることを内容とする場合などが挙げられよう。

23 マネー・ローンダリング事件の取調べ上の留意事項

> マネー・ローンダリングの被疑者取調べにおいて留意すべき事項は何か。

1 マネー・ローンダリング事件の捜査上の問題点

まず,マネー・ローンダリングが問題となる事案では,外形的な資金の流れが判明しているのが通常である。というのは,マネー・ローンダリングとして取り上げられるのは,まず資金の流れが尋常ではないことから,それが端緒となって捜査が進められることになるからである。そのため,被疑者の

取調べとしては，そのような資金の流れに関する被疑者の認識，前提犯罪に関する認識など主観的要件を立証するための取調べが中心となる。

マネー・ローンダリングで最もよくみられるのは，組織的犯罪処罰法10条1項の犯罪収益等取得事実仮装罪であろう。この罪では，犯罪収益等の取得の原因について事実を仮装することが実行行為であるところ，上述したように，資金的な流れは客観的に明らかになっていることが多く，取調べの際の問題点は，当該資金についての犯罪収益性の認識にしぼられているのが通常である。

2　犯罪収益性の認識について

犯罪収益等であるとの認識について，どの程度のものが求められるのか問題となる。

(1)　まずは，当該犯罪収益等について，それが作り出された「前提犯罪」の内容についてどの程度認識している必要があるか検討しなければならないが，この点については，平成18年11月2日大阪高裁判決（刑集61・9・835）が明確な指針を示している。

すなわち，同判決によれば，「組織犯罪処罰法10条1項前段は，『犯罪収益等の取得若しくは処分につき事実を仮装し』た者に対し，同項所定の刑を科すことを規定したものであるから，同項前段違反の罪を認定するには，その構成要件である客体が『犯罪収益等』に当たることを示せば足り，当該犯罪収益等が生じる前提犯罪の構成要件該当事実を具体的に認定するまでの必要はないと解するのが相当である。」と判示しているように，当該前提犯罪の構成要件該当事実を具体的に認定するまでの必要はない。したがって，被疑者の認識としても，当該前提犯罪の構成要件となる日時，場所等を認識する必要はない。それゆえ，取調べにおいても，前提犯罪の内容を被疑者が具体的に知っているのであれば，それは供述させるべきであるが，仮に真実それを知らなかったり，また，知っていながら否認して供述しなかったりしたとしても，立証上差し支えるものではない。

(2) 次に，被疑者の「犯罪収益等」についての認識については，どの程度のものが要求されるのか問題となる。つまり，収受した収益が犯罪収益であることの認識があるというためには，前提犯罪とされている犯罪のうちの特定の犯罪によるものであることの認識が必要なのかということが問題とされるのである。

　この点については，前提犯罪が異なっていても，犯罪収益等取得事実仮装罪の構成要件としては同一である以上，理論的には，前提犯罪とされているうちのいずれかの犯罪によるものであることの認識で足りるというべきであると解されている（川出敏裕「日本におけるマネーローンダリングの規制」佐伯仁志・金光旭『日中経済刑法の比較研究』174頁）。

　したがって，平成29年の組織的犯罪処罰法改正前は，前提犯罪を別表で一々列挙していたことから，その別表に含まれているいずれかの犯罪であるとの認識があれば足りるのであった。

　しかしながら，それでも別表に含まれている犯罪であることに認識は必要とされたことから，当該犯罪収益等が別表に含まれている犯罪に起因するものとは思わず，そこに含まれていない別の犯罪である脱税による資金であると思っていたと否認した場合には上記の理屈は通用しない（改正前には脱税は前提犯罪から除外されていた。）。そのため，実際にその弁解が通って無罪とされた事件もあった（クレディスイス銀行行員による五菱会事件：平成18年3月22日東京地裁判決・公刊物未登載）。

(3) ところが，平成29年の組織的犯罪処罰法改正により，前提犯罪の規定の仕方が変わり，同改正法2条1項1号により，

　　　財産上の不正な利益を得る目的で犯した次に掲げる罪の犯罪行為（中略）により生じ，若しくは当該犯罪行為により得た財産又は当該犯罪行為の報酬として得た財産
　　イ　死刑又は無期若しくは長期4年以上の懲役若しくは禁錮の刑が定められている罪（後略）

とされたことから，前提犯罪についての認識としては，少なくとも長期4年以上の懲役刑等が定められている罪であると認識していれば，それが恐

喝罪だと思っていようが，詐欺罪であると思っていようが問題はないことになる。このような規定の仕方であれば，脱税も長期4年以上の懲役刑が定められていることから，上記の無罪事件においても，その主張は意味をなさず有罪が宣告されたことになる。

したがって，マネー・ローンダリング事件の取調べにおいては，当該資金が長期4年以上の刑のどれかに該当する前提犯罪により得られたと思っていれば足りることになる。

もっとも，そのような法定刑の重さについては，一般人において，ある特定の罪の法定刑が長期4年以上の懲役刑等であるかどうかの判別は無理であろう。

したがって，このような場合の認識内容については，犯人隠避の場合と同様に考えればよいものと思われる。

同罪は，刑法103条において，犯人を隠避させる行為を禁じているが，この場合，「罰金以上の刑に当たる罪を犯した者」を「隠避させた」場合に犯罪が成立するところ，「罰金以上の刑」がどのような刑であるか一般人には必ずしも明らかではないものの，「犯人隠避罪の成立には，罰金以上の刑が法定されている当該『犯罪事実』を認識していれば足り，その刑が罰金以上であることの認識までは必要でない。」（平成13年11月20日福岡高裁判決・高検速報（平13）232）と解されているのと同様に，当該長期4年以上の懲役刑等が定められている罪の「犯罪事実」を認識していれば足りると解されることになる。

(4) それゆえ，マネー・ローンダリング罪の被疑者の取調べに当たっても，被疑者が前提犯罪として，それが長期4年以上の懲役刑等が定められているという法律知識は不要であって，その犯罪収益の内容になる犯罪事実を認識していれば足り（例えば，恐喝を実行したとの認識であれば，それだけで足りる。），その日時，場所等の構成要件に該当するまでの詳細な事実を認識するまでの必要はないということになる。

そのような事柄に関する認識についての供述を得られればよいということを念頭に置いて取り調べればよい。

24 薬物事犯の取調べ上の留意事項

> 薬物犯罪における被疑者取調べにおいて留意すべき事項は何か。

　薬物犯罪の被疑者には，いろいろなタイプの者がいるが，こと使用罪に関していえば，一般的には，逮捕・勾留されたことについて，やはり後悔している者も多い。

　このような者たちには，やはり，薬物の使用を止めるように説得することから始めるべきであろう。その説得に耳を傾けようとしているときには，本当に薬物使用を止めようと思っている者もたしかにいるからである。

　ただ，そのような者たちは，喉元過ぎると熱さを忘れるというタイプが多いため，取調べを受けている時は真実そう思っていても，自由の身になって誘惑にかられた時，取調べの際に，もう絶対にしませんと言っていたことを忘れて再犯に及ぶというパターンも多いものと思われる。

　しかしながら，どうせそうなるんだからと思って，薬物使用を止めさせるように説得をすることが無駄だと思うのは誤りである。全ての者が再犯に及ぶわけではないというのも一面の真実である以上，少しでも更生しようとする者を増やしていくという姿勢を失ってはならないからである。

　また，取調官が本当に薬物使用を止めさせて立ち直らせようと思って取り調べる真摯な姿勢は被疑者の心に響くものである。

　したがって，犯行状況や犯行に至る経緯の中で，被疑者の薬物への依存を断ち切るために何が必要であるのかを真剣に考えるなど，真摯な態度での取調べが，薬物犯罪における被疑者に真実を供述させるための取調べのスタートとなる。

　もっとも，薬物使用犯罪者の中には，妄想や幻覚に襲われてしまって，およそ取調べにならない者もいるのも事実である。そのような場合であれば，取調べによって何かを変えるなどというのはもはや不可能であるといわざるを得ず，被疑者の供述に頼らない捜査をするのみであるというしかないであろう。

　一方，薬物犯罪のうちでの密売等に関わる犯罪は，純粋な利得犯であり，

また，組織犯であることから，上述したものとは全く異なった取調べが必要となる。このような場合は，暴力団被疑者の取調べ（第2章③参照）と共通するものであり，そこで述べたように，どのような否認をも許容しないという毅然とした態度での取調べが肝心である。

もっとも薬物犯罪のうちで，航空手荷物での持ち込みによる外国人の密輸事犯などでは，被疑者が薬物が入っているとは知らなかったと否認するのが通常であるところ，このような場合に，被疑者に真実を供述させることは至難の業である。通訳を介する必要もあることから，そのような状況でいくら彼らの主張の不自然性を説得してもこれに応じようとする者が非常に少ないのは事実であろう。

しかしながら，それでも中には真実を供述する者もいるはずであるとの強い信念をもって取調べに臨むことが望まれるところである。

25 銃器事犯の取調べ上の留意事項

> 銃器犯罪の被疑者取調べにおいて留意すべき事項は何か。

これも暴力団被疑者によってなされることが多く，その場合には，基本的には先に述べた暴力団被疑者に対する取調べ要領と同様である（第2章③参照）。

ただ，銃器の所持に関しては，被疑者方から拳銃等が発見されても，拳銃本体がそのまま裸の状態で見つかることは少なく，何らかで包装されているのが通常であるところ，そのような場合には，「知り合いから頼まれて預かっただけだから中身は知らなかった。」などの弁解がなされることがある。

しかしながら，拳銃等はそれなりの重量があることから，それが何か分からずに預かるような性質のものではないので，預かった時の状況や預かった物件の保管場所，保管方法などが，一般日用品とは異なっている状況などを把握した上で，分からないはずはないとの確信をもって取調べに臨むべきである。

この点が問題となったものとして，暴力団組長の内妻が夫の配下の者から中身を明示的に確認することなく預かった段ボール箱に拳銃及び適合実包が入っていたという事案において，第一審は，被告人である内妻が暴力団員である内縁の夫の配下の者から具体的説明のないまま段ボール箱の保管を依頼され，何ら中身を確認することなく，実家に密かに運び入れて保管したことや，ガムテープで封がされているという段ボール箱の外観やその重さ等から，被告人には，組事務所等に保管しておくと警察等に発見されて摘発・検挙されるおそれが高いものであり，拳銃及び実包を含む禁制品であるという認識があったと推認することができるとして，概括的かつ未必的な故意を認めた。

しかしながら，控訴審である平成20年10月23日東京高裁判決（判タ1290・309）は，「原判決の説示する事情は，被告人に，段ボール箱の中身が，組事務所等に保管し警察等に発見されたりすると望ましくない物であるという認識があったことを推認させるものではあるものの，そのような物には，違法な各種の取引等を記載した帳簿類や組織内部の具体的活動状況を記載した書類等，それ自体の所持が違法である訳ではないが，組織の摘発，検挙に繋がるような物も多々あり得るのであるから，より具体的に，段ボール箱の中身がけん銃及び実包であるかもしれないという認識があったことまでをも推認させる事情である，ということはできない。」として，故意を否定した。

少なくとも判決文から窺える事実関係からして，被告人に故意を認めるのが妥当と思われる事案であり，本件東京高裁判決の判断は不当であると思われるが，このような判断がなされることもあると認識した上で，故意を推認させる間接証拠，間接事実の収集に努めるとともに，それら証拠を適宜なタイミングで用いることにより，被疑者から真実を供述させるように努めるべきである。

また，暴力団員がその親分の警護のために拳銃を所持することがあるが，親分は，自分は拳銃で警護しろとは言っていないし，それを容認したこともないので，共同所持になることはないと否認することがある。しかしながら，この点に関しては，次の各最高裁判例により一定の方向性が示されている。

これはいずれも暴力団山口組の幹部による犯行であるところ，まず，平成15年5月1日最高裁決定（刑集57・5・507）では，暴力団組長である被告

人（K）が，自己のボディガードらの拳銃等の所持につき，彼らに対して拳銃等を携行して警護するように直接指示を下していなくても，ボディガードの役割に関する被告人の日頃からの理解，被告人の地位及びボディガードとの関係，逮捕当時の被告人とボディガードとの位置関係等から，ボディガードが被告人を警護するために拳銃等を携行していることを概括的とはいえ確定的に認識し，かつ，彼らと行動を共にしていたとして，拳銃等の所持の共謀共同正犯の成立が認められた（いわゆる「スワット」事件）。

また，平成17年11月29日最高裁決定（裁判集刑事288・543）は，親分である被告人（S）を警護するため拳銃等を所持していた暴力団組員と警護対象者である親分との間において拳銃等の所持につき，「被告人は，本件当時，配下の組員らが被告人に同行するに当たり，そのうち一部の者が被告人を警護するためけん銃等を携帯所持していることを，概括的とはいえ確定的に認識し認容していたものであり，実質的にはこれらの者に本件けん銃等を所持させていたと評し得るなどとして，本件けん銃等の携帯所持について被告人に共謀共同正犯が成立するとした原判断は，正当として是認できる」として，共謀の存在を肯定した。この事案では，第一審判決は，被告人を無罪としたが，控訴審である平成16年2月24日大阪高裁判決（判時1881・140）は，拳銃等を所持していた者が被告人の近辺において被告人と行動を共にしていたこと，拳銃等を所持していた者に対する指揮命令の権限を有する被告人の地位及びこれらの者による警護を受けるという被告人の立場が考慮されて，「共謀の事実は関係証拠によって優に認められるというべきである」として，原判決を破棄し，有罪判決を下したところ，本件最高裁判決もこれを支持したのである。

したがって，このような客観的事実関係を明らかにする捜査を遂げると共に，親分の立場の者が否認しても，共謀が認められる余地があることを念頭に置いて，否認を突き崩すための努力をすべきであろう。

26　軽犯罪法1条2号違反の取調べ上の留意事項

> 軽犯罪法1条2号違反の取調べにおいて留意すべき事項は何か。

軽犯罪法1条2号は，

　　正当な理由がなくて，刃物，鉄棒その他人の生命を害し，又は人の身体に重大な害を加えるのに使用されるような器具を隠して携帯していた者

を，拘留又は科料に処する旨規定している。

同号違反の事件について，平成21年3月26日最高裁判決（刑集63・3・265）が参考になる。

この事件の公訴事実の要旨は，「被告人は，正当な理由がないのに，平成19年8月26日午前3時20分頃，東京都S区の路上において，人の生命を害し，又は人の身体に重大な害を加えるのに使用されるような器具である催涙スプレー1本をズボンの左前ポケット内に隠して携帯したものである。」というものであった。

弁護人は，(1)本件スプレーは，2号にいう「人の生命を害し，又は人の身体に重大な結果を加えるのに使用されるような器具」に該当せず，(2)被告人が，本件当夜，同スプレーを隠匿携帯したことについては，同号にいう「正当な理由」があったと主張した。

最高裁は，まず，(1)の主張に対し，次のとおり判示した。

①本件スプレーは，米国の大手専門メーカーが護身用防犯スプレーとして製造したもので，内容量約11グラム，高さ約8センチの缶入りであり，その噴射液はCNガス（2-クロロアセトフェノン）を含有し，屋外でも風に影響されにくい水鉄砲のように目的物に向かって噴射することが可能なものである，②CNガスは，催涙性が極めて強く，人間の場合には0.3ppmで眼を刺激し，皮膚の軟弱部位が発赤し，高濃度になると結膜炎により失明することがある，③本件スプレーの広告には，「本製品は護身用の製品です。自己防衛・護身以外の目的で使用しないで下さい。」などの記載があり，上記①②によれば，同③のとおり暴漢等から襲われて身に危険が迫ったときなどに相手方

に向けて噴射し，身を守るために使用されることを想定した器具であることを考慮してもなお，本号にいう「人の生命を害し，又は人の身体に重大な危害を加えるのに使用されるような器具」に該当することは明らかであるとした。

次に，(2)の主張に対しては次のとおり判示した。

①被告人は，その勤務する会社で経理の仕事を担当しており，有価証券や多額の現金をアタッシュケースに入れて，東京都N区にある本社とS区にある銀行との間を電車や徒歩で運ぶ場合があったところ，仕事中に暴漢等から襲われたときに自己の身体や有価証券等を守る必要を感じ，護身用として催涙スプレーを入手しようとして本件スプレーを購入した，②被告人は，ふだん，かばんの中に本件スプレーを入れてN区の自宅から出勤し，仕事で銀行へ行くときには，同スプレーを取り出して携帯し，自宅に持ち帰った際にはかばんの中に入れたままにしていた，③被告人は事件当夜，自宅からS方面にサイクリングに出かけることにしたが，その際，万一のことを考えて護身用に本件スプレーを携帯することとし，前記かばんの中からこれを取り出してズボンの左前ポケット内に入れ，本件に至ったとし，本号にいう「正当な理由」があるというのは，本号所定の器具を隠匿携帯することが，職務上又は日常生活上の必要性から，社会通念上，相当と認められる場合をいい，これに該当するか否かは，当該器具の用途や形状・性能，隠匿携帯した者の職業や日常生活との関係，隠匿携帯の日時・場所，態様及び周囲の状況等の客観的要素と，隠匿携帯の動機，目的，認識等の主観的要素とを総合的に勘案して判断すべきものと解されるところ，本件のように，職務上の必要から，専門メーカーによって護身用に製造された比較的小型の催涙スプレー1本を入手した被告人が，健康上の理由で行う深夜路上でのサイクリングに際し，専ら防御用としてズボンのポケット内に入れて隠匿携帯したなどの事実関係の下では，同隠匿携帯は，社会通念上，相当な行為であり，上記「正当な理由」によるものであったというべきであるから，本号の罪は成立しないと解するのが相当であるとした。

このように，軽犯罪法1条2号違反事件の捜査においては，当該器具がどのような形状であり，その用途や性能はどのようなものなのかについて捜査

すること，及び「正当な理由」の有無については上記の指摘事項について捜査・取調べをすることが必要となる。

27 選挙犯罪の取調べ上の留意事項

> 選挙犯罪における被疑者の取調べにおいて留意すべき事項は何か。

選挙犯罪においては，被疑者についても，参考人についても，例えば，現金買収などの場合，現金等の「授受」と，それを渡す「趣旨」を必ず押さえておかなければならない。饗応事案でも同様である。

そして，この種事件では，供与者も受供与者も共に被疑者であることから，いわば密室犯罪であり，その授受の場面を第三者が目撃しているなどということは稀である。そのため，それら両被疑者が真実を供述しているかどうかのチェックは，秘密の暴露がないか追及するなど，慎重かつ厳正に行わなければならない。

また，それと共に重要な事柄としては，被疑者らのアリバイ捜査である。例えば，被疑者らに饗応接待をしたという事案において，そこに登場するすべての被疑者について，饗応接待をしたと思われる日時に参加可能であったかどうかはきっちりと調べておかなければならない。

筆者が応援に入った某選挙違反事件は，選挙後援会幹部に対する運動買収をするための饗応接待とその際に現金買収が行われたというものであった。

そこには十数人の幹部が参加しており，参加した者に対しては，自分が座った位置，そして，その他の幹部が座った位置などを，どの選挙違反事件でも必ずするように，この時も図面に書かせていた。また，そこに参加した幹部は，全員，その饗応接待と現金買収の事実を認めていた。

そして，それら参加者の供述から，主任検事は，その饗応接待が行われた日の特定に関して，昭和○○年○月○日と具体的な日にちを特定して想定していた。その日であれば，そこに参加した者全てにアリバイがなく，参加可能であったからであった。

ところが，捜査が進展する中で，各参加者のアリバイつぶしを行っていたところ，その中のＡという人物が，その想定された日にある観光地に旅行に行っており，時間的場所的関係からどうしても当該饗応接待の場に出られないことが判明した。しかしながら，このＡも当該饗応接待に参加したことを認めており，他の関係者の位置関係も図面で表示していた。

このＡを取り調べていたのは，この選挙違反の主任検事であったが，主任検事は，筆者に対し，もはや自分が取り調べていては，このＡが真実を供述しているのかどうか心証が取り切れないし，また，Ａとしても自分に一旦供述したことを変更するのをためらうかもしれないから，自分がこれ以上Ａの取調べをするのは困難であると言い，その上で，Ａを筆者に取り調べるように指示した。ただ，その際，もしＡが当該饗応接待に参加していないというのであれば，それで構わないし，それならこの饗応接待事件の立件自体を諦めるから，とにかく真実だけを聞きだしてくれとのことであった。

そこで，筆者において，Ａを呼び出し，Ａに対し，率直に否認してもらって構わないし，本当のことだけを言ってほしい，この饗応接待事件が本当にあったのかどうかだけを知りたい，違うならこの事件の捜査を止めても構わないと思っているなどということを率直に訴えた。すると，Ａは，「分かりました。検事さんがそこまで言うなら，私も本当のことを言いましょう。」と切り出した。

筆者は，Ａがどのように供述を変更させるのか見守っていたところ，Ａは，「今までお話ししていなかったことを申し上げます。いいですか。検事さん。我々のところでは，選挙があれば後援会長が一席設けて，選挙運動に参加する者を接待するのは当然のことですし，その際に現金を渡すのも当たり前のことなのです。ですから，私も後援会長から宴会をやるからと言って呼ばれた時，選挙も近いから当然そのための接待だなぁ思いましたし，現金もくれるんだろうなと思っていました。」，「そこで，実際に後援会長の自宅で宴席が設けられ，選挙をよろしく頼むという話なども出て，さんざん飲み食いした後，帰り際に会長の奥さんから手土産として紙袋を渡されたのです。」，「私は，お菓子か何かが入っているんだろうと思いましたが，それだけではなく，いつものように現金も入っているだろうと漠然と考えていました。」，「私は

その紙袋を自転車の前かごに入れて自宅に向かって走っていました。そして,自宅近くの交差点まで来たとき,私は,はたと大事なことに気付いたのです。私がそのまま自宅の玄関にたどり着いて家に入ったら,この紙袋をそのまま,ばあさんに渡してしまうことになる。そうなると,中のお菓子はどうでもいいけど,一緒に入っている現金までばあさんに渡してしまうことになる。それはまずいと考えました。」,「それで,私は,自転車を一旦停めて,そこで紙袋の中身を確認しました。すると,お菓子と思われる紙包みの下に,通常の大きさの郵便用の封筒が見えたのです。私はそれを見た瞬間,これは現金だと思い,私が思っていたとおりであったことが分かりました。私はその場では封筒の中を確認したりはしませんでしたが,そのようなことは必要ないと思えるほど現金の存在を確信したのです。」,「それで,私は自宅の玄関に通じる道を通るのを止め,遠回りになる裏道で自宅の裏口に通じる道を自転車で走りました。そして,自宅の裏口から入って,たたきを上がって,すぐ左側に水屋があるのですが,その水屋のちょうど中くらいの高さの位置に3つ並んだ引き出しがあるのですが,その真ん中の引き出しに,その封筒だけを入れました。」,「それから,大きな声で『ばあさん,帰ったぞ。』とばあさんに声をかけて,自宅の居間のほうに進み,ばあさんにお菓子の入った紙袋を渡したのです。」,「その後,水屋の引き出しから封筒を取り出して,その中身を確認したところ,1万円札が3枚入っていたのです。」,「検事さん,こんな話が作り話だと思いますか。これが本当のことです。後援会長の自宅で接待があったこと,それで現金をお土産にもらったこと,これはいずれも実際にあったことです。」などと供述した。

　このような具体的で,かつ,迫真性のある供述は,極めて真実性が高いものであるが,その裏付けをとったところ,A方の自宅の構造,また,水屋の存在,その形状など,更には,Aの妻がAから手土産をもらった際の状況などを確認したところ,すべてAの供述するとおりであったことが判明し,Aの供述の真実性が明らかとなった。

　実際のところ,想定した日時が誤っていたのであるが,その点の捜査をおろそかにしていたら,この事件は,Aのアリバイの存在によって瓦解していたものである。このように,会合に参加する者らのアリバイの捜査は,選挙

違反事件に限ることではないが，必要不可欠なものであることをよく認識されたい。

また，真実の供述を引き出すことが，真相解明にもっとも接近できるものであることもまた同様である。

28 過失犯の取調べ上の留意事項

> 過失犯の取調べにおいて留意すべき事項は何か。

1 業務上過失致死傷について

刑法は，209条から211条において，過失犯処罰のための規定を設けている。その中でもよく使われるのは，211条前段の業務上過失致死傷であり，

> 業務上必要な注意を怠り，よって人を死傷させた者は，5年以下の懲役若しくは禁錮又は100万円以下の罰金に処する。

と規定されているところ，過失犯はこの業務上過失致死傷の対象となる鉄道事故，労災事故，更には，医療事故だけでなく，特別法である自動車運転死傷処罰法による過失運転致死傷の対象となる自動車事故などさまざまな形態で存在する。

ただ，どのような場合であっても，過失犯の注意義務の構造として，予見可能性，予見義務，結果回避可能性，結果回避義務という各段階を立証しなければならないことは同様である。

そこで，事故が発生した場合において，その事故が予見可能なものであり，予見すべきであったのか，そして，それは回避可能なものであったのか，さらに，それを回避しなければならなかったのかという観点から捜査を実施することになる。

取調べにおいても，どうしてこのような事故が生じたのか，発生した事故から遡っていってどこに原因があったのかを割り出すように聞いていくべきであろう。

また，自動車事故などでは単独犯での過失犯となるのが通常であるが，それ以外の特殊過失事犯では，むしろ複数の被疑者の関与が認められることの方が多い。

　そのような場合，それぞれの被疑者にはどのような過失が認められるのか，個別に注意義務の内容を確定しなければならない。また，それら過失内容が被疑者相互においてどのような関係になるのか，全く独立した別々の過失内容になるのか，それとも重畳的に認められる過失内容になるのか，特に，後者の場合には，過失犯の共同正犯になるのかどうかも，取調べの過程で検討しなければならないこととなろう。

　これまでの起訴は，各自の単独の過失が競合して事故が発生したとする訴因がほとんどであったから，各自の過失内容を極力特定し，それが結果発生に因果関係を持っていることが立証できるように，それらの観点が取調べにおいても重視されていた。

　一方，過失犯の共同正犯を認めるなら，その要件として，相互の注意義務を相互に認識している必要があるが，その観点からの取調べとして，特に相互認識の供述の録取を怠ってはならない。

2　業務上過失致死傷以外の過失犯について

　このような過失犯が問題となるのは，自転車事故などである。

　自転車の運転者に対しては，自動車の運転者に対する場合と異なり，業務上過失致死傷罪として処罰するという扱いはされていない。というのは，業務上過失致死傷罪における「業務上」という概念は，「人が社会生活上の地位に基き反復継続して行う行為であって，かつ，その行為は他人の生命身体等に危害を加えるおそれのあるものであることを必要」とすると解されているところ（昭和33年4月18日最高裁判決・刑集12・6・1090），この考え方に従えば，自転車を運転することは，自転車が人力で動くものであり，比較的軽量でもあることなどから，他人の生命身体等に危害を加えるおそれのある行為とは考えられないからである。それゆえ，自転車を運転しての過失による事故については，業務上過失致死傷罪以外の重過失致傷罪（刑法211条

後段）か過失致傷罪（同法209条1項）の成立を検討することになる。

　この区別は実際のところ，捜査上かなり重要な問題となる。というのは，重過失致傷は，親告罪ではないものの，過失致傷が親告罪であることから（刑法209条2項），もし捜査官が重過失致傷罪であると考えて，被害者から告訴を取らないまま同罪で起訴したところ，裁判所で単なる過失致傷罪が認定された場合には，告訴の欠如による訴訟条件不備により，公訴棄却になってしまうからである。

　それゆえ，重過失致傷で立件する場合には，念のため被害者から告訴を取っておくことが必要である。

　ただ，この告訴期間は，「犯人を知った日から6か月」（刑事訴訟法235条本文）であるが，この6か月という期間は意外に早く過ぎてしまうことがあるので要注意である。

　また，同様に，重過失致死傷であると思って地方裁判所に起訴したところ，過失傷害や過失致死が認定された場合には，過失傷害は法定刑に30万円以下の罰金刑しかなく，また，過失致死も法定刑に50万円以下の罰金刑しかないことから，これらの罪は簡易裁判所の専属管轄となるので，誤って管轄のない裁判所に起訴したことになり，管轄違いの判決がされることになる。このようなことなどから，この区別は捜査上かなり大切なことなのである。

　重過失の内容については，これまでの裁判例によれば，「注意義務違反の程度が著しい場合，すなわち，わずかな注意を払うことにより結果発生を容易に回避しえたのに，これを怠って結果を発生させた場合をい」うとされている（昭和57年8月10日東京高裁判決・判時1073・153）。そこで，実際の取調べに際し，どの程度の注意義務違反があったら重過失になるのかについて，①赤色信号を看過して交差点に進入した場合（平成28年2月23日千葉地裁判決・公刊物未登載），②進路前方を注視せず，佇立していた人に気付かなかったような場合（平成24年3月23日大阪地裁判決・公刊物未登載），③安全確認不十分のまま対向車線に進出した場合（平成23年11月28日大阪地裁判決・判タ1373・250）などの裁判例があり，いずれも過失の程度が甚だしいことが分かるであろう（なお，この点の詳細は拙著「Q&A　実例　交通事件捜査における現場の疑問〔第2版〕」389頁以下参照）。

第4章　自白の任意性，信用性に関する取調べ留意事項

1　自白の意義と自白強要の禁止

> そもそも自白とは何か。刑事訴訟法上，類似の概念はないのか。また，自白の強要が禁じられるのはなぜか。

　自白とは，通説によれば，自己の犯罪事実の全部又はその重要な部分を認める被疑者又は被告人の供述であると解されている。自白に関しては，憲法38条において，自白の強要を禁止する規定が設けられ，これを受けて，刑事訴訟法319条にも同様の規定が設けられている。
　また，法322条1項は，
　　被告人が作成した供述書又は被告人の供述を録取した書面で被告人の署名若しくは押印のあるものは，その供述が被告人に不利益な事実の承認を内容とするものであるとき，又は特に信用すべき情況の下にされたものであるときに限り，これを証拠とすることができる。但し，被告人に不利益な事実の承認を内容とする書面は，その承認が自白でない場合においても，第319条の規定に準じ，任意にされたものでない疑があると認めるときは，これを証拠とすることができない。
と規定し，供述録取書の証拠能力に関し，「その供述が被告人に不利益な事実の承認を内容とするものであるとき」などに証拠とすることができるとし，「承認」という文言を用いている。さらに，法319条3項は，自白に「起訴された犯罪について自認する場合」も含まれるとしている。
　これらの「自白」，「承認」及び「自認」という各文言には，それぞれどのような違いがあるのであろうか。

自白は，「承認」の一つの態様であり，この承認は，自白より広い概念で，犯罪事実の全部又は一部の設定の基礎となり得る間接事実についての供述なども含むものである。
　つまり，犯行に用いた凶器の購入先に関する供述や，犯行の動機につながる人間関係の悪化に関する供述などがこれに含まれる。
　また，「自認」は，罪責を承認する陳述であって，自白より狭いものである。具体的には，訴因となる事実関係を認め，違法性阻却事由・責任阻却事由の不存在を認めることである（大コメ刑訴7・543）。
　このような不利益な事実の承認を内容とする自白調書には証拠能力が認められるとされているが，それは自己に不利益なことを認めている以上，その信用性は類型的に高いと考えられるからである。
　ただ，そのようにいえるためには，その承認が任意になされたものでなければならない。そのため，本条項但し書において，任意になされたものでない疑いがあるときは証拠として認めないとしているのである。
　これに対し，その供述内容が被告人に不利益な事実を承認するものではない場合には，その信用性が類型的に高いとはいえないので，その場合には，その供述が特に信用すべき情況の下でなされたことが必要とされているのである。
　もっとも，実際の捜査・公判において，この後者に該当するという被告人の供述調書が問題となることはほとんどない。
　いずれにしても，被疑者，被告人が自己に不利益な事実を自白，承認，自認することによって，被疑者，被告人がそれらの行為に及んだと認定することが可能となるが，それらはいずれも任意にされたものでなければならない。
　では，なぜ，任意性のない自白の証拠能力が否定されるのか。
　その根拠としては，大別して三つの考え方がある。
　その1は虚偽排除説と呼ばれるもので，強制・拷問・脅迫などに基づく自白は虚偽の供述であることの蓋然性が高く，誤判を招くおそれもあるので，その証拠能力を否定することで虚偽の自白を排除しようとするものだという考え方である。ただ，この考え方に対しては，任意性のない自白でも虚偽でないことが判明した場合には，これを許容せざるを得ないのではないかとの

批判がある。

　その2は、人権擁護説と呼ばれるもので、憲法38条1項に、「何人も、自己に不利益な供述を強要されない。」と規定されている不利益供述の禁止を中心とする人権擁護を目的とし、強制等によって得られた自白の証拠能力を否定することによって人権侵害を防止しようとする考え方である。

　ただ、この考え方に対しては、黙秘権ないし供述の自由を基準とするため、供述者の主観的な心理状態に対する事実認定が困難となるのではないかとの批判がある。

　その3は、違法排除説と呼ばれるもので、任意性を欠く自白が排除されるのは、自白採取過程における適正手続（デュー・プロセス）を担保する一つの手段として排除されるものであり、証拠能力制限の根拠は、憲法31条の「何人も、法律の定める手続きによらなければ、その生命若しくは自由を奪われ、又はその他の刑罰を科せられない。」という規定に求められるとする考え方である。

　ただ、この考え方に対しては、刑事訴訟法319条1項は、文言上、任意性のない自白の取扱いを規定していることが明らかであり、これを違法な手続により得られた自白のすべてが本条項により律せられると解するのは、解釈上無理があるのではないかとの批判がある（大コメ刑訴7・545）。

　いずれの考え方にもそれなりの根拠と問題点があるが、判例の立場としては、当初、虚偽排除説的な立場に立っていたと見られていたものの、次第に、人権擁護説ないしは違法排除説的な立場をも重視するようになり、取調官の被疑者取調べの際の手続の適正の確保という面にも重きを置いているようである（昭和45年11月25日最高裁判決・刑集24・12・1670等）。

　結局のところ、いずれの考え方によるにせよ、実際の取調べに当たる者としては、被疑者に自白を強要してはならないのは当然のことであり、憲法及び刑事訴訟法において要請されている適正な取調べを遂行しなければならないのは自明のことである。

2 自白の任意性の担保

> 録音・録画が実施されていない取調べにおいて，自白の任意性を担保しておく上で重要なことは何か。

　既に説明しているように，任意性のない自白には証拠能力は認められないが（刑事訴訟法319条1項），では，被疑者が自発的にした自白について，どのようにして任意性を担保しておいたらよいのであろうか。録音・録画がされていれば，その記録媒体を再現すれば任意性については自ずと明らかになろう。しかしながら，録音・録画の対象外の事件もあるところ，何ら問題となるような取調べをしておらず，素直に自分の犯行を後悔し反省して自白したと思っていた被疑者が公判に至って突然否認に転じたというケースも決して稀ではない。取調官としては，自分の担当した被疑者が心の底から改心して自白したと確信していても，時として被疑者も心変わりをすることがあるものと心して，任意性を担保するための手当てを怠ってはならない。

　では，その対策としては，どのようなことをしたらよいのであろうか。もとより任意性に問題のある取調べをしてはならないのは当然の前提であるが，適切な取調べをしていたのであればあるほど，どのような主張がされるのか予想がつかないことになろう。しかしながら，これまで裁判上で現れてきた任意性を争うための主張を参考にし，自分が取り調べた被疑者も同様のことを主張する可能性があると考えて対策を立てておくことが必要であろう。

　これまでに裁判上現れているものとしては，大雑把にいって次の5通りが顕著な例として挙げられる。
① 身体の調子が良くなく，持病もあって具合が悪かったのに，勾留が長期にわたり，しかも連日深夜，ほとんど間断なく取調べが続けられたので，精根尽き果てて，誘導，押しつけのままに事実に反して供述させられた。
② いかに真実を述べても，頭からそんなことはないとの一点張りで取り上げてもらえず，時に怒号，罵声をあびせられ，いずれ法廷で真実を話せば分かってもらえると思い，その場逃れに虚偽の供述をした。

③　自白すれば釈放し，事件は不起訴にしてやると言われたことから（又は，それをほのめかされ），既に，疲労困憊の極にあって，家族のことなども気になって取調官に迎合し，ありもしない架空の事実を述べてしまった。
④　誰々がこう言っていると言われ，自分としては身に覚えがなかったが，いくらそのことを言っても聞き入れてもらえず，もうどうにでもなれといった捨て鉢な気持ちから，誰々がそう言っているのなら，そうでしょうなどと言ったところ，私がすべて承知の上でやったような調書を作成された。
⑤　取調官の機嫌を損ねては不利だと思い，言われるままに，はいそうです，はいそうですなどと言っていたら事実と全く違う調書を勝手に作られた。

　もちろん個々の事件では，より具体的で細かな主張がされているわけで，必ずしも上記の各パターンに当てはまらないケースもあるかも知れないが，いずれにしても，被疑者は，罪責を免れようとするあまり，虚偽の事実を折り込みながら針小棒大にして自白の任意性を争おうとすることも多いように思われる。それゆえ，全くの絵空事を主張することは少なく，本来であれば問題にすべきことではないような些細なことを，さも大問題であるかのように取り上げ，取調官を困惑させて任意性に問題があるかのようにしようとして主張するといった例もあることに注意すべきである。

　したがって，自らの取調べ内容が上記の各パターンに当てはまることはないにしても，それに近いような状況はなかったか，そう言われるような懸念のあることはなかったかなどを検討し，録取する供述調書の中でそのような事実はないことを確認的に録取しておくことも必要である。また，被疑者に取調べに関する上申書を書いてもらい，そこで自白に至った心境などを書いておいてもらうのもよいだろう。さらには，取調べの際の状況について，調書以外にも，取調べ状況に関する事項をメモした書面などを作成しておき，後に公判で任意性が争いになった際に，任意性を担保するものとして残しておく工夫も好ましいものと思われる。

　ただ，ここで忘れてはならないことであるが，取調官として，被疑者から取調べの任意性について争われることを恐れるあまり，追及が不十分になるようなことだけは，絶対に避けなければならないということである。

③ 自白の任意性が否定・肯定された裁判例

> 自白の任意性が否定・肯定された裁判例としては，それぞれどのようなものがあるのか。

刑事訴訟法319条1項は，

　　強制，拷問又は脅迫による自白，不当に長く抑留又は拘禁された後の自白その他任意にされたものでない疑いのある自白は，これを証拠とすることができない。

と規定している。この条文に記載された態様に応じて，自白の任意性が否定又は肯定された裁判例を挙げることとする。

1　「強制，拷問又は脅迫による自白」に関するもの

暴行等の強制が加えられたかどうかが問題となって，任意性に疑いがあるとされたものとしては，

① いわゆる八丈島事件と呼ばれるもので，八丈島警察署の道場で警察が暴行を加えたことによるもの（昭和32年7月19日最高裁判決・刑集11・7・1882）

② 勾留されている被疑者が，捜査官から取り調べられる際に手錠を施されたままであるときは，反証のない限り，その供述の任意性につき一応の疑いをさしはさむべきであるとされたもの（昭和38年9月13日最高裁判決・刑集17・8・1703）

③ 両手錠をされたままの取調べによって自白が得られたもの（昭和50年9月11日東京高裁判決・東高時報26・9・151）

④ いわゆる都立富士高校放火事件と呼ばれるもので，被疑者と男色関係にある，いわゆる人間国宝の人物を取り調べることを示唆したことから，これが脅迫的な言動をしたものとされ，自白を強制した疑いがあるとして任意性に疑いがあるとされたもの（昭和53年3月29日東京高裁判決・刑裁月報10・3・233）

などがある。
　これに対して任意性があるとされたものとしては，
① 捜査官が証拠に基づき又は証拠を示して種々追及的な質問をすることは，取調べの方法として許容されているところであって，それ自体を強制ということはできないとしたもの（昭和23年7月14日最高裁判決・刑集2・8・856，昭和23年11月17日最高裁判決・刑集2・12・1558）
② 腰縄のついたまま取り調べたとしても，手錠が外された状態の場合には，心身に対する圧迫感も手錠を施された状態に比して格段に少なく，それだけで任意性に一応の疑いを差しはさむべきだとはいえないとしたもの（昭和48年5月21日東京高裁判決・東高時報24・5・81）
などがある。

2　「不当に長く抑留・拘禁後の自白」に関するもの

　この点に関して任意性に疑いがあるとされたものとしては，
① 犯行現場で被告人の所持品から被害金品が発見された単純な窃盗事件で，逃走のおそれもない被告人を109日間勾留した後にされた自白について任意性に疑いがあるとされたもの（昭和23年7月19日最高裁判決・刑集2・8・944）
② いわゆる松戸OL殺人事件と呼ばれるもので，捜査機関が連続強姦・殺人事件について自白を得るため，警察署の代用監獄において勾留中の被疑者に対し，別件の起訴後勾留期間を使って，相当長期間にわたり，捜査本部の捜査員を看守にして留置場内の言動を捜査資料とした上，連日にわたって厳しい取調べを行ったことに対し，自白を強要したとのそしりを免れないとして任意性を欠くものとされたもの（平成3年4月23日東京高裁判決・刑集44・1・66）
などが挙げられる。
　これに対し，任意性が肯定されたものとしては，
① 不当に長い拘禁後の自白であっても，拘禁と自白との間に因果関係がないことが明らかである場合は，「不当に長く拘禁された後の自白」に当た

らないとしたもの（昭和23年6月23日最高裁判決・刑集2・7・715，昭和24年7月13日最高裁判決・刑集3・8・1264）
② 勾留後約40日後にようやく自白した件につき，その間，共犯者が詳細に自白しているため，これと全く反対の供述をなす被告人に諸種の角度から質問を試みることは職務上当然であり，そのため勾留が若干長引き，その後に至って初めて自白しても任意性がないとはいえないとしたもの（昭和31年2月28日名古屋高裁判決・裁判特報3・6・240）
③ 勾留後9か月を経過しての控訴審公判廷での自白について任意性を肯定したもの（昭和35年11月29日最高裁判決・判時252・34）
④ 6か月余りの勾留後の自白について任意性を肯定したもの（昭和23年2月6日最高裁判決・刑集2・2・17）
などが挙げられる。

3 「その他任意にされたものでない疑いのある自白」に関するもの

(1) まず，長期間，長時間にわたる取調べに関し，その任意性が肯定されたものとしては，

ア いわゆる帝銀事件と呼ばれるもので，甲事件を理由として勾留された被告人を，検察官が乙事件の被疑者として，39日間連続約50回にわたり取り調べたからといって，右取調べをもって直ちに不利益な供述を強要したとはいえないとしたもの（昭和30年4月6日最高裁判決・刑集9・4・663）

イ いわゆる高輪グリーンマンション殺人事件と呼ばれるもので，連日の長時間にわたる取調べでも，その具体的状況下では，社会通念上やむを得なかったものといえるから，違法な捜査とは断じ難いとして自白の任意性を肯定したもの（昭和59年2月29日最高裁決定・刑集38・3・479）

ウ いわゆる平塚ウェイトレス殺人事件と呼ばれるもので，強盗殺人事件

の被疑者を午後11時過ぎに警察署に任意同行し，その後，徹夜で取調べをし，翌朝被疑者が概略を自白した後も，食事時の休憩時を除いて，合計約22時間にわたり取調べを継続し，その後逮捕した事案につき，このような長時間にわたる被疑者の取調べは特段の事情がない限り，容易に容認できないが，取調べの当初，被疑者から進んで取調べを願う旨の承諾があったこと，被疑者は取調べを拒否したり，休憩を求めたりはしていないこと，重要な点について虚偽供述や弁解に終始したこと，事案の性質や重大性等の事情を勘案すれば，本件取調べが社会通念上任意捜査として許容される範囲を逸脱したとはいえないとして，自白の任意性を肯定したもの（平成元年7月4日最高裁決定・刑集43・7・581）などが挙げられる。

(2) 次に，偽計による自白であるとして任意性が否定されたものとしては，いわゆる「切り違い尋問」と呼ばれる方法で，共犯関係にある者を自白させた事案において，この場合は，偽計によって被疑者が心理的強制を受け，その結果，虚偽の自白が誘発されるおそれのある状況の下でなされた自白であることから，任意性が否定されるとしたもの（昭和45年11月25日最高裁判決・刑集24・12・1670）が挙げられる。

これに対し，任意性が肯定されたものとしては，偽計を用いたものの，それと自白には因果関係がないことを理由にその任意性を肯定したもの（昭和52年6月28日大阪高裁判決・刑裁月報9・5＝6・334）などが挙げられる。

(3) 利益誘導による自白であるとして，任意性が否定されたものとしては，
ア 自白をすれば起訴猶予にする旨の検察官の言葉を信じ，これを期待してなされた被疑者の自白は，任意性に疑いがあるとされたもの（昭和41年7月1日最高裁判決・刑集20・6・537）[5]

イ 他の事件を送致しないとの約束の下に作成された疑いのある被疑者自白調書には，任意性に疑いがあるとされたもの（平成5年3月18日福岡

高裁判決・判時1489・159）などが挙げられよう。

　これに対して任意性があると判断されたものとしては，いわゆる狭山事件と呼ばれるもので，被告人は，「被害者を殺したことを自白すれば，10年で出してやる。」と言われたと主張し，利益誘導による自白であるからその自白に任意性はないとの主張に対し，検察官から死刑の論告求刑を受けた後の被告人の意見陳述においても争わなかった事実等に照らし，被告人の自白の任意性に問題はないとされたもの（昭和52年8月9日最高裁決定・刑集31・5・821）などが挙げられる。

(4)　黙秘権や弁護人選任権の不告知が任意性に与える影響については，あらかじめ黙秘権を告知しないからといって，直ちに自白の任意性を失うことにはならないとされている（昭和25年11月21日最高裁判決・刑集4・11・2359）。しかし，これとは逆に黙秘権の不告知について任意性を否定する一つの理由とするものも存する（平成元年3月22日浦和地裁判決・判時1315・6）。

　また，弁護人選任権の不告知について，これが直ちに自白の任意性に影響を与えるものではないとするものがある一方（昭和27年6月28日仙台高裁判決・判決特報22・138），被疑者から弁護人選任の申出があったのに，捜査官が弁護人に連絡しなかったものについて，自白の任意性を否定したものがある（昭和35年5月26日大阪高裁判決・下刑集2・5＝6・676）。

　また，弁護人との接見交通権の侵害として自白の任意性が争われたものが存するが（平成元年1月23日最高裁決定・判時1301・155），これは，勾留中の被告人の弁護人が求めた接見が取調べを理由として拒まれた後，被告人が余罪について自白した場合であったところ，同弁護人は前日に接見

---

5)　この事案は，検察官が被告人の弁護人に対し，「被告人も金品収受の犯意を認めて改悛の情を示せば，検挙前に金品を返還しているから起訴猶予も十分考えられる。」と話したところ，同弁護人が被告人に接見して，これを「検事は君が，見え透いた嘘をついていると思っているが，『改悛の情を示せば起訴猶予にしてやる』と言っている。」と断定的に話し，これに従った被告人が自白したという事案であり，検察官が直接に被告人に不起訴の約束をして自白させたものではないことに留意する必要がある。

し，また，他の弁護人が自白直前に接見しており，それ以前から複数の弁護人が相前後して接見をしている以上，自白の任意性に疑いはないとされたものであり，注目されるべき事案であろう。

(5) その他には，
ア　自白の任意性は，外部的圧力に妨げられることなく，正常な自発的意思決定に基づいてなされたもので足り，その自発的意思決定がなされた縁由のごときは問わないとしたもの（昭和25年9月20日名古屋高裁判決・判決特報12・75）

イ　誘導尋問による供述が必ずしも任意性を欠くものではなく，その判断は供述当時の状況によるとしたもの（昭和25年5月24日広島高裁松江支部判決・判決特報7・138）
なども参考になろうかと思われる。

4　自白の信用性の確保

> 録音・録画が実施されていない取調べにおいて，自白の信用性を確保するためには，どのようなことに留意すべきか。

1　自白の任意性と信用性の関係

自白に任意性がなければ，それは証拠とはなり得ないが（刑事訴訟法319条1項），それのみならず，その自白には信用性が求められる。

ただ，自白の信用性については，法律上特段の規定は設けられていない。自白の任意性が法的に規制する必要のある証拠能力の問題であるのに対し，自白の信用性は証明力の問題であるからである。すなわち，任意性は，証拠の許容性，資格の問題であることから，その判断に当たっては取調べ状況を中心に外部的，客観的事実が重視されるのに対し，信用性の判断については，

証拠価値の問題であるから，その供述内容の合理性，迫真性，他の証拠や客観的事実との整合性など供述の中身自体が重視されるものである。それゆえ，刑事訴訟法318条における

　　　証拠の証明力は，裁判官の自由な判断に委ねる。

という自由心証主義により，当該自白がどの程度の証明力を有するかは，その信用性の程度によって判断されることになる。

2　自白の信用性が認められる場合

　任意に自己に不利益な供述をしたのであれば，基本的には，信用性もあるといえるであろう。

　任意に不利益な事柄を供述しながら虚偽の供述をするということは通常は考えられないからである。しかし，記憶違いで事実を間違えるとか，あえて自分が他人の罪をかぶろうとするケースもないではないので，任意性はあっても信用性がない場合はあり得よう。

　むしろ裁判の実際においては，自白がありながら無罪判決が出される場合には，任意性はこれを肯定しながらも信用性を否定して無罪とされる場合の方が圧倒的に多い。

　そこで，取調官としては，いかなる場合に信用性が認められるのか，あるいはそれが否定されるのかを検討しておかなければならない。しかしながら，信用性の判断は，その供述内容が他の証拠との関係で信用しうるか否かを決せられるものであって，その意味で相対的なものであるため，必ずしもはっきりとした一般的な基準はないといわざるを得ない。

　したがって，どのような自白に信用性が認められるかは，一概にはいえないものの，一般的にいえば，供述内容が合理的かつ自然で，首尾一貫して理路整然としており，その内容が体験したものでなければ語り得ない具体性，迫真性のあるものとなっていて，反省悔悟の情にあふれた真実味のあるものであれば，これに該当するといえよう。

　その上で，客観的証拠とも符合し，その供述内容の裏付けが取れるものが信用性のある自白ということになろう。

3 信用性のない自白とは

どのような場合に信用性のない自白というものが生じ得るのか検討しておいた方がよいであろう。例えば、次のようなものを挙げることができよう。

(1) 意図的に虚偽の供述をすることで、その信用性がないもの
  ア 捜査官に迎合して意図的に虚偽の供述により犯行を自白するもの
    窃盗の前科などが多数ある者の中には、多数の余罪があるため、逮捕された事実が違っていても、どうせ他にも同様のことを多数しているのだし、また、刑務所に戻ることは決まっているのだからというような気持ちで、実際には自分がやっていない犯罪事実を認める者もいないではない。
    そのようなおそれがあると認められる場合には、粘り強く被疑者本人の記憶を喚起させ、他の窃盗事件と混同していないか、実際に敢行した犯罪であれば、何かしらの記憶に残る特徴的なことがあったのではないかなど、犯人にしか分からない事実の供述を引き出すように努めるべきである。
    また、その疑いを持った場合には、敢えて否認を勧めて、本当の記憶を引き出させるようにすることも場合によっては必要であろう。

  イ 後の公判で否認し、その際に供述調書の内容が客観的事実と異なるとして無罪を獲得するために、敢えて虚偽の事実を交えて犯行を認めておくもの
    実際に以前、過激派の事件などで用いられた手法で、後にアリバイが成立するような事実を隠しておき、それと異なった自白調書を作成させておくというものである。
    このような自白調書は明らかに虚偽の事実が混じることになるので、その信用性を認めることは困難となる。
    このような手法が採られることは多くはないと思われるが、その対策としては、自白を得たことに安心して油断せず（虚偽自白を意図的にし

ようとする者は，捜査官側のそのような心理を突いてくるのである。），供述内容における裏付け捜査の徹底により，自白内容の虚偽性を見つけ出す以外に対処法はないと思われる。

(2) 不十分な自白であるために，その信用性がないもの

　このような事案は非常に多い。自白の信用性が否定されるのは，ほとんどが，いわゆる半割れといわれる中途半端な自白であることによるものである。

　被疑者は，客観証拠の存在や，関係者及び共犯者等の供述などから，もはや否認しても通らないと諦めて，犯行を認めざるを得ない状況に陥って自白しても，それでもなお嘘をついて少しでも刑を軽くしようとするのが通常である。そのため，どうしても自白の中に虚偽の事実が混じることがある。

　そのため，法廷でその虚偽の部分が大きく取り上げられた場合，その自白全体が信用できないとされる結果となるおそれもある。

　それゆえ，被疑者が自白を始めた時は，徹底して聞き出すことにより，虚偽性の混じる余地がないようにしておく必要がある。実際に体験した者の供述は，一見不合理な行動に及んでいるように見えても，なるほどと思えるような合理的な説明がなされることも多い。そのような供述を的確に引き出すように努めるべきであろう。

(3) 正直に供述しようとするものの，思い違いをしているもの

　これは被疑者が自白する場合に限らず，誰にでも起き得ることである。取調官からすれば，被疑者の行為は，犯罪であるのだから，当然，正確に印象に残っているだろうと思っているものの，実際のところ，さほど罪悪感を持たずに犯行に及ぶ者もおり，どうせ犯罪事実自体は認めているのだからと，さほど深く思い出すこともせず適当に供述してしまう者や，単純に思い違いをしている者もいる。

　このような場合は，悪意を持って虚偽供述をしているわけではないことが分かるだけに，取調官の側にも慎重さが薄れ，そのまま供述を録取して

調書にしてしまうことがある。

　しかしながら，後に公判廷で否認に転じた場合，そのような真実と異なる部分の混じった供述調書であると，その信用性は低いと評価されてしまうこととなる。

　このような場合は，やはり何度も聞いて供述内容の正確性を確認することと，細かく裏付け捜査を実施しておくという以外に，その記憶違いなどを発見することは困難であろう。

(4) 取調官側に思い込みがあり，それで被疑者の供述が不正確になってしまうもの

　捜査が進展していく過程で，取調官側に，当該事件についてのイメージが作られてしまうことがある。例えば，当該事件は，特定の嗜好癖に基づく犯罪であり，被疑者には，そのような嗜好癖があるはずであるなどと思い込んでしまうと，後に被疑者が真相を自白して，実際にはその見込みと異なることが判明しても，自らが描いたイメージに囚われてしまったまま取調べを行う危険がないとはいえない。

　このような場合，被疑者は，犯罪自体に関しては認めているので，取調官が持っているイメージに対して強く反対しないこともあり，結果的に，真実と異なる供述調書となってしまうこともないではない。

　取調べに当たっては，先入観に囚われることなく，虚心坦懐に被疑者の供述に耳を傾ける必要があろう。

(5) 取調官の供述調書の作成が不正確で，被疑者の供述を正確に録取していないことによるもの

　被疑者が自白した場合においても，その話した内容の全てをそのまま供述調書にするわけではない。当然に要約したり，より適切な言い回しにしたりして供述を録取するわけであるが，その過程において，取調官が不十分な聴き方をしたりして，供述内容を正確に録取していない場合がある。

　被疑者にしてみれば，まあ大筋はそのとおりだし，自分が悪いことをしたのだから一々文句をつけるような言い方はしたくないと考えてしまうこ

となどもあり，その間違いがそのまま残されてしまう場合もある。これなどは単純なミスの類ではあるが，いざ法廷において，この供述調書により立証しようとする場合，そのミスが大きく足を引っ張ることもないではない。

その対策としては，常に正確に供述の録取ができているか，第三者の視点に立って当該供述調書を見直すことが必要であるとともに，被疑者によく確認させ，些細な誤りであっても指摘するように勧めることであろう。

4 法廷で自白調書の信用性が争われる場合の問題点及び対策について

(1) まず，当該自白調書それ自体が自然で合理的な内容となっているかどうかが問題となる。これは，取調べ過程において，先に被疑者から自然で合理的な供述を引き出し，それを反映した正確な供述調書を作成することで解消できることである。

(2) 次に，客観的証拠との整合性の有無である。これも被疑者の供述が客観的証拠と食い違っていないか常に検討し，仮に食い違いが認められる場合には，被疑者が虚偽の供述をしているのではないかと追及することが必要である。そもそも取調官は，どのような客観的証拠があるかを把握しておき，被疑者の供述を聴く段階で，その供述内容が食い違っていないかどうか，頭の中でチェックできるようにしておかなければならない。たとえ被疑者が供述した段階では，それに符合する客観的証拠の存否が分からない場合であっても，速やかに裏付け捜査を行い，その整合性を確認しておかなければならない。

(3) さらに，被疑者の自白内容の変遷も問題とされる。被疑者も罪に問われたくはないのであるから，一旦自白しても，その後否認する者は決して珍しくはない。ただ，その後も取調官の説得により，再度，自白するに至る者もいるのであるから，自白が変遷すること自体はやむを得ない面もあると思われる。

しかしながら，そのような変遷があった場合には，その理由をきちんと録取した上で，その理由が納得のいくものである必要がある。それが不自然な内容であって，変遷自体が理解し難いものであると，結局，その自白調書は信用性がないとして否定されることになる。
　その例として，殺人，放火，詐欺等での罪名で審理された平成24年2月22日最高裁決定（判時2155・119）が挙げられる。結果として無罪とされてしまったこの決定では，自白の信用性の評価に関して，その動機についての自白の変遷が問題とされた。
　すなわち，同決定では，「犯行動機の形成過程については，当初自殺願望であったものが，自殺ができないので殺人事件を起こして死刑になろうと考えるようになり，次いで，自分が死刑になると実母が悲しむであろうから，悲しませないように実母を殺し，放火もすることで死刑になろうと思うようになり，その後，前妻とやり直せるかもしれないと思うようになって，そのためには被告人自身の借金の問題を解決する必要があったことから，実母を殺害して失火にみせかけて放火することで，実母に掛けられた保険金を手に入れようと考えたという過程は，著しい変転と飛躍があり，原判決が指摘するとおり，不自然さがあるといえる。」とされているが，たしかにこのような動機の変遷は合理的とはいえないであろう。
　ただ，同決定では，それでも「これに対しては，犯行について真実の自白をする場合であっても，犯行動機の形成過程に関しては真実と異なる事情を付け足して述べることもあり得るから，この点の不自然さは直ちに自白の信用性を疑わせるものではないとみることもできる。」として，変遷があっても必ずしも自白の信用性がなくなるものではないと一定の理解を示している。しかしながら，そうはいっても，上告審の立場として，「しかし，原判決は，そのような供述をすることがあり得ることを念頭に置いた上で，実母の生命保険契約に関する認識についての不自然，不合理さと併せ考えたときには，被告人の自白の信用性に看過できない疑いを抱かせるとしているのであって，このような原判断が論理則，経験則等に違反するとはいえないというべきである。」として，無罪とした高裁判決を是認して検察官の上告を棄却したものであった。

この事案では，自白の信用性を高める客観証拠として，被告人が，本件児童扶養手当詐欺事件で勾留中の平成18年6月14日午後，接見に来た実妹であり被害者でもあるCに対し，涙を流しながら，被告人が実母方に放火した旨述べた事実や，本件殺人，放火事件で起訴された後に，Cに対し手紙を送付し，その中で，極刑になると思っている，どんな判決が出ても厳粛に受け止め，真の償いができるよう頑張っていこうと思う，口では何とでもいえるが正直まだ心から手を合わせる心境になれているとはいえない，実母は私がやったこと自体を悲しんだり怒ったり責任を感じたりしていると思うなどと記載していることなどに照らして，「このように，被告人の自白には，その信用性を高める複数の事情が認められ，これらによれば，その信用性は相当に高いという評価も可能と思われ，その旨の所論も理解できないものではなく，本件殺人，放火事件の犯人が被告人である疑いは濃いというべきである。」と認定されながら，無罪となってしまったのは，上記の自白の変遷等が原因の一つとなっているのである。
　信用に値する動機の録取の必要性及びその変遷が生じた場合には，その合理的な理由付けの手当等の大切さが痛感されるところである。

5　秘密の暴露

> 秘密の暴露とは何か。

　供述調書における自白の信用性を高めるという観点から，秘密の暴露は常に求められている。

1　秘密の暴露の定義等

　一般に，いわゆる秘密の暴露とは，自白中の予め捜査官の知り得なかった事項で，捜査の結果客観的事実であると確認されたものとされている（平成12年2月7日最高裁判決・民集54・2・255，昭和57年1月28日最高裁判決・

刑集36・1・67等)。

　つまり、この考え方によれば、秘密の暴露といわれるためには、①被疑者の自白の中に予め捜査官の知り得なかった事項が含まれていること、②捜査の結果、当該事項が客観的事実であると確認されたことの２点が必要である。

　この秘密の暴露は、それを含む自白の信用性を高度に保障するが、これは、被疑者の供述のうちに、事件の真犯人しか知り得ない事柄を含んでいるときには、その供述者が真犯人であり、その供述も真実を述べているものとの推認が強く働くからである。

　例えば、いわゆる千葉大チフス菌事件についての昭和57年５月25日最高裁決定（判時1046・15）では、「第一審判決は、自白内容に体験者でなければ知りえない秘密性の蔵されていることが案外少ないということを自白の信用性否定の一理由としているが、被告人の自白を仔細に検討すれば、右判断は正当とはいえない。本件自白は一般に具体的であって、しかも、迫真力のある部分が所々に織り込まれている。例えば、カステラ事件につき、菌の出所及び薬剤耐性に関し、『被害者から往診を求められた際カステラに付着させた赤痢菌はＡ病院から持って来たものであるから、クロマイに対し耐性を持っていると考え、あらかじめカナマイシンを用意して行った。』と供述し、焼蛤事件につき、当日午後１時半頃まで本件焼蛤を肴にして飲酒していた医師らが発病せず、その後２時20分頃来てその残りを食べたＢ医師が発病している事実からして、右焼蛤がチフス菌で汚染されたのは、右午後１時半から２時20分頃までの間と推定されるところ、被告人は、『焼蛤にチフス菌をふりかけたのは午後２時か３時頃であった。』旨、すなわち右のような短い推定犯行時間とほぼ一致する供述をしており、また、Ｃ方事件につき、『足柄駅に行く途中竹の下の水車小屋の辺まで来た時弟が車で追いかけて来て駅まで送ってくれた。その時弟は、かぜをひいたらしい、寒けがしてしようがない、と言っていたので、私は内心はバナナを食べたなと思った。その日弟に会う前に実家で母親に、弟たちみんな元気かい、と聞いたのも、バナナをくれたことが心配であったからである。』と供述していることなどがその例である（以上は、司法警察員及び検察官に対する供述調書中において、被告人が一貫して述べているところである。）。これらの供述は、通常は犯人でなければ

知ることができない事実を明らかにしているものというべきである。」と認定されている。

　ここでは，「秘密の暴露」という言葉は用いられていないが，その内容とするところは，犯人でなければ知ることができない事実を明らかにしているとの認定であるから，秘密の暴露を認定しているものと解してよいであろう。

　ただ，この最高裁決定でも述べられているように，秘密の暴露に該当するかどうかは，必ずしも一律に評価できるものではない。そのため，捜査機関においては，秘密の暴露であると思っていても，裁判所ではそれが認められなかったというケースは枚挙にいとまがない。つまり，捜査機関としては，被疑者が当該事実を供述するまで，真実，それを知らなかったとしても，裁判所は，知り得たはずであるとか，知っていたと認定することにより，秘密の暴露と認めないことがあるのである。

　したがって，秘密の暴露と認められる供述が得られた場合には，それが捜査機関において誰一人知らない事実であったことの立証ができるように，捜査状況等を正確に証拠化しておく必要がある（例えば，被疑者が被害品を投棄した場所を供述し，そこから実際に被害品が発見された場合など，当該場所は捜査対象外であって，当該被害品発見以前には捜査官の誰も赴いたことはないという事実など。）。

　例えば，昭和58年3月24日東京地裁判決（判時1098・3）は，一見「秘密の暴露」が自白中に含まれているように見えても，取調官があらかじめ何らかの方法でこれを知り，被疑者を誘導してあたかも自発的に自白が得られたかのように作為することもあり得るのであるから，厳格な意味での『秘密の暴露』は，取調官がそのことを知らないというにとどまらず，捜査機関が全く知らなかったか，あるいは知り得なかった事項が，自白によって初めて明らかにされた場合をいうと解すべきであるという趣旨のことを述べている。

　いずれにせよ，裁判例を通して，どのようなものが秘密の暴露として認められたか，また，認められなかったかを知ることは，今後の取調べの際にどのようなことに留意すべきか非常に参考になるので，平成以降の裁判例で秘密の暴露が問題となったものについて，その内容を紹介することとする。

2 秘密の暴露に関する裁判例

(1) 平成27年4月30日福岡地裁判決（公刊物未登載）

　この判決では，被告人A及びBが共犯者Dらと共に，被害者に暴行を加えた上，監禁し，最終的に拳銃で殺害したという事案において，共犯者Dの供述について，次のとおり，秘密の暴露を認めている。

　すなわち，刃渡り約46センチメートルの脇差で被害者を切り付けたDは，「本件切付け行為によって被害者の背部付近に傷害を負わせており，被害者の死亡結果について刑事責任を問われ得る立場にあったものであるから，被告人両名らにその責任を転嫁するため，虚偽の供述を行う動機があること自体は否定できない。しかしながら，捜査段階におけるDの供述は，これに基づいて捜査機関が捜査を行った結果，本件脇差及び本件けん銃が発見されたものであるから，いわゆる秘密の暴露を含むものといえる。そして，（中略）Dの供述も，これと同旨の内容を述べるものとうかがえるから，かかる秘密の暴露があることによってその信用性が高められていると評価できる。」として，Dの供述により犯行に用いられた脇差や拳銃が発見されたことであることを捉えて，秘密の暴露であるとしたものである。共犯者の供述により凶器等が発見されたのであるから，これは典型的な秘密の暴露であるといえよう。

　また，死体を埋めるためのスコップを隠した場所についての供述に基づき，これが発見された事案も同様であるといえよう（平成17年5月19日福岡地裁判決・判例時報1903・3）。

(2) 平成25年9月20日福岡高裁判決（公刊物未登載）

　これは，被告人が住居侵入窃盗を働き，その際に帰宅した被害者Vを殺害して同人所有の普通乗用自動車を奪って逃走したという強盗殺人等の事案である。被告人の自白のうち，秘密の暴露が問題とされた場面は，次のとおりである。

　被告人は，上記強盗殺人の犯行後，上記自動車を運転して，行きつけのスナック「○○」に行くため，その付近のスーパーマーケットの駐車場に

同車を駐車した。そして，同スナックで飲酒して帰る際，同スナック経営者Ｑに同車を自分の車であると言って示したものの，同駐車場には鎖が掛けられ，自動車が出せないようになっていた。そのため，被告人は，午前３時過ぎに同スーパーの納入業者Ｎの車両が来て同駐車場の出入口の鎖を開けるまで待っていた。その間の出来事について，「近くにあるスナック『××』の経営者の息子だったように思うが，男性が，もう一人に出入口の鎖を上げさせ，車を運転して上記駐車場から出たところ，通り掛かったパトカーに職務質問をされていた。その後，Ｎの車が来て上記駐車場の出入口の鎖を外したが，私は，無免許であったので，職務質問をされると，検挙され，Ｖを殺したことが発覚すると思い，職務質問をされないようにするため，代行運転を頼んで自宅近くまで行き，Ｍ病院の駐車場にＶの自動車を駐車して帰宅した。」旨供述していた。

　このような供述について，上記の納入業者，出入口の鎖を上げさせて車を出した人物Ｐ，同人に職務質問をした警察官，運転代行業者のいずれからも同様の供述が得られて，被告人の供述の裏付けが取れたものであるところ，これをもって秘密の暴露といえるかが問題とされたものである。

　そして，そのような被告人の供述が得られた経緯に関して，取調担当警察官が法廷において次のとおり証言していた。

　すなわち，「被告人が，『スナック××の息子だと思われる男が，○□の駐車場の出入口のチェーンを持ち上げてもらいながら，車で駐車場を出ていったが，職務質問を受けたのを見て，運転代行を頼んで帰宅した』という供述を初めて行ったのは，平成19年２月11日のことである。その供述に出てくるＮの話や，スナック『××』の息子だと思われる男の話は，捜査機関が把握していない内容のものであった。私は，被告人からこの供述を得て，直ちに信用できる内容のものではなかったが，捜査主任官Ｒに報告したところ，『チェーンを幾ら持ち上げても，車がその下を通れば，当然，車に傷が付くのに，そんなことをする馬鹿がどこにおるんか。おまえは，被疑者にだまされちょるんや。もっとよう聞かんか』と一喝された。そこで，私は，この点について，再び被告人の取調べを行い，同月13日に改めてＲに報告し，裏付け捜査を行ったところ，被告人の供述するとおりで

あった。」というものであった。

　ここで問題となる事項として，捜査機関側が被告人供述による上記内容を知らなかったかどうかという点については，本件福岡高裁判決は，他の捜査担当警察官数名を証人尋問した上で，それら警察官の証言は他の客観証拠や関係供述などによって裏付けられている上、「互いに一致していて補強し合っており，十分に信用することができる。そして，仮に，被告人の取調べに当たっていた担当警察官らが，被告人が供述する以前から，3月16日未明に○□前の路上でPに職務質問をしたことなどの事実を把握しており，被告人を誘導し，○□の駐車場を出た男が職務質問されているのを見た旨供述させたというのであれば，被告人の警察官調書の記載が，職務質問を受けた人物について，実際には，居酒屋『□△』の店員であるのに，スナック『××』の経営者の息子だと思う旨の内容になっていたり，実際には，3月16日未明にNに対する職務質問がなされたのに，3月17日未明に職務質問がなされているのを見た旨の内容になっているのは，不自然というべきであり，そのような供述内容自体が，被告人の自白供述が被告人の記憶に基づく自発的な供述であることを示している。しかも，被告人も，原審公判廷において，『私は，捜査段階において，鎖を持ち上げた人が自動車で出ていったとか，Nが来たとか，職務質問があったとか，運転代行で帰ったとかいう話をしたが，それらは，自己の体験を基に全て想像で話したものであり，証人らの話とは偶然に一致した』旨供述しており，取調官に誘導されてそのような供述をしたものでないことについては，自ら認めている。そして，『想像で述べたら，偶然に一致した』などという被告人の供述内容は，極めて不自然であって，到底信用することができない。

　これらの事情に照らすと，被告人が，3月16日に，スナック『××』の息子と思われる男が職務質問を受けたのを見たことや，運転代行業者を頼んで帰宅したことに関する捜査が開始されたのは，被告人の供述が得られた後のことであることが認められ，被告人の自白供述には，秘密の暴露に当たる内容が含まれていることが明らかである。」としたものである。

　もっとも，原判決はこの点について秘密の暴露であることを否定してい

るが，その理由とするところは，「このような事実は，犯行の核心部分ではない上，Ｐの職務質問を行った警察官は，本件強盗殺人の捜査に関与しており，捜査機関において，Ｑの供述の裏付けを行う中で判明し得たはずの事実であるから」というものであった。

しかしながらそのような判断に対し，本件福岡高裁判決は，「Ｐに対する職務質問が行われたことなどの事実について，被告人が供述する以前から，捜査機関がそのことを把握していたことを前提にする原判決の判断が誤っていることは，既に説示したとおりである。そして，この点に関する被告人の供述は，本件各犯行そのものに関する内容ではないとしても，被告人が，本件自動車を運転してスナック『〇〇』に行き，同店経営者のＱに本件自動車を見せ，運転代行業者に本件自動車を運転してもらって帰宅したことを述べる点において，被告人が本件強盗殺人の翌日及び翌々日に本件自動車を使用していたことの認定に資する重要な供述であるということができる。したがって，被告人の自白供述が秘密の暴露に当たらないとした原判決の判断は，論理則，経験則等に照らして不合理であって，是認することができない。」としたものであった。

この福岡高裁の判断は，捜査機関が予め知っていたかどうかを証拠によって認定し，知らなかったとの判断をした上で，それが犯行そのものに関するものでなく付随的な事実であっても，強取した車両の利用状況を明らかにするものであることから，重要な供述であるとして秘密の暴露に当たるものとしたものであった。極めて妥当な判断であるといえよう。

⑶　平成25年8月29日名古屋高裁判決（公刊物未登載）
　　この判決の事案は，元風俗店経営の被告人が，同店従業員Ａらと共謀し，同店店員のＣを暴行して死亡させ，死体を青木ヶ原樹海に遺棄したとして，傷害致死，死体遺棄に問われたものであった。

　　この事案において，秘密の暴露に関して同判決は，「Ａは，平成24年4月10日に自首し，死体遺棄場所を打ち明け，案内した場所から，Ｃの白骨死体が発見され，そしてＣが死亡するに至った経緯を供述し，それらが他の証拠により裏付けされているから，Ａの供述には秘密の暴露がある。」

とした。これも自白により死体が発見されたものであるから、秘密の暴露に当たることは当然であろう。

これと同様に死体の発見を秘密の暴露としたものには、平成16年3月22日名古屋高裁判決（高検速報（平16）167）、平成5年9月17日大津地裁判決（判時1497・136）、平成5年2月5日長崎地裁判決（刑集50・10・863）など多数見られる。

(4) 平成25年6月14日長崎地裁判決（公刊物未登載）

この判決の事案は、いわゆるストーカー殺人事件と呼ばれるもので、同棲していた相手の実母ら2名を殺害したというものであった。

この事件の捜査の過程において、宅配業者の従業員が、事件当日、実母方にいた男に荷物を渡していたため、警察が同従業員に事情を聴いたところ、男に受取りのサインをもらった旨供述し、捜査機関もその旨認識していた段階で、被告人は、荷物は受領したが、サインはしていない旨を供述していた。そして、後日、被告人の供述どおりの事実が判明し、この事実に着目して、本件判決は、「これは秘密の暴露に当たる。」と判断した。

このように、捜査機関側が一定の誤った事実関係を認識していたことに対し、被疑者が真実の事実関係を明らかにした場合も秘密の暴露に当たるとしたものである。

(5) 平成23年2月7日福岡地裁小倉支部判決（公刊物未登載）

この事案は、被告人Yらが、被害者方で、同人に対し、殺意をもって、所携の拳銃を発射し、同人を殺害したというものであったところ、N警察官は、被告人Yに対し、被害者方の客観的状況を伝えていないにもかかわらず、被告人Yは、被害者を射殺しても血が飛び散らなかった旨供述したことが秘密の暴露に当たるかどうか問題となった。

この点について、本件判決は、「被告人Yが本件犯行を自白し始めたのは本件発生から1年以上経過した時点であるし、平成21年4月頃、別件で身柄を拘束されるまでに本件関係者から聞いて現場の状況を知っていたとしても不自然ではなく、本件を体験した者でなければ供述できない内容

とはいえない。」として，秘密の暴露には当たらないとした。

(6)　平成21年2月3日仙台高裁判決（公刊物未登載）

　この事案は，母娘に対する強盗殺人等事件であるが，被告人の自白については，「各犯行状況は，犯行現場の状況と符合しており，とりわけ原判示第5及び第6の犯行については，自白内容にそう犯行再現をしている上，犯人しか知り得ないはずのA方の血こんの付着状況や，物色された室内の状況，窓の施錠状況，照明器具の点灯状況，各被害者の成傷状況，Aの車の血こんの付着状況，遺棄された死体の状況などを含んでいるほか，被告人の供述に基づいてA方への侵入道具として使用された針金が発見されたり，Aの死体が発見されるという秘密の暴露をも含んでいるのであって，その信用性は十分に肯認することができるものである。」とされている。

　被告人の供述に基づいて死体等が発見されているのであれば，秘密の暴露に当たるのは当然であろう。

(7)　平成20年3月5日福岡地裁小倉支部判決（裁判所ウェブサイト）

　被疑者が被害者の首を刺した後に胸を刺したとの犯行告白について，首を刺したという枢要部分について，客観的証拠に裏付けがあるとするには疑問が残り，したがって首を刺したと述べた点が秘密の暴露であるとはいえないとされた。

(8)　平成18年1月27日神戸地裁判決（裁判所ウェブサイト）

　この事案は，金品窃盗の目的での侵入盗が家人に発見され事後強盗致傷を敢行したというものであるが，同判決は，被疑者の自白に関して，「その中には，被害者宅2階書斎にある整理棚の在中物などに関していわゆる秘密の暴露といってよい供述が存在することに加え，本件の直前にタクシーを降車した場所や前科の内容など，被告人のみが語り得る内容を多く含んでいることなどの諸事情に照らすと」その自白には十分な信用性が認められるとした。

　ただ，この事案では，整理棚の在中物のどのような点について秘密の暴

露とされたのか判決文からは必ずしも明らかではない。

しかしながら，物色していた過程で，被疑者が認識した事実に関して，捜査機関が，必ずしも知り得ない事項についての供述が存在したものと思われ，そのような供述が秘密の暴露と認められた一例といってよいとも考えられる。

(9)　平成17年5月19日福岡地裁判決（判時1903・3）

これは，死体を埋めるための穴を掘る道具などをある部屋に隠している旨の供述をしたことに基づき，捜査官が同室に対する捜索を実施したところ，スコップ等が発見されていることに照らし，この供述には秘密の暴露に相当する事情が含まれているとされた事例である。

(10)　平成17年3月16日最高裁決定（判タ1174・228）

この事案は，女子高校生を被害者とする強盗強姦殺人事件であるところ，その捜査過程において，被告人が鎌倉街道を走行して脅迫状を届けに行く際，自動三輪車に追い越されたことや，目的地甲方の付近に小型貨物自動車が駐車されていたことを供述したため，被告人の「自白に基づき14名の警察官が狭山市内を中心に60名を超える自動三輪車等の車両所有者から聞き込みを行った過程において，Wが当夜自動三輪車を運転して鎌倉街道を通行したことが初めて判明したものと認められる。

また，申立人は，昭和38年6月21日の取調べで，脅迫状を届けに行く途中，甲方付近の路上に駐車中の小型貨物自動車を見た旨自白しているところ，S，T，Uの各員面の作成日付は同月25日，V員面の作成日付は同月24日であり，4通の員面はいずれも申立人の上記自白後に作成されたことが明らかであって，捜査官は申立人が自白するまで上記の事実を知らなかったと認められる。」として，いずれも秘密の暴露であるとした確定判決に誤りはないとしたものである。

(11)　平成16年9月16日佐賀地裁決定（判時1947・3）

この事案では，殺人等事件における被疑者が作成した上申書に関して，

検察官は，本件上申書等の内容には「秘密の暴露」が含まれている旨主張していたものであるところ，本件決定は，「B子殺害の前に甲田屋に寄ってワンカップ酒2本を買った旨の被告人の供述から，甲田屋に関する捜査がなされたものの，1月25日に同店においてワンカップ酒が5本販売されたという事実が判明したのみであって，被告人がその日にワンカップ酒2本を購入した事実は客観的に裏付けられておらず，また，D子殺害の当夜に焼鳥屋乙野に寄って飲食した旨の被告人の供述から，焼鳥屋乙野に関する捜査がなされたものの，昭和63年12月7日分の伝票のうち最初に精算されたと思われる伝票の客が一人で来店して飲食したが，たばこは買わなかったという事実が判明したのみであって，被告人がその日に焼鳥屋乙野に来店した事実は客観的に裏付けられていない。一般に『秘密の暴露』とは，被疑者の供述のうち，捜査官があらかじめ知り得なかった事項で捜査の結果客観的事実であると確認されたものをいうとされているが，以上のとおり，被告人の供述に基づく裏付け捜査の結果，被告人の供述内容と矛盾しない事実・証拠が判明したというに過ぎず，取調官が知り得なかった事項が客観的事実であると確認されたわけではないから，上記の事情は『秘密の暴露』には当たらないというべきである。」とされた。
 たしかにその内容は，被告人の供述について，捜査の結果，それが矛盾しなかったという程度の裏付けが取れたに過ぎないものであるから，秘密の暴露に当たるとはいえないであろう。

⑿　平成16年3月22日名古屋高裁判決（高検速報（平16）167）
 共犯者の証言において，被害者の死体を造成地に遺棄したことや，衣装ケースに入っていた重要な証拠物の所在等に関して秘密の暴露を含んでいる証言であるとして，それに高度の信用性を認めた。

⒀　平成15年6月24日広島高裁判決（裁判所ウェブサイト）
 この事案は，被告人が被害者に睡眠導入剤を飲ませた上，灯油をかけてその着衣に火を着けて殺害したというものであるところ，本件判決は，「被告人が，4月8日午後8時55分頃からの取調べにおいて供述した，Dで

買った10個のマッチのうちの1個を使って火を着けたこと，犯行当時の被害者の状況として，睡眠導入剤20錠を服用して意識もうろうの状態にあったこと，そして，犯行後，知り合いの男性に灯油の入ったポリタンクやマッチなどを預けたことについては，これらの点に関する補充捜査の経過や取調べを担当した警察官の上記供述を得た当時の認識に照らし，いわゆる秘密の暴露に当たるか，これに準じるものと考えられるから，自白の信用性を高める一事情であるということができる。」と判示している。

　ここで指摘されている事情は，かならずしも厳格な意味での秘密の暴露には当たらないと思われるが，それに準じるような具体性かつ信用性のある供述であると評価できるものであろう。

(14)　平成14年4月15日神戸地裁判決（裁判所ウェブサイト）
　現住建造物等放火事件において，何者かが被疑者方居室に放火したことにより発生した火災について，被疑者は，本件火災についての119番通報も未だされていないうちに自ら警察署に出頭して，火災発生の事実さえ知らない同警察署の警察官に対し，自室に放火してきた旨述べたものであった。
　その際及び同日の自首調書における供述内容は，その後の捜査で判明した出火部や出火原因あるいは現場の状況等ともよく合致しており，秘密の暴露を含むものと認めた事例である。

(15)　平成13年6月21日大阪高裁判決（判タ1085・292）
　この事案は，夫婦で実子を虐待の上，殺害したというものであったところ，その殺害方法について事故死に見せかけようと夫婦で話し合いをしたものの，その具体的な方法も思い浮かばず，共犯者である夫が，追い詰められた心境の中で，思いをめぐらせていたところ，以前に本で読んだことのあるマタニティーブルーを思い出し，このことを理由にすれば，出産直後の妻が当該実子を殺害しても刑事責任を問われないのではないかと考え，このマタニティーブルーによって妻である被告人に当該実子である被害者を殺害させようと考えた旨供述していた。

そこで，このような夫の供述をどのように評価するかについて，本件判決は，同人の当時の心理状態や，当時，実際に被告人が殺害された実子の次の子供を出産した直後であったことに照らすと，マタニティーブルーという理由を思いついたことは不自然ではなく，むしろ，十分首肯できるものであったといえるばかりでなく，「その内容それ自体，極めて特異性のあるものであることからすると，取調べに当った捜査官が，夫○○を誘導することなどによって引き出したとは考え難く，当時の被告人の内心に関する秘密の暴露としての実質を有するものとすら考えられる。」として，上記夫の内心についての供述は，秘密の暴露としての実質を有すると認定したものである。

(16) 平成13年4月24日仙台地裁判決（判時1761・140）

これは，放火した後に自宅に戻る途中，段差でつまづいた旨の供述については，そもそも直接放火行為とかかわる事情ではなく，その意味で秘密の暴露であるといえるか疑問であるとされた事例である。

(17) 平成13年3月21日浦和地裁判決（判タ1064・67）

この事案は，いわゆる愛犬家殺人事件と呼ばれるもので，これに関与した者の供述によって，同人方に4名の被害者の死体が運び込まれたこと，その上で解体されて焼却されたことなど，当時，捜査当局において各被害者が殺害されたことについての確証をつかんでおらず，また，その犯行態様や死体の処分状況も知るすべもなかったことから，このような供述は秘密の暴露と認められるとされたものである。

(18) 平成12年10月19日福岡高裁判決（判タ1152・301）

これは，いわゆるホテトル嬢殺人事件と呼ばれるもので，被告人が初めて犯行を認め，自ら作成した事実申立書において，「女の人は私の左側に寝て尺八をするけんと言って，そして小声で持って行くか，飲んで持っとくような事を急に言いだして，すると私がそんな話は聞いてなかったと言いました。」との記載があるところ，この記載内容の意味は不明確であり，

捜査機関が右供述部分の記載内容を誘導したとは考え難いとし，このような意味不明の記載が存すること自体，右事実申立書が被疑者の自発的な意思によって書かれたことの証左であるとし，さらに，犯行現場に遺留されたコンドームに精液が付着していなかったことの説明がされていることで上記事実申立書の記載が秘密の暴露に近接した事実の説明であるとし，また，現場に濡れたタオルが放置されていたことに関し，捜査機関にとって不明の事実である被疑者の習慣であったことなどを明らかにした供述についても，同様に，秘密の暴露に近接した事実の説明であるとしたものである。

⒆　平成11年9月8日千葉地裁判決（判タ1047・129）

　弁護人から犯行状況の情景描写に関して，具体性がないし，秘密の暴露もないと主張されたことに対し，被疑者の自白に，秘密の暴露が含まれているわけではないと判断したものの，「犯人が，自白に際し，どの程度の犯行状況を供述するか，あるいは秘密を暴露するかは，当該犯人がどの程度まで実際に起こった出来事を供述しようとするかという，その基本的な姿勢や態度に影響されるところが大きいといってよい。本件が，結婚を夢見ていた相手を一時の激情に駆られて刺し殺すに至った凄惨な殺人事件であってみれば，その事案の性質，被告人と乙山との従前の親密な関係及び被告人の性格等諸般の事情から，被告人が殺害の具体的な場面にかかわる特定の事項等について詳細な供述を回避する基本的な姿勢をとったとしても，あながち不自然ではない。」として，秘密の暴露がなくとも被疑者の供述調書に信用性を認めた事例である。

⒇　平成11年4月28日東京高裁判決（判タ1013・245）

　これは，いわゆる小田原強盗殺人事件と呼ばれるもので，原審では，あらかじめ捜査官の知り得なかった事項で，自白に基づいて捜査した結果，客観的事実であることが確認されたものの中で，秘密の暴露に相当するものは見当たらないとされたことに対し，控訴審において，被疑者の自白には，秘密の暴露とまではいえないものの，犯行の動機，犯行に至る経緯，

犯行に使用したナイフが被害者の体内で曲がることがあるか，また，逃走の際の状況等に関しての供述は，捜査の結果，いくつか裏付証拠が得られており，個々の証拠の証明力はそれほど高くはないが，それが重なることで無視できない証拠価値を持つに至っているとされたものである。

　この事件では，「被害者の首を刺し，被害者が叫び声を上げながら運転席のドアに倒れかかったとき，背筋にぞーっという寒気がはしり，思わず後部座席に腰を下ろしてしまった」，「逃げるとき被害者を見ると，体を前に起こし，タクシーから出て俺を追いかけて来るような仕草をしていた」，「交番の赤燈が見え，びっくりして立ち止まり，かまぼこ店の手前を右折した」などという供述に関し，原審はこれらの供述をもって，直ちに自白の信用性を高めるものとはいえないとしたのに対し，控訴審は，いずれの供述も被疑者の心理描写を伴っていて，犯人でなければ供述できないような迫真性を備えているとして，それらの供述は被疑者の自白の信用性を高めていると評価していることも参考になろう。

(21)　平成9年7月30日広島地裁判決（判時1628・147）

　この事案は，被告人が，被害者を殺害した上，その預金通帳及び銀行届出印を奪い，その直後，同通帳等を用いて，被害者の預金口座から預金を引き出した強盗殺人事件であるが，被告人がその犯行を認めた上申書を書いた日に，その通帳及び印鑑の隠匿場所及びその状況を警察官に説明し，その写真撮影報告書で裏付けられていることにつき，秘密の暴露に当たるとしても，被害者の預金通帳等を不正に取得し，これを利用して金銭を取得したという犯行と犯人の結びつきには有益な事情であるにしても，同通帳等を強取するために殺人に及んだか否かについては，決め手となる事情を有していないことから，これをもって強盗殺人の自白の真実性が保障されることにはならないとされたものである。

(22)　平成9年5月16日福岡地裁判決（判時1617・150）

　これは，拳銃で家屋めがけて実包3発を発射して同家屋を損壊させたという事案につき，被疑者の自首後に同家屋の捜索及び検証により，弾丸3

発が発見され，同家屋のガラス戸のガラス等に弾痕と思われる痕跡があったとしても，被疑者の自首以前に警察が内偵捜査で同家屋の住人に「ガラスが割られたことはないか」と尋ねたという経緯があったことに照らせば，被疑者が直接に捜査機関に犯行を明らかにしたものとはいえないとして秘密の暴露と認めなかった事例である。

(23) 平成7年2月9日名古屋高裁金沢支部判決（判時1542・26）

これは，殺人事件において，犯行後に被疑者から義兄方に車を運転して行ってくれとの依頼を受けたとする参考人の供述につき，原審は，同義兄方の住所については，当時捜査官側が探知していなかったとの的確な証拠はないとして秘密の暴露ではないとしたが，このような事実は，実際に体験した者でなければ供述できない具体的な事実である上，殺人を敢行した者が犯行後信頼し得る人物をあてにして行動することは犯人の心理として十分理解でき，秘密の暴露であることを認めた事例である。

(24) 平成6年9月22日東京地裁判決（判タ878・87）

これは，いわゆるトリカブト殺人事件において，被疑者がフグやトリカブトの毒を抽出，濃縮等するために必要なエバポレーターやマウスの購入につき，自ら進んで供述したことにより捜査官に初めて判明し，具体的な購入先や購入した時期，数量，価格についていずれも裏付けられるに至ったもので，秘密の暴露を含むものであるとして，被疑者の供述を信用できるとした事例である。

(25) 平成6年7月6日水戸地裁下妻支部判決（判時1533・127）

これは，中学生時代の同級生2名を殺害した事件において，被疑者が供述したその両名の死体の遺棄場所から実際に両名の遺体が発見されたことや，凶器の出刃包丁が被疑者の指示する場所から発見されたことは，たとえ，被疑者が犯行時又は犯行直後に死体を遺棄する現場に居合わせたからであると弁解しても，その弁解は採り得ないものであるとして，秘密の暴露を認めた事例である。

⑯　平成5年9月17日大津地裁判決（判時1497・136），平成5年2月5日長崎地裁判決（刑集50・10・863）

　　これは，被疑者の供述した死体遺棄場所から被害者の死体が発見されたのは，秘密の暴露に当たるとした事例である。

㉗　平成5年5月7日大阪高裁判決（判タ837・279）

　　これは，放火殺人事件において，本件現場に遺留されたポリ容器と同様のものを，被疑者が犯行前日にある店で購入した旨自白したところ，同店においては同日日用品として615円の商品が1個販売された証拠が残されており，上記ポリ容器も615円であったとしても，同店は一日に数百人が出入りするスーパーマーケットであり，同店における615円の価格の日用品はほかにも数点あるのであって，615円の日用品の売却を示すレシートが本件と同様のポリ容器の売却を証明していることも，被疑者が同日同店で上記ポリ容器を購入したと認定することも困難であるとして，上記自白内容を秘密の暴露と認めなかった事例である。

㉘　平成4年9月9日大阪地裁判決（判タ833・278）

　　この事案は，侵入盗の事案であるところ，同判決では，「証人警察官Aは，当公判廷（第3回）において，被害者であるB方勝手口のドアの下に段があって，中に敷物があったことは，被告人の自白により初めて知ったことであると供述するが，勝手口のドア付近に段差があることは寧ろ通例のことであり，中に敷物が置いてあることも，さほど珍しいことではなく，既にB方の実況見分等を経ていた同証人の十分知り得た事柄である。」として，上記事実について，秘密の暴露であるとは認めなかった。

　　たしかに，さほど秘密性のない供述でもあり，事前に捜査官が十分に知り得る可能性のある事実であることは否定できないことから，秘密の暴露と認められなかったとしてもやむを得ないかと思われる。

⑵⁹　平成4年7月29日東京高裁判決（判タ806・237）

　この判決の事案は，他人の住居に侵入して家人2人を殺害した上金品を強取したというものであるところ，被害者方から強取してきた手提げ金庫に関する供述において，秘密の暴露が存したと認定している。

　すなわち，「被告人甲は，6月7日のD検事の取調べに対し，被害者方から奪って来た手提げ金庫の中に記念硬貨が5，6枚入っており，そのうち2枚くらいを乙にやり，残りの3枚を自分が取って自宅六畳間の整理たんすの上に置いた旨供述した。右供述に基づき翌8日被告人の母方を捜索した結果，段ボール箱に入っていた小箱の中から，本件で押収された大阪万博及び天皇在位50年の記念硬貨各1枚（以下，本件記念硬貨という。）が発見された。本件記念硬貨は，被告人甲が述べた自宅六畳間の整理たんすの上に置いてあったのを，4月28日，別居中の妻が同じ場所にあった小箱にブローチと一緒に入れて押入れの中にしまい，その後，5月29日，右母が右の小箱を入れた段ボール箱ごと同女方に運び込んでいたものである。そして，本件記念硬貨を見せられたAは，同人方の手提げ金庫の中にあったものと同一であること及び記念硬貨のことはそれまで捜査官から聞かれなかったため述べる機会がなかったものである旨供述し，また，上記妻は，4月20日の被告人甲方捜索に立ち会った際，初めて前記整理たんすの上に置いてある記念硬貨3枚を現認しており，その前の3月上旬頃，春の洋服を取りに帰ったときは，まだ，右の記念硬貨はなかったこと及び甲が記念硬貨を集めているのを見たことがなく，同人にそのような趣味はないと思う旨供述している。

　これら捜査の経過などに徴すると，本件記念硬貨の存在は，被告人甲の自白によって初めて捜査官に明らかにされた事項であって，供述内容の信用性を補強するものということができる。」と認定している。

　また，この手提げ金庫の投棄場所についても，被告人の供述により明らかにされており，「捜査官の方では，手提げ金庫が被害品であることを知っていたとしても，その投棄場所が原判示の不燃物集積所であることは，被告人甲の供述によって初めて判明したものであり，しかも，同所に，被告人が供述するとおり手提げ金庫が存在した事実が，周辺住民らの目撃供述

によって裏付けられたものである以上，これをもって秘密の暴露に当たるとすることに何らの妨げもないというべきである。」と判示している。

(30) 平成4年3月31日名古屋高裁金沢支部判決（判タ799・48）
　これは，被害者を殺害するに当たって睡眠薬を服用させたとの話を共犯者から聞いたという被疑者の供述は，当時，その共犯者が被害者を殺害するのに睡眠薬を服用させたことを否定していても，他の被害者に対しても同様に睡眠薬を服用させて殺害していた場合には，捜査官が同様の手法が使われたのではないかと疑うのは当然であるから，このような観点からの追及により，被疑者から迎合的になされた供述である可能性も少なくないことなどに照らし，検察官が主張するほどの秘密の暴露性は認められないとした原審の判断を是認した事例である。

(31) 平成4年2月28日大阪高裁判決（判時1470・154, 判タ829・277）
　これは，住居侵入・強姦事件において，被害者方の発見の経緯や同人方への侵入の経路，逃走用に玄関の鍵を開けておいたことや，キーホルダー型のコンドームを購入していたことなどは，いずれも秘密の暴露とは認められないとされた事例である。

(32) 平成3年11月11日神戸地裁尼崎支部判決（判タ794・276）
　これは，丸太杭で被害者の頭部を2回にわたり強打して殺害したという自白は，被害者の頭蓋骨が粉砕し合計80数個の骨片になっており，鑑定医がその骨片を組み合わせてその損傷部位を特定する鑑定より以前になされていることに照らし，法医学の高度な知識に乏しい捜査官らには全く知り得ないことといえることから，犯人しか知り得ない秘密の暴露であると認めた事例である。

(33) 平成3年6月18日東京高裁判決（判タ777・240）
　これは，死体が発見された場所自体は当時既に知らされていたが，その死体がAであるという事実は被疑者以外の誰も知らず，被疑者がその場所

にAの死体を放置してきたと供述し，それに基づきそれまで身元不明とされてきた死体について再検討された結果，その死体がAであるということが確認されたというのは，秘密の暴露に当たるとされた事例である。

⑶⑷　平成元年9月20日福岡高裁判決（刑集44・7・673）
　これは，実況見分調書において，被疑者が犯行着手と姦淫未遂の各地点を特定した部分は，被害者が指示特定しない以前においては，犯人でない限り知り得ない事実を明白にした意味で，秘密の暴露に類するものであるとした事例である。

　以上，34件の裁判例を紹介したが，実際に取り扱う事件において，肯定例，否定例のどちらに近いかを十分に吟味し，どの裁判所でも肯定すると思われるような秘密の暴露を得られるように努力すべきである。

6　自白と補強証拠

> 自白に補強証拠が要求されるのはなぜか。また，それはどのようなものである必要があり，どの範囲や程度で求められるのか。

　憲法38条3項は，
　　何人も，自己に不利益な唯一の証拠が本人の自白である場合には，有罪とされ，又は刑罰を科せられない。
と規定し，これを受けて刑事訴訟法319条2項は，
　　被告人は，公判廷における自白であると否とを問わず，その自白が自己に不利益な唯一の証拠である場合には，有罪とされない。
と規定し，被告人を有罪とするためには自白以外に補強証拠が必要であることを明示している。
　この両者の関係につき，憲法の規定上の「自白」には，公判廷外での自白も，公判廷での自白も共に含まれ，したがって，刑事訴訟法の規定は，憲法の当

然の趣旨を確認したに過ぎないものと解する見解が多数説である。これに対し，憲法の規定は，公判廷外の自白についてだけ補強証拠を要求していると解し，刑事訴訟法の規定は，それを政策的に一歩進め，「公判廷における自白であると否とを問わず」として，公判廷の自白についても補強証拠を要求したものと解されるとする見解もある（加藤康榮「刑事訴訟法」287頁，法学書院）。

　そして，このような補強証拠が要求される根拠としては，誤判の防止にあると考えられている。つまり，虚偽自白によって誤判が生じることのないようにするために，自白以外の補強証拠を求めることとしたのである。この点，最高裁判所も「実体的真実でない架空な犯罪事実が時として被告人本人の自白のみによって認定される危険と弊害を防止するため」憲法38条3項の規定が設けられている旨判示している（昭和33年5月28日最高裁判決・刑集12・8・1718）。

　また，この判決では，「本人の自白」には，共犯者や共同被告人の自白は含まれないとも判示している。つまり，「共同審理を受けていない単なる共犯者は勿論，共同審理を受けている共犯者（共同被告人）であっても，被告人本人との関係においては，被告人以外の者であって，被害者その他の純然たる証人とその本質を異にするものではないからである。」とされていることから，被告人の自白に加えて，共犯者の自白を補強証拠とすることで，被告人を有罪とすることは勿論可能である。

　では，その他に，どのような証拠がこの場合の補強証拠となり得るのであろうか。もちろん，証拠である以上，証拠能力と証明力がなければならないが，それを満たしている限り，直接・間接，あるいは，その証拠の種類を問わないが，もとより，それが本人の自白であってはならない。

　そこで，問題となるのが，本人が記載していた手帳の類である。業務上横領事件において，本人が備忘のために記載していたノートについては，本人の自白を記載した供述書と変わらないとして，補強証拠として認めなかった裁判例（昭和26年4月9日名古屋高裁判決・判決特報27・77）もあるが，肯定された事例も多い。例えば，高金利違反事件において被告人が貸借関係を記載していた手帳（昭和27年4月5日仙台高裁判決・高刑集5・4・549），業

務上横領事件で被告人が記載していた手帳・日誌（昭和28年3月2日広島高裁松江支部判決・判決特報31・96），食管法違反事件の被告人が記載していた米の未収金控帳（昭和32年11月2日最高裁決定・刑集11・12・3047），真実を記載したものと認められる裏帳簿（昭和37年4月26日東京高裁判決・刑集15・4・218）などが挙げられる。

　そして，その補強証拠はどの範囲や程度で必要かという点に関し，判例上，補強証拠は，実質的に見て犯罪事実の客観的側面の全部又は重要な部分に存在するべきという枠をはめることなく，自白した犯罪事実が架空の嘘のことではないということが分かる程度の証明，つまり，「自白の真実性が担保できる程度」を必要とし，かつ，それで足りると考えられている（加藤・前掲295頁）。

　そもそも，補強証拠が要求される理由が，虚偽自白に基づく誤判のおそれを防止するためである以上，その範囲や程度は「自白の真実性を担保すること」で足りると解してよいといえるであろう。

第5章　被害者・参考人についての取調べ留意事項

1　参考人取調べ上の留意事項

> 参考人の取調べにおいて，最も基本的な留意事項は何か。

　刑事訴訟法は，223条1項において，
　　検察官，検察事務官又は司法警察職員は，犯罪の捜査をするについて必要があるときは，被疑者以外の者の出頭を求め，これを取り調べ（中略）ることができる。
と規定しており，これが参考人取調べの根拠規定となっている。
　参考人が被害者であれば，被害状況や被害感情を明らかにするために，その供述を得られるように捜査に協力を求める必要があるし，また，目撃者や関係者からはその供述内容を証拠化したい場合も多々存するところである。
　そして，参考人に関しても，まずは，その参考人の当該事件における位置づけを見誤らないことである。被害者であれば当然に事案の全貌をほぼ知っているであろうし，目撃者等の参考人であれば，当該目撃した場面だけの事実しか知りようがないわけである。その際に，取り調べるべき事項は，問題となっている犯罪の構成要件に該当する事実について，どの部分を知っているのかであり，それが構成要件の立証上，どのように役に立つのかを正確に理解した上で，知っている事実とそうでない事実とを正確にわけて聴取し，それが構成要件要素を直接に立証できる直接証拠となるものか，また，そのような要素の存在を推認させる間接証拠となるものか，その見極めもした上で，それを正確に録取するということである。
　というのも，参考人は，体面を保とうとしたり，虚栄心などから，時に不

確実なことを確実な事柄のように供述したり，想像を交えて供述したりする場合もあるからである。それゆえ，取調官としては，記憶のはっきりしていることと曖昧な事柄を区別して供述するように仕向ける必要があるのである。また供述した内容はできるだけ広範囲に裏付捜査を実施するよう努めなければならない。

　そのようにして，目撃者等の参考人から目撃した際の状況を聞くのは当然であるが，参考人の中には，自分が見た場面はこれこれであったから，そうすると，これこれというりきさつで事件に至ったと思われるという推測を交えた供述をする者もいる。このような場合に，そのとおりの供述を録取してよいのか問題になる。

　このような供述は，あくまで当該参考人による推測であって体験した事実ではない。そのような推測による事実は，真実存したものであるのかどうかは必ずしも確定できるものではない。したがって，基本的には，そのような体験しない事実を述べてもらったとしても，有効な事実認定に使われるとは限らない。

　実際問題として，そのような供述を録取した参考人供述調書は不同意になることもあり，そのような場合には，当該参考人は証人として当該事実を証言するしかないことになる。そこで，当該参考人が証人として法廷に出廷した場合において，そのような推測に基づく事実を証言しようとしても，証人というのは，本来的には，自己が直接体験した事実を述べる立場の者であるから，意見を求める尋問は異議などが出されて証言が禁止されることも予想されるところである。

　しかしながら，参考人が直接知覚した事実から，これに通常随伴もしくは先行する事実を推測して述べる意見，例えば，直接に知覚することができない他人の内心や因果関係を推測する場合などでは，直接知覚した事実と推測を論理的に区別して述べることは不可能な場合もあり，同時に，これらの推測は余人では代えられないものであることも多い。そのような場合には，参考人が直接体験した事実から推測した事項を供述することにも十分な証拠価値があると考えるべきであろう。

　したがって，体験事実に基礎を持たない意見は，単なる「想像」であって，

許容されないのは当然であり，そのような内容の供述調書であれば証拠能力をもつことが予想されないので録取しても仕方がないことにならざるを得ない。

しかしながら，その線引きはかなり微妙であり，例えば，公然猥褻事件において，それを見た者の「これは猥褻である。」との感想が体験事実に基づく意見であるのか，単なる意見に過ぎないのかが問題となった事案として，昭和29年3月2日最高裁判決（裁判集（刑事）93・59）がある。

ここで最高裁判決は，「本件のような演技が公然猥褻の行為に当るかどうかを判断する資料としてこれを観覧した証人を取り調べる場合，証人が観覧によって生じた感想を述べることは，事案の性質上証人の実験した事実のうちに当然包含されるのであって，これを証人の意見又は根拠のない想像ということはできない。」として，単なる意見ではなく許容される供述証拠であるとしている。したがって，これに該当すると思われる事案であれば，当該参考人の意見なども録取しておくことは必須であろう。

これとは逆に，昭和26年3月30日最高裁判決（刑集5・4・731）では，強盗傷人事件の強盗の犯意の立証に関して，その犯意を認定するに際して，当時その捜査に当たった司法主任の「品物を強奪すべくやったというように印象に残っている。」というのは，単なる意見の陳述に過ぎず，これを証拠とすることは許されないとしている。これは参考人としての供述を録取した場面ではないが，単なる供述者の印象にすぎない事項は法廷における証拠として不十分であることを示すものである。

したがって，推認を交えた供述であっても，それが証拠として許容されるためには，推測の基礎，根拠となった経験事実が具体的に供述され，その推測が具体的体験に基づく合理的な推認であることが認められる必要がある。参考人の供述を録取するに当たっては，そのような推認であるかどうかの吟味が不可欠ということであろう。

もっとも，理屈の上では，そのような観点を念頭に置いておくことは必要ではあるが，実践的には，そのような印象や推測にしても参考人がそのように述べるのであれば，それはそれで詳細に聞いた上で，その理由等も併せて録取しておくほうが好ましいということはいえるであろう。

② 被害者供述の信用性確保のための留意事項

> 被害者の供述の信用性を確保するにはどのようなことに留意すべきか。

1 窃盗の被害者について

(1) 窃盗の被害者から出されて被害届に関して，それが全ての被害品を網羅してないことがある。そして，被疑者が犯行を認めたことで被害の全貌が明らかになり，被害届に載っていない被害品の存在が判明することがある。これは本来であれば当初から被害者に被害の全貌を語ってもらっておくべきではあったものの，捜査機関も知らなかった事柄であるため，秘密の暴露ともいえるものであり，被疑者の取調べとしては好ましいものである。

　ただ，その際には，被害者に対し，どうしてその被害品の記載が漏れたのかを明らかにしてもらっておく必要がある。金額が低額であったためあえて記載しなかったのか，あるいは，そのような被害品の存在を忘れてしまっていたのか，そのあたりの理由を確認しておかなければならない。これを確認しておかないと，被疑者が法廷で否認した場合，被害者の供述で立証することになるため，その手当が不可欠になるからである。

(2) また，逆に，やたらと細かな金額まで，例えば，1円単位まで被害届に記載されることもないではないが，そのような場合では，どうしてそのような金額であることが分かるのかの説明を求めておくことが必要である。通常は，細かな金額までの把握はしていないと思われるが，にもかかわらず，それが特定できるのであれば，何らかの根拠があるはずだからである。

　この特定に関していえば，賽銭泥棒の場合には，被害金額の特定は重要である。賽銭箱の中の現金の有無及び金額は，よほど管理をしっかりしていないと，いくら入っていたのかは不明である場合も多いからである。毎日，現金を取り出して記帳しているのであれば把握の仕方としては申し分ないが，そうでないような場合，どの程度の頻度で賽銭箱の中の現金を取

り出していたのか，通常はいくらくらい入っているのか，もっとも近い時期に中から現金を取り出した時はいくらであったのかなど，現金の在中状況について詳細に聞き出しておくことは不可欠の事項である。

(3)　さらに，被疑者が窃盗の余罪を自白して，被害届が出されていない被害者からの犯行を明らかにすることもある。そのような場合も，被害者からは，なぜ届出をしなかったのか理由をはっきり聞いておく必要がある。裁判例の中には，警察が被害者をして被害届を無理に提出させた感があるとして無罪となった例もあるからである（昭和50年11月4日福岡高裁那覇支部判決・公刊物未登載）。

　被害届が出てはいるものの，犯行日から相当な日数を経てから出されている場合においても同様の観点からの取調べが必要である。この場合には，特に，被害が真実存したのかどうかを明確にしなければならないからである。

2　傷害の被害者について

　傷害事件に限ったことではないが，負傷した被害者の供述の裏付けとなる証拠を幅広く収集しておくことが必要である。
　例えば，目撃者のいない傷害事件では，被害者の供述と診断書しか証拠がないこととなるから，それらの信用性をいかに維持しておくかが大切である。この時，診断書を作成してもらった医師を直接に取り調べることも考えてよいが，別の方法としては被害者に関するカルテの写しを入手することも一つである。というのは，被害者が負傷状況について医師に説明して，その状況がカルテに書かれていることもあるからである。

3　電車内の痴漢事件の被害者について

　痴漢事件で，被告人が否認し，かつ，目撃者が存在せず，被告人の犯人性を立証する唯一の証拠が被害者の供述という場合はしばしばみられるところ

である。

　このような場合，被害者の供述の信用性をいかに確保するかが重要な問題となる。このような場合で，裁判所は，被害状況に関する重大部分に大きな変遷があるとか，仮に変遷があるなら，変遷の理由について合理的な説明がなされていなければ，被害者証言を信用できないとする傾向があるので注意が必要である。また，被害者がどのようにして被疑者を特定したのか(例えば，痴漢をしている腕をつかんだのか，目視で手からたどって顔を確認したのかなど)，その特定方法は被疑者・被害者の位置関係から可能であったといえるのかなどがよく問題とされるので，これらの点についても被害者から状況を正確に聞き出しておかなければならない。

③　告訴・告発人の取調べ上の留意事項

> 告訴・告発事件における告訴・告発人取調べにおいて留意すべき事項は何か。

　告訴・告発事件だからといって，これまでに述べた参考人に対する基本的な取調べと異なるところはない。ただ，この種事件において特に留意しておかなければいけないのは，告訴・告発人の中には，本来的に民事上の紛争であるにもかかわらず，これを刑事事件とすることによって，自己の民事上の立場や主張を有利に運ぼうとする者がいないわけではないということである。

　例えば，遺産相続で紛争中の当事者の一人が，実母の作成した公正証書遺言が自己に不利であったため，この公正証書遺言を無効にしようと考え，実母が認知症に陥っており，自己の意思表示ができないにもかかわらず，実母が公証人に自己の意思で当該公正証書遺言を作成する旨述べたことを虚偽の事実であると主張し，当該公証人が，公正証書原本不実記載・同行使で告発された事件があった。この場合，公証人が裏金をもらって一方当事者に便宜を図ったなどという事実があるのならばともかく，そのような事実関係も主

張すらもない状況で，通常の公正証書遺言作成の手続が採られたものと認定される事実関係下においては，公証人が一方当事者に積極的に加担しなければならない合理的な理由は見出しにくいのが通常であろう。

　もちろん，告訴・告発人から虚心坦懐に事実を聞く必要はあるが，一度も会ったことがない公証人に対し，しかも，告訴・告発人が全く見ていない場面であるにもかかわらず，どうして実母が虚偽の事実を述べたと断定できるのか率直に尋ねる必要はあろう。もちろん，告訴・告発人は，これまでに実母の状況を見ているので，既に認知症が悪化していたという状況から，そのように推測できるという主張はするであろうが，実際に，公証人が実母の意思確認をした場に居合わせた公証役場事務員などからも事実関係を明らかにすることで，告訴・告発人の上記推測が妥当なものであったかどうか判断することができるであろう。

　また，その一方で，真実，被害に遭ったことで告訴している詐欺事件なども多数存するのも事実である。告訴・告発事件は，一般的にいって知能犯事件が多いが（それに続くのが粗暴犯事件であると思われる。），その処理に手間取ることも多いのが通常である。詐欺に係る告訴事件などでは，被疑者に欺罔の故意があったかどうかが最終的に問題となることが多く，告訴人ら被害者側からどれだけ話を聞いても，被告訴人である被疑者の故意を確実に立証できるような証拠が得られることは多くないと思われる。第3章⑨で述べたことの繰り返しにはなるが，詐欺事件などの知能犯事件では，契約書などの書類関係や金銭の授受などの資金の流れなどは，告訴人側からの資料で明らかになっていることが多く，そのため，被告訴人側もそのような客観的事実を争わないことも多い。その上で，当時は，だますつもりなどなかったと否認されることが，既に，告訴人の取調べの段階で予想されることもしばしばである。

　このような場合，いかに告訴人を取り調べても，被告訴人の故意を立証できるに足る証拠を得ることができないことも多く，最後は水掛け論になるかと予想して，いきおい捜査が消極的になることもないではないと思われる（もちろん，これに反して，客観的に被告訴人の故意を立証できるような優良な証拠が得られる場合もあるのは当然である。）。

結局のところ，被疑者が否認しても，それを打破して自白を得られる覚悟と自信があるかどうかということが捜査官に問われることとなろう。実際にも，そのような水掛け論にしかならないと思われるような事案であっても，被疑者を逮捕し，熱意のある捜査官の取調べにより，被疑者も真実を自白して詐欺の犯意を認め，その結果，起訴に至った事件も山のように存するのである。

4　特殊詐欺の被害者の取調べ上の留意事項

> 振り込め詐欺などの特殊詐欺の被害者の取調べにおいて留意すべき事項は何か。

　このような事案の被害者は，通常の詐欺の被害者の場合と何ら異なることはない。特に，特殊詐欺の一つである投資勧誘詐欺やギャンブル必勝法詐欺などは，むしろ古典的な詐欺ともいえるものであって，金儲けをしたいという被害者の欲望を利用するものであることから，被害者としてもだまされた悔しさを縷々訴える中，その気持ちを酌めるように，被害状況や被害感情を正確に録取すれば足りることがある（なお，この点については後記7でも触れることとする。）。
　ただ，オレオレ詐欺のように肉親に対する愛情を手玉に取るような種類の特殊詐欺においては，被害者は上記のような金儲けを意図したものではなく，純粋に肉親の不都合を心配し，それゆえにだまされて現金を取られてしまったのであるから，その心理的ダメージは相当なものがある。また，そのような被害に遭ったことを家族に知られ，そこで叱責されることを恐れて被害申告をためらう者もいる。
　そのため，この種詐欺事件の被害者がそのような心理状態にあることをよく理解し，取調べが更なるダメージを与えるものにならないように十分な配慮をする必要がある。極めて善良な被害者であることをよく認識して対応することであろう。

また，だまされたふり作戦をしてもらう場面もあることから，捜査の必要性や被疑者との対応の仕方，証拠として被疑者にどのような言動をしてもらうようにもっていくかなど，十分な打ち合わせが必要であることは論を俟たないであろう。

5　精神障害等を有する被害者等の取調べ上の留意事項

> 精神障害や知的障害を有する被害者・参考人に関する取調べにおいて留意すべき事項は何か。

　精神障害を有する被害者らについては，精神障害を有する被疑者の取調べのところで述べたのと同様に（第2章5参照），その病状をよく認識・理解した上で，その症状に応じた取調べをすべきであろう。
　第2章5で述べたことと同様であるが，被害者らが精神障害を有する以上，その認識等がどこまで正確になされているか，また，記憶が正確に保持されているかは，必ずしも定かではないことから，いきおいその供述の信用性も高くはないといわざるを得ないであろう。
　したがって，そのような被害者らの取調べに過大な期待を持ってはならない。むしろ客観的な事情とどれだけ符合する供述ができているかをみることで，その供述の信用性の程度を図る必要がある。ただ，それでも裁判所がそれらの者の供述内容の信用性を高く評価することは考え難いので，そのような方針で取調べを実施すべきである。
　また，知的障害を有する被害者，参考人に対する取調べについても同様であるが，知的障害の場合には，必ずしも記憶力に対する障害の程度が大きいとは限らず，知覚，認識した事実については十分な証明力を有することもあり得る。
　したがって，被害者が知的障害を負っているといっても，その被害者供述は十分に信用できる場合があり，実際にも，知的障害者が被害者となった事件で公判請求されたものはいくらでも存在する。

ただ,その被害者や参考人の取調べの際には,決して誘導をすることなく,また,本人が元々有していた記憶を変容させてしまうような聞き方はしてはならない。自分が違っていたと思ってしまった場合には,本人も何が本当のことであったか分からなくなってしまうので,原始記憶をできるだけ損傷しないように保持させるよう努めるべきであり,それを正確に録取する必要があるということである。

6 強制性交等の被害者の取調べ上の留意事項

> 強制性交等罪の被害者の取調べにおいて留意すべき事項は何か。

このような被害者は心に大きな傷を負っているので,それを少しでも回復できるように配慮した取調べが求められるのは当然である。

それゆえ現行制度の中でどのような保護手続が採り得るのかを正確に理解して,それを有効に活用することを意識した上で取調べを実施しなければならない。

もっとも,その点に関して,被害者にしてあげることができる秘匿制度に関する事項(詳細は,後述13等参照。)とそうでない事項があり,法廷への出廷が不可避になる場合もあるなどの被疑者の不利益事項に関する事前の説明は重要である。しかしながら,その言い方があまりに事務的に過ぎると,被害者は告訴を取り下げろというニュアンスに受け取ってしまうことがあるので注意が必要である。被害者参加弁護人の話として,担当した被害者に対する検察官のそれら注意事項の説明の仕方が冷淡であるとして告訴の取下げが求められているものと,被害者が誤解してしまった事例が挙げられている(村松周「とある法律屋のたわごと——犯罪被害者支援と弁護士実務[10]」捜査研究 No.809・102頁)。

もっとも,事実認定に関しては,いくら被害者といっても突っ込んだ取調べは必要である。よく問題となるのは,従来の強姦罪においてもしばしば被疑者から主張される「性交の合意」の存在である。

例えば，被疑者と被害者がそれまでに交際しており，姦淫の犯行場所が被害者方であって，それも深夜に被疑者を招き入れているようなケースでは，被疑者は合意があったと主張し，被害者は合意はなかったと主張して，その言い分が真っ向から対立することがある。

　このような場合には，被疑者との交際状況はどうであったのか，交際は既に終了していたのか，どうして被疑者が被害者方を訪ねてきたのか，どうして深夜であるにもかかわらず招き入れたのかなどについて，裁判官を納得させることができるだけの説明を求める必要がある。

　被害者が真実強姦されていると心証が取れていたにしても，その説明が十分かつ的確になされないと最終的に裁判で無罪とされてしまい，その挙げ句被疑者から被害者に対して損害賠償請求訴訟を起こされる事例もあるのであって，そのような事態に至っては，被害者が更なる傷を負うことにもなりかねないことを認識しておかなければならない。

　したがって，被害者にはどんな裁判官であっても納得させるような説明をさせるように取り調べなければならない。

7　児童福祉法違反事件の被害者の取調べ上の留意事項

> 　児童福祉法60条1項，34条1項6号違反事件において，「淫行」させられた被害女性の取調べにおいて留意すべき事項は何か。

　年少の被害者が性的な被害を受けていることから，これ以上，精神的な負担を負わせないように，淡々と事実関係を確認していくような取調べをすべきであろう。もちろん，できるだけ被害者の気持ちを酌んで配慮しようとする姿勢が伝わるように取り調べるのは当然のことである。

　もっとも，この種事件の被害者の中には，年少者であるにもかかわらず，性的に成熟し，「淫行」させられていることにさほど苦痛を感じていないのではないか，と思わせるようなタイプの被害者もいる。そういった被害者は，警察が事件を摘発したことに対してむしろ敵愾心を持っていることもあり，

その結果，極めて非協力な態度をとってしまうことから，この場合に被害者として対応しなければならないことに困惑することもないではない。

筆者自身も，この種事件を担当したときに，そのような戸惑いを覚えたことがあった。しかしながら，そのような被害者だからこそ公的機関が彼女らを守る必要があるのだろうと考えるべきである。多くの年少者は，そんな世界に足を踏み入れないようにして，自分で自分を守れるのだろうけど，それができない被害者だからこそ，法律によって我々が守る必要があるのだと理解すべきである。そのような危険に近づかない子供らばかりだったら，児童福祉法のこのような罰則は不要であろう。そういったリスクを負ってしまう被害者のためにこそこの法律があるのだということを肝に銘じておくべきである。

こういったスタンスで臨むことで，やたら反発する言動を繰り返す被害者であっても落ち着いて対応できることとなろう。また，そのように臨むことで，被害者の態度が非協力的であっても，事件の立件に向けた熱意が下がることはないはずである。

また，同じことは詐欺の被害者についてもいえると思われる。詐欺の手口には誰でもがひっかかるような極めて巧妙なものもあれば，どうしてこんなことでだまされてしまうのかと思われるような事件もある。しかも，被害者の金銭欲をうまく煽って，盲目的にしてしまい，金欲しさのために金を失うという事態に陥らせる手口も決して珍しいものではない。

その際に気を付けておくべきことは，たとえ，そのような場合であっても，それを被害者の落ち度であるかのように感じてはならないということである。そのような単純な手口や金銭欲を煽られてだまされてしまう人たちのために詐欺罪があるのであって，詐欺師の考えていることを読み取って防御できるような賢い人のために詐欺罪があるのではないということである。

児童福祉法にしても，詐欺罪にしても，それらの罪により守られなければならない人がいるからこそ制定されているのであり，落ち度があるように見える人がいるからこそ，それらの法律が必要なのであるから，それら事件の捜査の際に，被害者に落ち度があるかのような感覚は持たないほうがよいものと思っている。

8 警察官が被害者等の場合の取調べ上の留意事項

> 警察官が被害者なり参考人になった場合の取調べにおいて留意すべき事項は何か。

　警察官が相手の取調べであるから、基本的には、特段の問題はなく、本人から記憶のままに供述してもらうだけで足りるであろう。
　ただ、警察官だから正確に記憶していると思っていては、しばしば間違うことになる。
　警察官も人の子である以上、自分が当事者になった事件であったとしても、必ずしも正確に記憶しているとは限らない。
　そのため、客観的な事実関係や他の証拠関係がどうであったのかを確認して、その記憶が間違いないかどうかをチェックしながら取調べを進めるべきであろう。
　特に、警察官の供述内容に一部でも誤りがあると、その全体を信用しないという傾向が裁判例の中にもみることができることから、十分注意しておくべきである。
　例えば、すり係による現行犯逮捕については、被疑者が否認した場合、これまでは目撃し現行犯逮捕した警察官の証言だけで立証していた。
　そして、通常の場合、ベテランのすり係の現認能力については高く評価されていることから、その証言は信用性が高く、有罪認定の大きな根拠となってきた。
　しかしながら、平成20年7月18日東京高裁判決（判タ1294・297）は、その評価に疑問を投げかけたものとなった。
　同判決は、被告人の否認供述には不自然な点や不合理な変遷があり、そのまま信用することはできないが、有罪か無罪かは被告人の行動を現認し、逮捕をした警察官Aの証言の信用性にかかるところ、警察官Aは第一審における証人尋問において、被告人が駅ホーム上で被害者の手提げかばん内に右手を差し入れた後、電車内で左手を差し入れ、そのとき被告人の左親指の延長線上の手首が手提げかばんの上に浮いた状態でその左小指の延長線上の手首

が手提げかばん内に入った状態であったのを目撃したと証言しているところ，捜査段階において，同証言を裏付けるような駅ホームに設置されたビデオカメラの確認作業や被害者及び警察官Bからの事情聴取などの捜査は行われておらず，同証言の信用性を担保する証拠はない上，捜査段階で実施された警察官A立会の犯行再現においては被告人の左手首まですっぽりと手提げかばん内に入れられている状況が撮影されているなど，同証言とは反する証拠が存在するなどの事実に鑑みると，警察官Aの証言にはなお合理的な疑いが残るとした上，「本件においては，専門的にすり捜査に従事している警察官Aが被告人のすりの犯行を現認したということに，いわば安心し切ってしまい，被告人が逮捕当初から一貫して犯行を否認しているにもかかわらず，関係者であるA，B及び被害者について，その記憶が鮮明なうちに，問題意識を持って，詳細かつ的確な供述調書を作成したり，きめ細かな内容の目撃状況再現の実況見分を行うなど，同人らの記憶の証拠化を図っておく措置をとっておらず，指紋やビデオ映像等の客観的な証拠の収集に努めようともしていない。そのことは，警察官Aが，公判廷において，『私の現認があるから，それだけで十分であると思いました。』などと証言していることに，端的に現れている。」などと判示し，無罪とした。

　しかしながら，この判決は甚だ疑問である。わざわざ些末な点を取り上げて，警察官の信用性を否定しようとしているもので，この警察官が虚偽の供述をしなければならない理由などないことには全く触れていない。この判決で指摘されているような些細な違いが信用性を否定するほどのものとは到底思えないところである。

　ただ，このような不当な判決が出され得ることも意識しておく必要があるのであり，警察官の証言というのは，他の証拠との些細な食い違いも許されないレベルを要求する裁判所もあるのだということを意識しておく必要がある。

　更には，警察官の証言で立証できるにしても，それを補強する証拠の収集も怠ってはならないということである。

9 年少者が参考人となる場合の取調べ上の留意事項

> 年少者取調べ要領は何か。また，そのうちでも被害者が年少者の場合に関する取調べにおいて留意すべき事項は何か。

1 年少者供述の特徴

(1) 年少者は，成人に比べて誘導に乗りやすく，また，取調官側の意図に影響されやすく，また，それに迎合しやすいという傾向がある。したがって，そのような年少者の特性を念頭において取り調べる必要があろう。

まず，被害者等が年少者であった場合，その目撃状況を取り調べる際の留意事項であるが，基本的には，年少者だからといって，その識別能力が特に劣っているようなことはないといわれている。例えば，家庭内の出来事や学校での出来事など自分の世界内の事柄に関するものであれば，その認識や知覚は成人と同様のものが認められると考えられている。

しかしながら，過去の裁判例で最も問題とされているものは，詳細は後述するが，年少者の被暗示性である。この点についての配慮が成人以上に必要であると考えられていることに留意しなければならない。年少者は，周囲の者の言動による暗示を受けやすく，そのため目撃後に友人と話したり，親と話したりした中で得た内容によって記憶が変容する危険があると考えられている。

また，年少者は一般的に表現能力が十分でないことから不正確になりやすいということを考慮しなければならない。年少者自身の持っている語彙の中で，身振りを多用して話されることも多いのであるから，それに合わせた意識と理解が必要であり，成人の用語を使わせると，それが暗示になりかねないことも留意しておく必要がある。

さらには，一般に年少者は，「誰を，どこで目撃した」，「誰は，何をされた」といった供述はできても，時の経過に関する「それは，いつのことか？」を供述するのは不得手であるかと思われる（時間帯の認識はもちろん，実体験が一昨日であっても，「きのう」と述べるなど。）。そのため，年少者の理解

力に合わせて問答をする必要性がある。

　したがって，年少者の目撃供述を得る場合には，目撃状況をそのまま語らせるのはもちろんのことであるが，その取調べの段階までに，誰にそれを話したか，それに対して誰がどのようなことを言ったかなど，暗示を受ける可能性の有無についても調べておくことは不可欠である。また，年少者の語彙等の問題からその状況をうまく伝えられないものの，その供述態度からして，その目撃が正確になされていることが分かるような場合には，その供述状況をビデオ撮影するなど，視覚的に明らかにできる方法で証拠化することも検討されてよいのではないかと思われる。

　しかしながら，だからといって年少者の視認を過小評価する必要はない。これまでの裁判例でも，年少者による犯人識別供述の信用性が認められた事例の方が圧倒的に多いことがこれを示している。

⑵　ここで平成29年10月26日東京高裁判決（公刊物未登載）が参考になるので紹介する。この事案は10歳の少年の目撃状況についての供述の信用性を否定した第一審判決を破棄し，その信用性を認めて差し戻したものである。

　この事案の公訴事実の要旨は，「被告人は，平成27年10月3日午前10時50分頃，普通乗用自動車を運転し，横浜市青葉区内の交通整理の行われていない丁字路交差点を（中略）時速約40キロメートルで直進するに当たり，前方左右を注視し，左方道路からの歩行者等の有無に留意して，その安全を確認しながら進行すべき自動車運転上の注意義務があるのにこれを怠り，前方左右を注視せず，左方道路からの歩行者等の有無に留意せず，その安全確認不十分のまま漫然前記速度で進行した過失により，折から左方道路から右方へ小走りで横断中の被害者（当時10歳）を左前方約4.1メートルの地点に認め，急制動の措置を講じたが間に合わず，自車左前部を同人に衝突させて路上に転倒させ，よって，同人に外傷性脳内出血の傷害を負わせ，同日午後1時4分頃，同人を前記傷害により死亡させた」というものである。

　これに対し，第一審判決は，上記被害者の同級生である10歳の少年Ｂ

による，被害者が一時停止をした後に横断していたとの目撃供述を信用できないとし，被告人は，前方左右を注視していても被害者が飛び出した本件事故を回避できなかった合理的な疑いが残るから，被告人には本件公訴事実の過失は認められないとして無罪としたものである。

そこで，検察官が控訴し，10歳の同級生Ｂの供述の信用性に関して，被害者佇立地点に関するＢ供述には高い信用性が認められるのに，第一審判決はＢ供述を正確に理解せず，同供述は不自然不合理として，その信用性を否定したことは論理則，経験則に違反すると主張した。

これに対して，本件東京高裁判決は，Ｂ供述の信用性判断について，「Ｂ供述によれば，Ｂは『被害者は(ア)地点にいた』と供述しているところ，Ｂには意図的に虚偽供述をする理由はない上，Ｂが本件事故の約１時間30分後から本件事故現場で実施された実況見分において，右手で被害者を制止した時及び後方に下がって停止した時に被害者がいた地点はいずれも見取図２の(ア)地点である旨指示説明していること等に照らせば，具体的に信用性を減殺すべき事情がない限り，その信用性は高いと考えるのが一般的な証拠評価というべきである。」として，被害者が横断前に一時佇立した地点等に関する供述に高い信用性を認めたものである。

ついで，これと異なった認定をした第一審判決については，次のとおり厳しく批判した。

まず，第一審判決が「Ｂが，0.1メートル単位まで正確にＢ自身や被害者の動静を『記憶』していたということには，不自然さを否めない」と指摘した点については，「その趣旨は必ずしも明らかではないが，実況見分の際，Ｂが，被害者の佇立位置について0.1メートル単位で指示しているということを前提としているのであれば，それは誤解である。所論のいうとおり，実況見分調書において，Ｂ及び被害者の佇立地点等が0.1メートル単位で特定されているのは，Ｂが本件事故現場で指示説明して特定した地点間の距離等を，警察官が0.1メートル単位で計測した結果が記載されているに過ぎないからである。Ｂは，単に，本件事故現場において，自己の経験に基づき，自己の居た場所との関係を踏まえ，被害者佇立地点として(ア)地点付近を指示したに過ぎないのであり，また，原審記録を見ても，

Bは『0.1メートル単位まで正確にB自身や被害者の動静を記憶していた』などとは供述していないのであるから，原判決の説示は，B供述を正しく理解して批判するものではなく，不合理である。」として第一審判決の不合理さを指摘した。

　また，次に，第一審判決が「Bが被害者を制止する際，右手を被害者の『胸の前』に出すことは不可能である」と指摘した点については，「確かに，Bが手を横に挙げても，約1.4メートル離れた地点にいる被害者の胸の前に手が届かないことは明らかである。しかし，一緒に連れ立って行動している者に対して，前方に出ないよう制止動作をする際，その者が右横にいるとすれば，右手を挙げて制止することは自然な動作であるし，約1.4メートル離れていても（これは体の中心点同士の距離である。），制止した際のBの右手の指先と被害者の肩先の距離はせいぜいその半分程度であるから，その右手の位置を，相手との関係で身体の前，胸の前などと表現することはそれなりにあり得ることである。しかも，Bは，前記のとおり，本件事故直後の記憶が鮮明なうちに行われた実況見分において，被害者の佇立位置を自分から約1.4メートル離れた(ｱ)地点と指示しており，Bの上記供述はこれを前提としていることを考慮すると，Bが文字通り『胸の前』に手を出したとの趣旨で供述したものでないことは明らかである。原判決が，この供述部分を捉えて，B供述の核心部分の信用性まで否定するのであれば，その信用性判断を誤っているというほかない。」と指摘した。

　さらに，第一審判決が「被害者が被告人車に気付いたBから横断しないよう言葉と動作で注意を受けたのに，横断を開始した被害者の行動は不自然である」と指摘していた点についても，「しかし，そもそもBが被告人車に気付いていたとの事実が認められないことは既に説示したとおりである上，その趣旨が，Bが，被害者に対し，被告人車が近づいているから横断しないよう言葉と動作で注意したとの趣旨であるなら，このようなことはBも供述していないばかりか，記録を見てもそれに沿う証拠はなく，上記は証拠に基づかない認定というほかない。しかも，道路の左右を確認し，その一方から来る車両等に注意し，それとの衝突を避けて横断等を行った歩行者や車両が，その注意している間に，反対方向から進行してきていた

車両等と事故を起こす事案は，経験則上，稀な事態ではないところ，本件道路は，被告人の進路で見ると，左カーブを経た後，下り勾配で本件交差点に差し掛かるのであり，Bや被害者が，本件交差点に至った頃，左右を確認したとしても，その時点で，被告人車両が容易に視界に入る位置にあったとは原審証拠上断定できない。そして，Bが左方を確認した際，車両を確認したかどうかについては，原審記録上は明らかでないが，被告人も100メートル程度先の対向車線に赤い普通乗用自動車がいたと供述をしていることからすると，Bや被害者は，左方から来る車を確認して一旦停止した可能性もある。そうすると，被害者の行動を不自然であるとする原判決は，証拠に基づかない，誤った事実を前提とするもので，不合理というほかない。」と指摘し，第一審判決の誤った事実認定を厳しく批判している。

結局のところ，「B供述の信用性に関する原判決の判断は，B供述を誤解したか，証拠に基づかない誤った前提事実に基づき，適切でない経験則によって本件事故状況を推測し，原判決自身が基本的には信用性が高いとしたB供述について，その根幹部分の信用性まで否定し，被害者佇立地点が認定できないとしたものであり，論理則，経験則に反する事実の誤認がある。」ことが明らかにされたものであった。

2 裁判例での問題点の紹介

年少者が被害者であった場合にどのようなことに留意すべきであるのか，これまでの裁判例で問題とされた点を挙げて注意を喚起することとしたい。

(1) 両親等周辺者からの影響の可能性

被害者が年少者の場合，その記憶などは他の者，特に，両親の言動の影響を受けることがある。そのため，被害者の記憶がそのような形で変容させられていないか疑問を持ちながら事実関係を確認する必要がある。

平成29年9月13日福岡高裁判決（公刊物未登載）は，マンションの管理人である被告人が，同マンションに居住する当時8歳の被害者に対し，マンションの1階管理室において，被害者の唇に接吻し，同人が着用してい

た下着内に手指を差し入れて陰部を触り，さらに，そのズボンとパンツを膝の辺りまで脱がせて臀部を直接手でたたくなどしてわいせつな行為をしたという事案において，「被害者が年少者で母の影響を受けやすいことから，とりわけ慎重に検討することが必要であるところ，（中略）被害前と変わらぬ様子で，被害直後も被害者が被告人にまとわりつき，じゃれついているという客観的事実，被害者の母が被告人のことを快く思っておらず，被害者に対して管理室に行かないように注意していたこと，本件当日に被害者が被害者の母に被害供述をするに至るまでの経過等を踏まえて，被害者及び被害者の母の供述の信用性を検討する必要があるというべきである。」とし，その上で，被害者らの供述の信用性を否定して無罪としている。

また，平成27年３月10日仙台高裁判決（高検速報（平27）318）では，被告人が，同居している妻の連れ子である養女（当時11歳）に対し，ブラジャーの中に手を差し入れて乳房を揉み，さらに，パンツの中に手を差し入れて陰部を触るなどのわいせつな行為をしたという事案において，同判決では，被害者である養女の証言は信用性について，「単独で評価すれば，養女の原審証言は信用性が高いように思われ，他方，元妻の原審証言は，その信用性に疑問が残るのであるから，単純に考えれば，元妻の原審証言は捨象して，専ら養女の原審証言に従って，被告人が養女に対するわいせつ行為に及んだと認定できるようにもみえる。」としながら，「しかしながら，やはり養女の原審証言と矛盾する内容の証言をする元妻が養女に何らかの影響を与えていないのか，との観点を等閑視することはできないといわざるを得ない。」として，結局，信用性のある養女の証言を排斥して被告人を無罪としている。この判断は非常に疑問であり，およそ妥当な判決とは思われないが，実母からの影響という点に力点が置かれるという裁判所の考え方が示された一つの例として考えるべきであろう。

(2) 周辺の客観的状況との整合性

被害者である年少者の供述が周囲の状況に照らして不自然であることを理由に信用性が否定されることがある。したがって，仮に特異な状況が見られる供述内容であっても，それが周囲の状況と整合するものであるとい

えるか十分に吟味しておく必要がある。

　平成26年９月９日東京高裁判決（公刊物未登載）は，小学校の教員が，６歳の被害児童Ａ及びＢの２名に対し，教室内で同児童らの下着の中に手を差し入れて陰部を触るなどしたという強制わいせつ事件である。被告人が，教室内で被害児童を自らの膝の上に乗せて，そのパンツの中に手を差し入れてわいせつ行為に及んだとの被害児童の証言に対し，本件東京高裁は，教室内に他の児童がいたとしても，教卓の陰になって，上記の行為を直接目撃されるおそれは低く，不審を抱かれないように行為に及ぶことも可能であるにもかかわらず，「児童の陰部を直接触るという行為の性質からすると，その行為が目撃されないよう周囲の状況に相当注意するのは当然のことであるし，行為が終わった後に被害者が他の児童に被害を言い立てるなどして，周囲の者がそれに気付くような事態とならないよう児童の反応にも注意するのが当然と考えられる。」，「所論は，手元の部分が隠れていたから他の児童や室外を通る教員等から見られることを気にする必要はなかった，同種行為を反復して被害者らの反応を熟知していたから周囲を気にする必要がなかったなどというが，実際に行為に及ぶときに周囲を全く気にしないというような性質の行為ではない。ＡとＢの供述の信用性の判断に当たっては，ＡやＢが説明する周囲の状況との整合性も併せて検討する必要があるが，（中略）ＡやＢのいう被害態様が周囲に複数の児童がいる場で起こり得るのかという疑問は払拭できないのであって，現場の状況と整合しない」として，被害児童の証言の信用性を否定し，無罪とした。

　この判決の判断内容は，被害児童の証言内容が必ずしも周囲の状況と齟齬するわけでないにもかかわらず，恣意的な判断で整合しないと断じたものであり，およそ合理的なものとはいえない上，その他にも，年少被害者の証言における表現能力や心理状況等を適切に評価せず，不十分で信用できないとしたもので，不当な判決であることは明らかである。ただ，周囲の状況との整合性という観点で，証言内容が検討されることになることは捜査上意識しておく必要がある。

　なお，この事案においても，母親からの影響の点は前記各事案と同様に問題とされている。

(3) 捜査官からの影響の可能性

　後述する⑫の面割り捜査でも同様であるが、年少者は周囲の者からの言動によって影響されやすく、特に、捜査官の意向に沿った供述をさせたとの疑いを招かないように配慮しなければならない。

　平成19年8月24日名古屋高裁判決（高検速報（平19）408）では、下校途中の7歳の被害児童に口淫をさせたという強制わいせつ事件において、犯人の同一性について、警察官調書より検察官調書、更には、法廷での証言に至る経緯において、犯人と被告人との同一性について、次第に詳しくなっていったことをもって、捜査官側からの誘導や影響があったものと認定している。

　具体的には、「被害児童は、本件被害当日である平成18年4月13日は、犯人の特徴につき、『見たことのない人で、少し太った人、お父さんより少し背が低い、髪の毛が短い、丸い顔、白い服と青いGパンを着ていた、銀色の自転車に乗っていた。』と述べるに止まっている。その内容は、被告人の自転車も銀色であること、概括的な容貌として被告人のそれと矛盾しないということができること以上に、被告人に特有の身体的な特徴や特異な所持品等に結びつく供述はない。」とされているところ、「被害児童は、証言（原審公判・ビデオリンク方式）でも、被告人が犯人であるとしている。しかし、その述べる犯人の特徴は、被告人の面通しを行う以前に録取された供述と対比して、より具体的かつ詳細となっている感は否めないし、被告人の顔がドラえもん、特定のタレント、動物ならオットセイに似ているなどと証言しているが、捜査段階ではそのような供述が録取されていないことに照らすと、やや不自然である。また、被害児童は、犯人は40歳に近い30代であるなどと証言しているが、7歳の子どもがそのような年齢判別などできるものか疑義があるし、4月13日には、犯人は、事情聴取をした昭和51年生まれのK警察官より若かった旨供述していることとも整合しない。このような点に照らすと、被害児童の証言は、面通しの際に受けた被告人の印象、記憶が混入している可能性が排除できないだけでなく、証言に先立ち検察官から被告人の写真を示されながら確認を受けており、その影響も否定できない。加えて、犯人の同一性識別に関する被害児

童の一連の供述をみると，(中略)被害児童は，例えば，犯人の目と髪の毛について，警察官調書では目の供述がなく，髪の毛は短いと述べる一方，検察官調書では目が垂れていて，髪の毛はちょっとだけ，証言では細い目でつり上がっていて，髪の毛はふさふさしていたと述べている。ちなみに，被告人の目はつり上がっていて細いとも言い難いし，頭髪は薄めである。このように，被害児童の犯人の同一性識別に関する供述には，目や髪の毛の点に限ってみても，変遷があり，しかも，被告人のそれと符合する点があったりなかったりしている。これらの供述において，被害児童は，4月26日以降は，既に，被告人を，透視鏡を通して，あるいは顔写真で，あるいはビデオリンクの映像で，それぞれ見て確認しながら，その都度上記の供述をしているのである。これは，被害児童が，その時々の印象を話していることをうかがわせており，本件犯行時の体験の記憶を供述していると断定するのは危険であり，相当でない。」などとして，捜査関係者からの影響を受けている可能性を否定できないとして，犯人識別供述の信用性を否定して無罪とした。

しかしながら，捜査の過程でより詳細に尋ねることにより記憶が喚起されることはあり得るのであり，それをもって全て捜査官による被害者の記憶への悪影響と捉えるのはかなり疑問である。

たしかに関係者による質問その他の行為により，年少者の記憶が変遷してしまう可能性は否定できず，そのため，後述する司法面接なども用いられているのであるが，捜査の過程において必要な記憶喚起それ自体が否定されるのは妥当ではない。

むしろ，第一審判決の「逮捕された当日の被害児童の犯人識別供述は，7歳という年少者であることを考慮しても，自らの嫌悪すべき体験を率直，かつ，具体的に述べていること，捜査段階の調書は間答式が採用され，できるだけ誘導を避けるための配慮がなされていること，犯人の容姿についての供述，特に太った体型で顔が丸く，髪の毛の長さ，目つきの怖さなどの特徴に関しては捜査，原審公判を通じてほぼ一貫したもので，反対尋問を経ても変遷らしきものがないことなどから，信用性が高いものと評価し」，有罪とした判断のほうがより合理的で妥当なものと思われる。

10　いわゆる司法面接

> いわゆる司法面接とは，年少者の被害者等に対する取調べにおいてどのような意義を有するのか。

1　いわゆる司法面接の意義及び有効性

いわゆる司法面接（Forensic interview）とは，子供が取調べにより，重い心理的負担を負い，かつ，暗示を受けやすいことから，取調べ回数を減らすなどして，心理的負担を軽減し，かつ，暗示性を排除して正確に事実を聴取するための技法として開発されたものである。

この手法は年少の子供らの負担を軽減し，かつ，記憶が鮮明なうちに誘導することなく供述を引き出す方法として強く推奨されるものである。

その場面を録音・録画することにより，その供述状況の適正さや，供述内容の正確性などが事後的にチェックすることができるのであるから，その電磁的記録媒体を，証拠として用いるのであれば，きわめて立証上有効であるといえよう。

捜査に関わる者であれば，その有効性を認識し，事件の通報を受けたら，直ちに，検察庁等と連携をとり，不要な取調べをして子供らの記憶の混乱を招くことなく，速やかに司法面接を実施すべきである。

2　司法面接の準備段階

司法面接のために必要な知識として，次の各事項について理解しておかなければならない。

(1)　まず，子供の集中力についての目安は，一般的には，年齢×5分であるといわれている。

したがって，集中力の限界をこえて面接を続けると，いいかげんな態度での供述をするおそれがあることに留意しておかなければならない。

⑵　また，司法面接を実施するのは，原則として１回だけである。というのは，子供の記憶が鮮明なうちに実施しておかなければならず，再度実施しても，変遷した記憶に基づいた供述になるおそれがあるからである。

　ただ，それでも子供の集中力の限度から，聴取可能時間に制限がかかることに照らし，複数回に分けて実施することも必ずしも否定されるものではない。その場合には，専門家と相談の上，聴取事項の重複を最小限にするなどの工夫が不可欠である。

⑶　対象となる子供の健康状態や精神の発達状況など，供述態度及び供述内容に影響を及ぼす可能性のある身体的事情をできるだけ正確に把握しておく必要がある。

⑷　司法面接で聴取する内容は，どうしても子供から聞かなければ分からない事項に限定すべきである。他の証拠で裏付けを取れるような事柄であれば，子供に聞くべきではない。

3　司法面接実施前のラポールの形成

　司法面接に当たっては，子供が正確に話しやすい人的な関係（ラポール）を作る必要がある。したがって，いきなり本題に入るのではなく，一緒に遊ぶなどして堅苦しくない雰囲気を作ることが肝心である。

　そのため，聴取をする者は，警察官であるとか検察官であると名乗る必要はない。単に，お話しをするおばさん，おじさんであればよい。

4　司法面接実施前の説明事項

　約束事の説明が必要である。子供の供述の正確性を担保するためには，その返答内容がどのような意味でなされたのかを明らかにしておくためである。例えば，「私が間違っていたら，間違っていると教えてね。」，「知らないことは知らないと言ってね。」，「分からないことは分からないと言ってね。」，

「忘れたことは忘れたと言ってね。」などと，子供の供述している意味の違いが分かるように予め教えておく必要がある。

　この面接状況を録音・録画していることは，一応子供にも説明しておいたほうがよいであろう。実際のところ，子供は録音・録画をほとんど気にすることがないため，それが子供の心理状態に影響するとは思われないが，後に証拠として録音・録画の電磁的記録媒体を用いるときに，適正に必要な事項を告知しているという状況を映しておいたほうが好ましいと思われるからである。

5　司法面接実施前の供述の練習

　司法面接では，子供からその体験した出来事を聞くわけであるが，そのための練習もさせておいたほうがよい。具体的には，「あなたは何をするのが好きなの。」，「それをした時のことを教えて。」，「今日はどうやってここに来たの。」などの問いかけをし，体験した出来事を思い出して話す場面なのだということを分かってもらうようにすべきである。

6　司法面接実施に当たっての留意事項

(1)　虐待を受けた子供の中には，その被害状況をなかなか語ろうとしないものもいる。これを思い出すことが苦痛であり，それで記憶を閉じ込めてしまう場合や，更なる虐待や叱責を受けることをおそれる場合などがあるからである。

　子供が被害状況を打ち明けて供述することは，心理学上は「開示」と称され，子供がその開示をためらうことによる阻害要因は「ブロック」と呼ばれている。そのため，開示をためらう子供に対しては，ブロックとなるものを探っておく必要がある。具体的には，そもそも虐待と認識していない場合，虐待をした親をかばう場合や，極度に脅かされている場合などがブロックとなり得る。ただ，それらいずれの場合であっても，ブロックが強く働き，開示がなかなかされないといった事態があり得ることを意識し

ておかなければならない。したがって，子供の身体の怪我について尋ねても，母親の暴行などによる場合には，答えなかったり，加害者から指示された別の答え，例えば，転んだとか別の子供や兄弟と喧嘩したなどの真実と異なる回答をしたりすることもある。しかしながら，そのような場合に，真相を言わせようとして加害者を特定して，その者から暴行を受けたのではないかという直接的な聞き方をしてはならない。その問いに仮に意図したとおりの回答を供述してもらえたとしても，その聞き方が誘導であることから，録音・録画を見た弁護側などから信用性を否定する主張が出されるからである。

　では，どのようにしたらよいのかというと，まずは，焦る気持ちを抑えて，話題を変えることである。そして，なぜ今日ここに来ることになったかの理由などを聞くことである。当然，身体の怪我のことを周りが心配して，そのことを話すために来たことは分かるのであるから，「分からない。」という答えが出るおそれもあるが，「○○に叩かれたことを話してって言われたから。」などという答えが期待できることもあろう。ただ，それでもうまくいかないときは，最低限の誘導をすることもやむを得ないと思われる。「お医者さんに見てもらったことがある。」，「最近，痛かったことがあるかな。」などのような程度の被害の誘導は仕方のないものであろう。

(2)　その上で，被害の開示がなされたら，事実関係を聴取することになる。この場合，オープンに話させる質問の仕方が原則である。何について話してもらうのか，時間的にいつからいつまでのことを話してもらうのか，その際，覚えていることは全部話してほしいということなどをはっきり分かるように伝えなければならない。

　そして，答えてくれるのであれば，相槌を打ちながら，「それで。」，「それから。」，「そうなの，で，どうしたの。」などと会話が進んでいくように仕向けていく必要がある。

　そのように全体的に話させることができたのであれば，今度は，犯行のポイントとなる部分について集中的に話してもらうため，その点に関して子供が使った言葉を拾い出し，それを自らの問の中に使って，「○○と言っ

たけど，○○ってどんなことだった。」，「○○ってどんな感じだった。」などと特定の事象に焦点が当たるように，子供が使った言葉に乗って話を進めることである。

　ただ，それでも子供は自分にとって痛みを伴う場面の供述は渋りがちである。もとより嫌な記憶であるから，それを思い出すことは大人であっても苦痛なのであるから，子供にとっては猶更であろう。特に，その加害者が自分の親であった場合には，その場面を思い出したくないというのは，ある意味当然であろう。しかしながら，それを供述してもらうためには，その一連の場面を区切って，「この時からこの時までのことを話して。」などと意識をそこに向けさせ，その上で，犯行状況の場面についても，同じように，「この時からこの時までのことを話して。」などともっていくのがよいと思われる。

(3)　そのようにして供述を引き出した後，その内容を整理して，構成要件要素を充足し，かつ，訴因として特定できるように，六何の原則や八何の原則に基づいて確認していくことが必要である。子供に自由に話させただけでは，日時，場所等が不明になっていたり，はっきりしないところもあり得たりすることから，子供がそれらに関して述べた言葉や状況を足掛かりにして，「もうちょっと○○のことを聞きたいんだけど，先ほどは，○○が▽▽と言っていたよね。」などとして，追加して聞くことが分かるように尋ねていくことである。

(4)　その上で，それらの供述に対して，他人から影響を受けていないかどうかを確認しておく必要がある。子供は被暗示性が強いため，家族や先生などから言われたことが自己の体験と異なっていても，そちらを真実と思って記憶してしまう危険があるからである。

　つまり，「誰かから，○○のことについて，何か聞いていない。」，「○○のことについて，誰かと話したことあるかな。」などと確認しておくべきである。もし，誰かと話しているのであれば，その内容は，子供から聞くのではなく，その相手を取り調べて影響の有無を確認すべきである。

(5) 司法面接の手法は，子供の負担を軽減し，初期供述の信用性を高めておくための極めて有効な手法である。そのことをよく認識し，積極的に用いるべきであると考えている。

　なお，この司法面接を録音・録画した電磁的記録媒体については，理論的な詳細は省くが，筆者としては，検証調書や実況見分調書に代わるものか，あるいは，「証拠物」として扱えないものかと考えている。記憶の継続的保持能力が高くない，被暗示性の強い年少の子供を事件後何か月も経過してから法廷に呼んで尋問することの意味がどれほどあるのかを考えるべきであると思うからである。当該子供の人権を本当に考えるのであれば，司法面接手法による録音・録画の電磁的記録媒体を当事者が十分に検証・吟味することで，その供述内容の信憑性の真偽を明らかにすることは十分に可能というべきであり，特に反対尋問を許さないこととして伝聞法則の例外を認めても，何らの不都合もないはずだからである。

11　多数関係者の取調べ上の留意事項

> 　参考人などの関係者が多数にのぼる事件の取調べにおいて留意すべき事項は何か。

　関係者が多数にわたる場合であっても，個々の取調べ自体が何か変わるわけではない。むしろ多くの関係者を取り調べることで，事実関係がより明確になるなどメリットも多い。ただ，そのための取調官が相当数必要になるなど，適切な捜査態勢を組むための労力が必要になり，捜査上の手間がかかるなどの問題は存する。

　ただ，このような事案の取調べにおいては，特定の事項につき相互に関係する者が多くいることがあり，そのような場合，それら関係者の間において記憶違いなどで供述の齟齬が出てくることがある。このような問題は不可避的に起きるのであり，捜査会議などで誰がどのような供述をしているのか照らし合わせ，物証なども併せて検討して，事案の真相が解明できるように努

めるべきであろう。その上で，再度取り調べて記憶の喚起をさせ，真実と思われる事実関係を特定して供述を録取すべきである。

12 面割り捜査の留意事項

> 被害者や参考人の取調べの過程において面割りを実施することがあるが，面割り捜査において留意すべき事項は何か。

1 面割り捜査の定義とポイント

面割り捜査とは，犯人と思われる人物を目撃した者に，当該犯人を直接又は写真で間接に見せて，犯人であるかどうかを確かめる捜査手法をいうが，これには，写真面割りと直面割りとがある。

まず，写真面割りは，被疑者と人相や年齢が似ている者の写真を集め，それに被疑者の写真を混ぜた上で写真台帳を作成し，その写真台帳を目撃者に確認させ，それらの写真の中から被疑者の写真を選び出す識別行為によって犯人を特定させる方法である。

次に，直面割りは，目撃者に被疑者を直接に見せて犯人であるかどうかを確認させる方法であるが，被疑者以外に複数の者を並ばせるなどしてその中から被疑者を選別する方法と，被疑者単独で犯人かどうかを確認してもらう方法とがある。

ただ，面割りというのは，一度実施したら，そのことが記憶に影響を与えてしまい，再度実施することがほぼ不可能であるという特性を持つものである。したがって，最初の面割りの失敗は，もはや当該目撃者についての面割り供述を証拠として使えないということまで意味するということである。

2 面割り捜査に関して理解しておくべき事項

被害者や目撃者（以下「被害者等」という。）の観察力や記憶力等には個人

差があり，必ずしも正確，完全な犯人識別ができるとは限らない。そこで，被害者等の年齢，視力，観察能力，対象に対する注意意識の程度等の主観的条件や，その目撃した場所の明るさ等の客観的条件については，どのようなことが問題となるのか知っておかなければならない。

(1) まず，最初に，被害者等の年齢，観察能力，対象に対する注意意識の程度等の主観的条件について，それらがどの程度良好なものであるかの吟味が必要である。年齢としては若年であるかどうか，また，被害者等の観察能力や注意意識の程度が高いか低いかどうかなどは，その目撃供述の信用性に影響を与えることとなる。例えば，被害者等の記憶への焼き付けについて，特に，突発的に生じた事象については，それを記憶しようと思って当該犯人を見ているわけではないので，当該犯人の容貌を瞬時に記憶に焼き付けるのは容易ではない場合があるということにも留意しなければならない。

　つまり，ある特定の事件が起きていたのを目撃したという内容は，単なる視覚からだけの情報にとどまらず，現場の状況等関連付けられるものがあって，一連の動きとして記憶されやすいし，変容することも少ない。しかしながら，当該犯人の容貌というものは，単に視覚による記憶への焼き付けだけであって，物語性があるわけでもないので，記憶に残りにくいという特性があることを十分に認識しておく必要がある。

(2) 次に，犯人の容貌を視認できたとしても，その際の視認状況には，程度の差があり，その視認が適切にできるだけの視力といった主観的条件のほか，明るさ，距離，角度，目撃時間の長さ等の客観的条件が十分に備わっているかどうかが問題となる。

(3) さらに，被害者等が犯人の容貌を記憶できたとしても，それを言語によって表現する場合は，それらの者の表現能力に左右されることになる。しかも，犯人の容貌の特徴を言語で表現するのは容易ではない場合も多い。どうしてもその表現において，丸顔とか，面長とか，陳腐な表現になりやすく，

それが実際に逮捕された犯人の特徴を正確に表しているかというと，若干疑問視されるような場合もないではない。同じ言葉を使っていても，使う人によってそのニュアンスが違っていることもしばしばであることにも注意が必要である。

(4)　その上，一旦記憶したとしても，その後の時の経過によって，その記憶が薄れていったり，変容したり，また，他の人物と混同するなど，当該記憶が正しく保持され続けるとは限らない。先に(1)で述べたように，当該犯人の容貌というものは，単に視覚による記憶だけであって，物語性があるわけではないので，記憶に残りにくいだけでなく，それだけに消失しやすいという特性がある。そして，これは時間が経てば経つほどその傾向は著しくなる。したがって，目撃してから面割りをするまでの時間の長短が問題となることを意識しておく必要がある。

(5)　最後に，記憶の変容に関し，暗示等により容易に変容するものであることにも注意しなければならない。写真面割りにおいて，その写真の配置，種類，枚数，犯人がその中にいるかどうかの設定の有無等が暗示を与えてしまう場合がある。特に，犯人であるとしての直面割りは，警察が間違った人を逮捕するはずがないとの信頼感が暗示となり，必ずしも自分の記憶と合致するわけではなくても，犯人であると認識してしまう場合がある。
　　さらには，前述したように，そのような面割りを実施したこと自体が暗示となり，再度，面割りを実施しても，前回の面割りの影響が残り，オリジナルの記憶がどうであったか判明しなくなることがある。したがって，一旦，暗示等により記憶が変容してしまった場合には，もはや取り返しがつかないものであることを心しておくべきである。

3　面割りの対象とされた人物が既知の人物であった場合の留意事項

面割り捜査を実施するに当たり，被害者等が目撃した犯人が既知の人物であった場合，被害者等が知っている人物であることから，犯人識別において

特段の問題を生じないのが通常である。

　既知の人物であれば，犯人の容貌等を識別できるだけの視力や現場の明るさ，更には，視認し得る距離等であることなどが認められれば，その犯人識別供述には大きな信用性が認められるであろう。

　しかしながら，「既知」であるといっても，その程度には様々な段階があり，親子のように間違えることがあり得ない関係もあれば，何年来の友人とか，仕事上の同僚などは間違える可能性は低いが，単に，取引上での知り合いとか，店にたまに来る客などでは，いくら「既知」の人物であるといっても，見間違えの可能性がないとはいえないであろう。その程度の違いは十分に認識しておく必要があり，いくら被害者等が知っている人物であるといっても，他の人物と誤認している可能性も意識して捜査しなければならない場合もあることを忘れてはならない。

　ただ，被害者等にとって本当に既知の人物である限り，先に述べた記憶の変容等の問題は生じない。

　すなわち，既知の人物であると認識したのであれば，それに関する記憶の内容が変わることはあり得ない。

　しかしながら，このような場合においても，そのような認識が正しいのかどうか，つまり，正しく，既知の人物を認識し得たかどうかについては，問題となる。

　具体的には，先に述べたように，被害者等が確実に当該犯人を見ているかどうかという点に関する目撃者の主観的，客観的条件が十分に満たされているかどうかに留意する必要がある。

　さらに，既知の関係であるなら，被害者等又は当該犯人が，どちらか一方，あるいは双方において，知り合いであることを気付いてそれを前提にした行動をとっている可能性があり，そのような行動が認められるかどうかに注意しておく必要がある。

　さらに，犯人が本来知り合いであるのなら，被害申告の際に，そのことが捜査機関に告げられていて当然であるはずで，もし被害者等がそれを申告していなかった場合には，後になって犯人は知り合いの誰々であると申告しても，その信用性は著しく低くなるといわざるを得ないであろう。

4 面割りの対象とされた人物が見知らぬ人物であった場合の留意事項

被害者等にとって犯人が見知らぬ人物であった場合，2で挙げた各項目について十分に配慮して面割り捜査をする必要がある。

(1) まず，2のうちの(1)で挙げた年齢という観点から，被害者等が年少者であった場合，その目撃状況を取り調べる際の留意事項については，年少者取調べの留意事項（本章9参照）で述べたとおりである。面割りの場合にも全く同様のことがいえる。

(2) 2のうちの(2)で挙げた被害者等の視力の問題や，その際の明るさや目撃時間については次のような事柄に留意しておく必要がある。

まず，視力の問題は，被害者等の主観的条件に属するものであるが，通常は，周囲の明るさや，相手までの距離などの客観的条件と一緒に検討されている。

被害者等の視力が問題となる事案の多くは，被害者方に深夜に侵入した犯人を被害者が目撃した事案で，被害者は日常的には眼鏡等を使っているものの，就寝中であったため，犯人を裸眼で目撃することになった場合である。実際にあった事案では，被害者の視力が0.03というものや，0.4ないし0.5というものなどがあったが，いずれもその信用性が否定されて無罪とされている。ただ，0.7程度まで見えている事案では，その目撃供述の信用性が認められているものもある。

もちろん，被害者等の視力が弱いことだけで無罪とされているわけではなく，周囲の明るさなども併せて考慮されているが，この視力の問題は被害者等の身体的特性に依るものであるだけに，被害者等の視力の程度であっても，正確に見えたはずであるとはなかなか主張しにくいものがあろう。

そこで，被害者等の視力が問題とされるおそれがある事案では，犯行時と同様の状況を作った上，被害者等と同等の視力の者を何名か集めてきて，それらの者においても犯人が識別できるかどうかの実験を行うなどの捜査

をしておく必要もあろうかと思われる。その上で，それら被害者等と同等の視力の者らが実際に犯人を識別できたのであれば，その識別供述は，証拠法的には，実況見分と同様のものとなると考えられる。

現場の状況として明るければ明るいほど目撃条件はよくなるのであり，その事件発生当時の状況がどのようなものであったかについて，当時と同様の条件で再現した上，その見通し状況を証拠化することは当然である。

また，被害者等が犯人を識別できるだけの時間があったかどうかは，しばしば問題となるところである。犯人の容貌を一瞥しただけの事案もあり，そのような場合には，被害者等の供述の信用性が認められないこともしばしばである。誘拐や監禁などのように，被害者等が長時間犯人の容貌を見ているような事案では，誤認の可能性は相当に低くなるものの，ひったくり事件などのように，犯人が顔を見られないように短時間で犯行を終えたりするような事案では，他の補助証拠等がない場合には，その犯人識別供述の信用性が認められないことも多いことに留意すべきである。

もちろん，一瞥しただけでもその容貌が印象に刻み込まれることは十分にあり得るところであり，その時間が短いことだけをもって信用性がないと評価することは失当であるが，そのような目撃供述に対して，裁判所が慎重な態度をとっていることは十分に意識しておく必要がある。

⑶　2のうちの⑶で挙げた犯人識別についての言語での表現という事柄については，次のような事項について留意しておかなければならない。

被害者等の中には，表現能力の不足等により不正確な人物描写をする者もいることに留意すべきは当然であるが，その点を除いても，その目撃の際の印象の中には，言葉ではいわく言い難い印象などというものがあることもあり，言語で犯人の容貌等の目撃内容を表現することに困難を伴う場合があることは事実であろう。しかしながら，言語により犯人の特徴が具体化されたのであれば，その供述内容自体から犯人の同一性識別の正確性を検証することができることになるし，また，当初からその記憶が明確であったことを証拠化することができるというメリットがある。それゆえ，写真面割りの前に，犯人の特徴を言葉で語ってもらい，その供述を証拠化

しておくという方法をとれば，手間はかかるものの，犯人の写真を示されてそれに誘導されたなどという批判を避けることができることとなる。

　もちろん，的確な言葉で表現できるかどうか，また，被害者等が言わんとすることを捜査官が的確な表現で録取できるかどうか問題は多いが，まずは，言語で犯人の容貌等特徴を述べてもらい，その表現の巧拙を見ながら，できるだけ本人の言葉の意味するところを正確に汲み取って，犯人のイメージが浮かぶように供述を引き出し，それを正確に録取するよう努力すべきであろう。

　特に，犯人の割出しに手間取り，犯人の面割りがすぐにはできないような困難な事件の場合には，被害者等の記憶の安定のためにも，犯人特定以前の段階において，この作業は不可欠なものとなろう。もっとも，その供述によって示された犯人の特徴等と，実際に逮捕されて面割り写真で選別した犯人の容貌等において大きな差異があった場合には，当初の供述の信用性はもちろんのこと，面割り写真の選別行為自体の信用性も，いずれも低下させてしまう危険があることはたしかである。しかしながら，そのような事態が生じた場合でも，被害者等が真実犯人を目撃していた以上，必ずその理由を明らかにできるはずであり，それが納得できるものであるかどうかなど（単なる勘違いなどというものではないことなど）を十分に吟味すべきである。

(4)　2のうちの(4)で挙げた記憶の変容や消失という事柄や，(5)の暗示といった事柄については，次のような事柄に留意しておかなければならない。

　まず，時間の経過により犯人識別記憶が変容，消滅する危険があることから，初期段階での犯人特定供述や，面割り写真等による選別行為が重要となる。これは早期になされるほど正確性が高く，また信用性も高いものであるが，それが適切に行われたことをも証拠化しておく必要がある。その段階で既に誘導や暗示があったとの批判を受けないための方策である。

　そして，捜査官において，被害者等から被害状況や目撃状況を聴取する際，犯人の特定に関する情報をどの程度，それら被害者等に与えたのかを正確に把握しておくことが必要である。被害者等の供述を聞くだけで，一

切の情報提供をしていなければ，それはそれで問題はないが，事件によっては，犯人の可能性のある者について聞かざるを得ない場合もあり得るであろう。その場合，その犯人の可能性のある者が既知の者であったり，顔見知りであったりしたような場合には，その者が犯人であるとの暗示を与えてしまう危険があることを頭に入れておかなければならない。捜査官が暗示を与えようと思ってもいないのに，被害者等において，それを暗示のように受け取ってしまう危険があることにも注意すべきである。これは先に年少者取調べの留意事項（本章⑨参照）でも述べたとおりである。

　その上で，写真面割りを実施する場合には，示された各写真が均質なものであること，その配列方法や提示方法に誘導の要素がないこと，その中に犯人はいないこともあることを明示又は告知しておくことなど，写真面割りにおける誘導的，暗示的要素を排して実施しなければならない。なお，写真の枚数については，多ければよいというものではなく，少ないからその信用性が否定されるという関係にもない。過去の裁判例からみると，10枚から20枚以内程度で十分であろうと思われる。

　なお，目撃者が複数いる場合は，犯人識別については話（情報交換）をさせないといったことにも配慮し，相互の認識の違いによる影響を遮断する必要もあると考えられる。

5　ある強盗傷人事件からの教訓

　筆者が実際に扱った事件で，ゴルフ用品の卸問屋に二人組の犯人が押し込んで，中にいた老主人をガムテープでぐるぐる巻きにして拘束し，約2,000万円に相当するゴルフボールを盗み出したというものがあった。老主人は拘束された際に傷を負っていたことから強盗傷人事件として捜査されたが，二人のうちの一人は早々に特定され逮捕されたものの，もう一人の人定が難航した。そこで，警察は，ある暴力団員で，この事件の犯人と目星を付けた男を所轄警察署に呼び出し，その際に上記老主人を署内に待機させておき，その顔を確認させた。いわゆる直面割りを実施したのである。そして，老主人はその男が犯人に間違いないと供述したことから，その男は二人組のうちの

残りの一人として逮捕された。

　しかしながら、後に真犯人が逮捕され、この男が全てを供述したので事件は解決したのだが、この真犯人の指摘が驚愕であった。彼が言うには、「面割りで別の人を捕まえたのですか。私たちが侵入した際に、被害者が一人いましたが、彼に面割りなんか効くはずはないですよ。だって、私たちは二人ともストッキングをかぶっていたんですから。」ということであった。そうである以上、写真面割りも直面割りも効くはずはなく、老主人は犯人がストッキングをかぶっていたことも認識できていなかったのである。したがって、同人による確認は全て誤りであったということである。

　この事件では、被害者の年齢上の問題や突然の侵入や拘束などで極度に動揺していたことから、犯人識別能力が不十分であったにもかかわらず、誘導的な直面割り捜査をしたことに問題があったといわざるを得ないものであった。

13　刑事訴訟法上の被害者保護制度

> 　被害者は仕返しなどを怖れて捜査への協力が消極的になることがあるが、取調べにおいて、被害者を説得するためには、刑事訴訟法上、どのような保護規定があるのか知っておく必要がある。現在、刑事訴訟法は、被害者保護のためにどのような制度等を設けているのか。

1　被害者が、公判廷において、自分の名前などを傍聴人に知られたくないと望んだ場合について

(1)　公開の法廷における被害者の氏名や住所等、被害者を特定させることとなる被害者特定事項の秘匿については、次のとおり規定されている。

　　ア　制度の趣旨及び対象事件
　　　まず、刑事訴訟法290条の2第1項は、

裁判所は，次に掲げる事件を取り扱う場合において，当該事件の被害者等（中略）若しくは当該被害者の法定代理人又はこれらの者から委託を受けた弁護士から申出があるときは，被告人又は弁護人の意見を聴き，相当と認めるときは，被害者特定事項（氏名及び住所その他の当該事件の被害者を特定させることとなる事項をいう。以下同じ。）を公開の法廷で明らかにしない旨の決定をすることができる。

と規定している。

　これは，性犯罪等の事件について，その被害者の氏名・住所等の被害者特定事項を法廷で明らかにしないで訴訟手続を行うことを可能とする制度である。

　すなわち，公開の法廷で，被害者の名誉やプライバシーが害されることのないように，その保護を図ろうとするものである。

　そして，その対象となる事件として，まず，同項1号において，刑法176条の強制わいせつや，同法177条の強制性交等などを規定し，刑事訴訟法290条の2第1項2号においては，児童福祉法違反や児童買春の罪などを規定し，更に，同項3号においては，

　　　前2号に掲げる事件のほか，犯行の態様，被害の状況その他の事情により，被害者特定事項が公開の法廷で明らかにされることにより被害者等の名誉又は社会生活の平穏が著しく害されるおそれがあると認められる事件

が挙げられている。また，同条3項においては，

　　　裁判所は，第1項に定めるもののほか，犯行の態様，被害の状況その他の事情により，被害者特定事項が公開の法廷で明らかにされることにより被害者若しくはその親族の身体若しくは財産に害を加え又はこれらの者を畏怖させ若しくは困惑させる行為がなされるおそれがあると認められる事件を取り扱う場合において，検察官及び被告人又は弁護人の意見を聴き，相当と認めるときは，被害者特定事項を公開の法廷で明らかにしない旨の決定をすることができる。

と規定されている。

これらの規定により，盗犯事件や殺傷犯事件においても，性犯罪等の場合と同様に被害者を保護することができることになる。

イ 具体的手続
(ア) 検察官を経由した申出
　そして，その手続としては，上述したように，刑事訴訟法290条の2第1項により，被害者等からの申出が必要であると規定されているほか，同条2項において

> 前項の申出は，あらかじめ，検察官にしなければならない。この場合において，検察官は，意見を付して，これを裁判所に通知するものとする。

と規定されているように，検察官を経由して行われることになる。その際，保護の対象とされる「被害者特定事項」とは，条文に規定されている「氏名及び住所その他の当該事件の被害者を特定させることとなる事項」であることから，氏名や住所のみならず，被害者の勤務先や通学先の名称，被害者の配偶者や父母などの親族の氏名等も含まれると考えられる。

(イ) 朗読に当たっての特則
　この申出により裁判所が被害者特定事項を公開の法廷で明らかにしない旨の決定をした場合，起訴状の朗読や証拠書類の朗読は，被害者特定事項を明らかにしない方法で行うことになる。具体的には，刑事訴訟法291条2項で，

> 第290条の2第1項又は第3項の決定があったときは，前項の起訴状の朗読は，被害者特定事項を明らかにしない方法でこれを行うものとする。この場合においては，検察官は，被告人に起訴状を示さなければならない。

と規定されているように，起訴状の朗読の際には被害者特定事項が明らかにならないように朗読し，その上で起訴状を被告人に示して行うことになる。また，法305条3項において，

> 第290条の2第1項又は第3項の決定があったときは，前2項の規定による証拠書類の朗読は，被害者特定事項を明らかにしない方法でこれを行うものとする。

と規定されているように，証拠書類の朗読に当たっても，被害者特定事項が明らかにならないように朗読をするなどの配慮をすることになる。

そのため，刑訴規則196条の4が，

> 裁判所は，法第290条の2第1項又は第3項の決定をした場合において，必要があると認めるときは，被害者の氏名その他の被害者特定事項に係る名称に代わる呼称を定めることができる。

と規定していることから，裁判所が被害者の氏名等に代わる呼称を定めた場合，これに読み替えて訴訟手続が進められることになる。

(ウ) 尋問・陳述の制限

また，刑事訴訟法295条3項は，

> 裁判長は，第290条の2第1項又は第3項の決定があった場合において，訴訟関係人のする尋問又は陳述が被害者特定事項にわたるときは，これを制限することにより，犯罪の証明に重大な支障を生ずるおそれがある場合又は被告人の防御に実質的な不利益を生ずるおそれがある場合を除き，当該尋問又は陳述を制限することができる。訴訟関係人の被告人に対する供述を求める行為についても，同様とする。

と規定していることから，裁判長は，被害者特定事項に関する尋問等を制限することができる。そして，もし検察官や弁護人がこれに従わなかった場合には，同条5項により，

> 裁判所は，前各項の規定による命令を受けた検察官又は弁護士である弁護人がこれに従わなかった場合には，検察官については当該検察官を指揮監督する権限を有する者に，弁護士である弁護人については当該弁護士の所属する弁護士会又は日本弁護士連合会に通知し，適当な処置をとるべきことを請求することができる。

とされ，例えば，弁護人については，弁護士会などに通知して適当な処置をとるべきことを請求することができるとされている。この場合の「適当な処置」とは，懲戒手続などを指しているが，請求を受けた弁護士会等が実際に懲戒手続を採るかどうかは別問題である。

(2) 留意事項

なお，この規定に基づく手続は，被害者特定事項が法廷で明らかにされないようにするだけであり，被告人や弁護人に対して，それら事項が秘匿されるわけではない。

2 目撃者などの証人が，公判廷において自分の名前などを傍聴人に知られたくないと望んだ場合について

公開の法廷における証人等の氏名や住所等，証人等を特定させることとなる証人等特定事項の秘匿については，平成28年刑事訴訟法改正により設けられ，次のとおり規定されている。

(1) 制度の概要
　ア　趣　　旨
　　刑事訴訟法290条の3第1項本文は，
　　　裁判所は，次に掲げる場合において，証人，鑑定人，通訳人，翻訳人又は供述録取書等（供述書，供述を録取した書面で供述者の署名若しくは押印のあるもの又は映像若しくは音声を記録することができる記録媒体であって供述を記録したものをいう。以下同じ。）の供述者（以下この項において「証人等」という。）から申出があるときは，検察官及び被告人又は弁護人の意見を聴き，相当と認めるときは，証人等特定事項（氏名及び住所その他の当該証人等を特定させることとなる事項をいう。以下同じ。）を公開の法廷で明らかにしない旨の決定をすることができる。

と規定している。

これは，証人等に対して加害行為等がなされるおそれがある場合について，その氏名等の特定事項を法廷で明らかにしないで訴訟手続を行えるようにしたものであり，加害行為等を防止するとともに，証人等の負担を軽減し，十分な供述を得られるようにするためのものでもある。
　そして，そのような証人等特定事項の秘匿の対象とされる者としては，「証人，鑑定人，通訳人，翻訳人」のみならず，「供述録取書等の供述者」も含まれることになる。

イ　要　　件
　そして，そのような証人等特定事項の秘匿が認められるためには，まず，同項1号の
　　証人等特定事項が公開の法廷で明らかにされることにより証人等若しくはその親族の身体若しくは財産に害を加え又はこれらの者を畏怖させ若しくは困惑させる行為がなされるおそれがあると認めるとき
であるか，同項2号の
　　前号に掲げる場合のほか，証人等特定事項が公開の法廷で明らかにされることにより証人等の名誉又は社会生活の平穏が著しく害されるおそれがあると認めるとき
という要件を満たす必要がある。

(2)　申出及び朗読
　ア　裁判所に対する申出
　　そして，その手続は，前記1(1)イ(ア)の被害者特定事項の秘匿の場合と異なり，検察官に対してではなく，証人等が裁判所に直接に申し出ることによって行われることになる。
　　ただ，検察側の証人等であれば，事実上，検察官がその申出を補助することとなるので，その手続がスムーズに行われるように配慮するものと思われる。
　　その際，保護の対象とされる「証人等特定事項」とは，条文に「氏名

及び住所その他の当該証人等を特定させることとなる事項」と規定されていることから，氏名及び住所のみならず，証人等の勤務先や通学先の名称や，証人等の配偶者や父母などの親族の氏名等も含まれると考えられる。

イ　朗読の際の配意

　この申出により裁判所が証人等特定事項を公開の法廷で明らかにしない旨の決定をした場合，起訴状の朗読や証拠書類の朗読は，証人等特定事項を明らかにしない方法で行うことになる。

　すなわち，いずれも前記1⑴イ㋑で述べたことと同様の対応が証人等に対してなされることになる。

　具体的には，刑事訴訟法291条3項で，

　　前条第1項の決定があった場合における第1項の起訴状の朗読についても，前項と同様とする。この場合において，同項中「被害者特定事項」とあるのは，「証人等特定事項」とする。

と規定され，また，法305条4項で，

　　第290条の3第1項の決定があった場合における第1項又は第2項の規定による証拠書類の朗読についても，前項と同様とする。この場合において，同項中「被害者特定事項」とあるのは，「証人等特定事項」とする。

とされ，さらに，法295条4項において，

　　第290条の3第1項の決定があった場合における訴訟関係人のする尋問若しくは陳述又は訴訟関係人の被告人に対する供述を求める行為についても，前項と同様とする。この場合において，同項中「被害者特定事項」とあるのは，「証人等特定事項」とする。

とされている。

　なお，このほか，証人等の氏名等に代わる呼称を用いることができること（刑訴規則196条の7）や，刑事訴訟法295条4項の規定に違反した場合に，弁護人については弁護士会に対し処置請求ができること（同条5項）などについても前記1⑴イ㋒と同様である。

3 被害者や証人等について，被告人らから危害を加えられることがないようにするため，これまでに設けられていた規定について

　被害者や目撃者の中には，被疑者らを怖れるあまり，自己に関する情報を被疑者らに知られたくないし，弁護人も信用できないので同様に知られたくないと供述する者もおり，捜査段階でこのような要望を聞くことは決して珍しくない。
　そこで，このような被害者等の関係者の要請に応えるための措置として，刑事訴訟法上，以下のような規定が設けられていた。

(1) 証人等の安全配慮要請
　　刑事訴訟法299条の2は，
　　　　検察官（中略）は，前条第1項の規定により証人，鑑定人，通訳人若しくは翻訳人の氏名及び住居を知る機会を与え又は証拠書類若しくは証拠物を閲覧する機会を与えるに当たり，証人，鑑定人，通訳人若しくは翻訳人若しくは証拠書類若しくは証拠物にその氏名が記載され若しくは記録されている者若しくはこれらの親族の身体若しくは財産に害を加え又はこれらの者を畏怖させ若しくは困惑させる行為がなされるおそれがあると認めるときは，相手方に対し，その旨を告げ，これらの者の住居，勤務先その他その通常所在する場所が特定される事項が，犯罪の証明若しくは犯罪の捜査又は被告人の防御に関し必要がある場合を除き，関係者（被告人を含む。）に知られないようにすることその他これらの者の安全が脅かされることがないように配慮することを求めることができる。
と規定している。この規定は，要するに，検察官は，弁護人に対し，法299条1項の規定により，証拠書類等を閲覧させるに当たり，そこには証人等の氏名が記載されていることから，証人等に対して加害行為等が行われるおそれがある場合には，被告人ら関係者に「住居，勤務先その他その通常所在する場所が特定される事項」を知られないようにすることなどの配慮を要請することができるとするものである。

この規定は，平成11年の刑事訴訟法改正により，証人等への加害行為等の防止を図るために設けられたものであるが，単に，弁護人にそのように要請できるとしたにすぎず，実際に弁護人がどのようにしてくれるのかまで保証するものではない。

(2) 被害者特定事項の秘匿要請

　被害者も法廷で証言する場合には，証人等として，当然に上記保護の対象となるが，それだけでは被害者に対する保護としては十分ではないとして，平成19年の刑事訴訟法改正により，法299条の3の

　　　検察官は，第299条第1項の規定により証人の氏名及び住居を知る機会を与え又は証拠書類若しくは証拠物を閲覧する機会を与えるに当たり，被害者特定事項が明らかにされることにより，被害者等の名誉若しくは社会生活の平穏が著しく害されるおそれがあると認めるとき，又は被害者若しくはその親族の身体若しくは財産に害を加え若しくはこれらの者を畏怖させ若しくは困惑させる行為がなされるおそれがあると認めるときは，弁護人に対し，その旨を告げ，被害者特定事項が，被告人の防御に関し必要がある場合を除き，被告人その他の者に知られないようにすることを求めることができる。ただし，被告人に知られないようにすることを求めることについては，被害者特定事項のうち起訴状に記載された事項以外のものに限る。

との規定が設けられた。

　基本的には，上記証人等の安全配慮要請と同様の規定である。ただ，この規定により，証人として出廷することが予定されていない被害者についても上記保護が与えられること，また，保護の対象となる情報が単に所在場所が特定される事項にとどまらず，被害者を特定する事項にまで広げられていること，その要件として，加害行為等のおそれのみならず，名誉や社会生活の平穏が害されるおそれがある場合でもよいとされることなど，被害者の保護に一層資することを意図したものである。

　しかしながら，この規定も上記証人等の安全配慮要請と同様に，開示した事項について，弁護人にそのように要請できるというに過ぎない。そも

そも被害者特定事項を弁護人に秘匿できるものですらなく，その後，弁護人がどのようにするかは弁護人の裁量に任されている。したがって，この規定によって，被害者が被告人に知られることなく保護されるという保証がなされるわけではないことに注意しておく必要がある。

4 これまでの被害者や証人等の保護制度の改正点について

上記3のような不備に鑑み，平成28年刑事訴訟法改正では，同法299条の4以下の規定が新たに設けられた。

(1) 検察官請求証拠の開示における条件付与等
　ア　刑事訴訟法299条の4第1項は，
　　　検察官は，第299条第1項の規定により証人，鑑定人，通訳人又は翻訳人の氏名及び住居を知る機会を与えるべき場合において，その者若しくはその親族の身体若しくは財産に害を加え又はこれらの者を畏怖させ若しくは困惑させる行為がなされるおそれがあると認めるときは，弁護人に対し，当該氏名及び住居を知る機会を与えた上で，当該氏名又は住居を被告人に知らせてはならない旨の条件を付し，又は被告人に知らせる時期若しくは方法を指定することができる。ただし，その証人，鑑定人，通訳人又は翻訳人の供述の証明力の判断に資するような被告人その他の関係者との利害関係の有無を確かめることができなくなるときその他の被告人の防御に実質的な不利益を生ずるおそれがあるときは，この限りでない。
と規定する。

　ここでは，証人等の安全配慮要請における「住居，勤務先その他その通常所在する場所が特定される事項」や，被害者特定事項の秘匿要請における「被害者特定事項」よりは限定されているが，証人等の「氏名及び住居」についてだけ，弁護人に対しそれを知る機会を与えた上で，それを被告人に知らせてはならない旨の条件を付し，又はそれを知らせる時期や方法等を指定できるとするものである。

これは，証人等に対する加害行為等を防止するとともに，証人などとして刑事手続に関与する者の負担の軽減を図ろうとの趣旨の下に，平成28年刑事訴訟法改正により設けられたものである。

また，同条３項においては，その保護の対象者として

> 検察官は，第299条第１項の規定により証拠書類又は証拠物を閲覧する機会を与えるべき場合において，証拠書類若しくは証拠物に氏名若しくは住居が記載され若しくは記録されている者であって検察官が証人，鑑定人，通訳人若しくは翻訳人として尋問を請求するもの若しくは供述録取書等の供述者(以下この項及び次項において「検察官請求証人等」という。)若しくは検察官請求証人等の親族の身体若しくは財産に害を加え又はこれらの者を畏怖させ若しくは困惑させる行為がなされるおそれがあると認めるときは，弁護人に対し，証拠書類又は証拠物を閲覧する機会を与えた上で，その検察官請求証人等の氏名又は住居を被告人に知らせてはならない旨の条件を付し，又は被告人に知らせる時期若しくは方法を指定することができる。ただし，その検察官請求証人等の供述の証明力の判断に資するような被告人その他の関係者との利害関係の有無を確かめることができなくなるときその他の被告人の防御に実質的な不利益を生ずるおそれがあるときは，この限りでない。

と規定し，いまだ証人等となる以前の段階の者らに対しても同様の保護が与えられるようにした。

イ　そして，検察官が上記措置をとった場合には，299条の４第５項の

> 検察官は，前各項の規定による措置をとったときは，速やかに，裁判所にその旨を通知しなければならない。

との規定に基づき，裁判所に通知することになる。

ただ，上記手続が採られたことに対して，被告人や弁護人は，裁判所に対し，その取消しを求めて裁定を請求することができる。すなわち，刑事訴訟法299条の５第１項柱書は，

> 裁判所は，検察官が前条第１項から第４項までの規定による措置

をとった場合において，次の各号のいずれかに該当すると認めるときは，被告人又は弁護人の請求により，決定で，当該措置の全部又は一部を取り消さなければならない。

と規定した上で，同項1号では，

　　当該措置に係る者若しくはその親族の身体若しくは財産に害を加え又はこれらの者を畏怖させ若しくは困惑させる行為がなされるおそれがないとき。

とし，同項2号では，

　　当該措置により，当該措置に係る者の供述の証明力の判断に資するような被告人その他の関係者との利害関係の有無を確かめることができなくなるときその他の被告人の防御に実質的な不利益を生ずるおそれがあるとき。

として，これらに該当する場合には，検察官の措置が取り消されることになる。

　もっとも，299条の4第2項においては，

　　裁判所は，前項第2号又は第3号に該当すると認めて検察官がとった措置の全部又は一部を取り消す場合において，同項第1号に規定する行為がなされるおそれがあると認めるときは，弁護人に対し，当該措置に係る者の氏名又は住居を被告人に知らせてはならない旨の条件を付し，又は被告人に知らせる時期若しくは方法を指定することができる。ただし，当該条件を付し，又は当該時期若しくは方法の指定をすることにより，当該措置に係る者の供述の証明力の判断に資するような被告人その他の関係者との利害関係の有無を確かめることができなくなるとき，その他の被告人の防御に実質的な不利益を生ずるおそれがあるときは，この限りでない。

として，検察官の措置を取り消しても，なお裁判所において同様の措置を採る場合があることを認めている。

ウ　また，上記のような検察官による措置が採られた場合には，裁判所も更に別の措置を採ることができるとする規定も設けられた。

すなわち，刑事訴訟法299条の6第1項は，

> 裁判所は，検察官がとった第299条の4第1項若しくは第3項の規定による措置に係る者若しくは裁判所がとった前条第2項の規定による措置に係る者若しくはこれらの親族の身体若しくは財産に害を加え又はこれらの者を畏怖させ若しくは困惑させる行為がなされるおそれがあると認める場合において，検察官及び弁護人の意見を聴き，相当と認めるときは，弁護人が第40条第1項の規定により訴訟に関する書類又は証拠物を閲覧し又は謄写するに当たり，これらに記載され又は記録されている当該措置に係る者の氏名又は住居を被告人に知らせてはならない旨の条件を付し，又は被告人に知らせる時期若しくは方法を指定することができる。ただし，当該措置に係る者の供述の証明力の判断に資するような被告人その他の関係者との利害関係の有無を確かめることができなくなるときその他の被告人の防御に実質的な不利益を生ずるおそれがあるときは，この限りでない。

と規定している。この規定に基づき，訴訟書類等の閲覧・謄写によって，そこに記載されている検察官の措置の対象とされた証人等の住所又は氏名を被告人に知らせてはならないとする措置等を採ることができる。

このような規定が設けられたのは，先の規定がいずれも刑事訴訟法299条1項による検察官の開示を前提とするものであったところ，起訴後は，弁護人は検察官とは関係なく証拠書類等を法40条1項の規定により閲覧等できることから，この場合においても同様の措置を採る必要があるからである。

また，299条の6第3項においては，被告人の公判調書の閲覧等に対する裁判所の措置について，

> 裁判所は，検察官がとった第299条の4第1項から第4項までの規定による措置に係る者若しくは裁判所がとった前条第2項の規定による措置に係る者若しくはこれらの親族の身体若しくは財産に害を加え又はこれらの者を畏怖させ若しくは困惑させる行為がなされるおそれがあると認める場合において，検察官及び被告人の意見を

聴き，相当と認めるときは，被告人が第49条の規定により公判調書を閲覧し又はその朗読を求めるについて，このうち当該措置に係る者の氏名若しくは住居が記載され若しくは記録されている部分の閲覧を禁じ，又は当該部分の朗読の求めを拒むことができる。ただし，当該措置に係る者の供述の証明力の判断に資するような被告人その他の関係者との利害関係の有無を確かめることができなくなるときその他の被告人の防御に実質的な不利益を生ずるおそれがあるときは，この限りでない。

と規定している。

　これについても，被告人は法49条の規定により，公判調書を閲覧できる場合があるので，上記同様の措置が求められる場合があることから設けられたものである。

エ　上記のような検察官や裁判所の措置に対して，弁護人が違反した場合の規定も設けられた。
　　すなわち，刑事訴訟法299条の7第1項は，

　　　　検察官は，第299条の4第1項若しくは第3項の規定により付した条件に弁護人が違反したとき，又はこれらの規定による時期若しくは方法の指定に弁護人が従わなかったときは，弁護士である弁護人については当該弁護士の所属する弁護士会又は日本弁護士連合会に通知し，適当な処置をとるべきことを請求することができる。

と規定して，検察官が弁護士会等に対してその処置を請求することができることとされた。また，299条の7第2項は，

　　　　裁判所は，第299条の5第2項若しくは前条第1項若しくは第2項の規定により付した条件に弁護人が違反したとき，又はこれらの規定による時期若しくは方法の指定に弁護人が従わなかったときは，弁護士である弁護人については当該弁護士の所属する弁護士会又は日本弁護士連合会に通知し，適当な処置をとるべきことを請求することができる。

と規定して，裁判所の措置に対して弁護人が従わなかった場合にも，裁判所が同様の処置を請求することができるとされた。

　もっとも，この規定も，前記1(1)ウで述べたように，このような処置請求ができるということを定めているにすぎない。弁護士会等がしなければならない処置などについて定めたものではなく，実際に懲戒等を行うかどうかは別問題であることに留意する必要がある。

(2) 代替的呼称等の開示

ア　上述したような検察官の措置によってもなお証人等に対する加害行為等のおそれがある場合には，更なる別の措置を採り得るように定められている。

　　すなわち，刑事訴訟法299条の4第2項は，

　　　検察官は，前項本文の場合において，同項本文の規定による措置によっては同項本文に規定する行為を防止できないおそれがあると認めるとき（被告人に弁護人がないときを含む。）は，その証人，鑑定人，通訳人又は翻訳人の供述の証明力の判断に資するような被告人その他の関係者との利害関係の有無を確かめることができなくなる場合その他の被告人の防御に実質的な不利益を生ずるおそれがある場合を除き，被告人及び弁護人に対し，その証人，鑑定人，通訳人又は翻訳人の氏名又は住居を知る機会を与えないことができる。この場合において，被告人又は弁護人に対し，氏名にあってはこれに代わる呼称を，住居にあってはこれに代わる連絡先を知る機会を与えなければならない。

と規定して，法299条1項による証拠開示に際して，被告人のみならず弁護人に対しても，証人等の氏名又は住居を知る機会を与えないこととした上で，これに代わる呼称等を知る機会を与えるというものである。

　　また，法299条の4第4項は，

　　　検察官は，前項本文の場合において，同項本文の規定による措置によっては同項本文に規定する行為を防止できないおそれがあると認めるとき（被告人に弁護人がないときを含む。）は，その検察官請

求証人等の供述の証明力の判断に資するような被告人その他の関係者との利害関係の有無を確かめることができなくなる場合その他の被告人の防御に実質的な不利益を生ずるおそれがある場合を除き，被告人及び弁護人に対し，証拠書類又は証拠物のうちその検察官請求証人等の氏名又は住居が記載され又は記録されている部分について閲覧する機会を与えないことができる。この場合において，被告人又は弁護人に対し，氏名にあってはこれに代わる呼称を，住居にあってはこれに代わる連絡先を知る機会を与えなければならない。

と規定して，いまだ証人等になっていない者についても上記同様の措置が採れることとしている。

イ　ここで問題となるのは，どのような場合に法299条の4第1項や3項の「措置によっては加害行為等を防止できないおそれがあると認めるとき」に該当するのかという点である。

　最も現実的危険性がある場合としては，被告人が暴力団員であり，弁護人と当該暴力団との癒着が疑われ，弁護人が当該暴力団に被告人の事件に関する証拠関係等を漏洩しているような場合が考えられよう。

　また，そこまで具体的ではないものの，被告人に証人等の氏名又は住居が知られると，証人等やその親族等に回復不能なまでの深刻な加害行為等がなされる危険性が高く，これを確実に回避するため，弁護人がうっかり漏らしてしまう危険性をも排除しておく必要があるので，弁護人にも知らせないとするしか方法がない場合や，被告人が弁護人に対して執拗に証人等の氏名又は住居を教示するよう要求しているような場合には，むしろ弁護人の立場を考慮して証人等の氏名又は住居を秘匿した方が弁護人にとっても好ましいと考えられるであろう。

　具体的にいえば，いわゆるストーカー殺人未遂事件などにおいて，被告人が被害者に更に危害を加える意図を示しており，被害者が結婚して改姓（氏）するとともに転居しているような場合には，その新しい姓（氏）や住居を知らせたときには，再度の犯行が起きる危険があり，これを確実に防止するためには，この措置を採るしかないものと思われる。

ウ　そして、この措置を採る場合には、検察官において代替的呼称を定める必要があるが、これはどのようなものであっても差し支えない。A子さんとか花子さんというような一般的な仮称でもよいし、通称だけが被告人側に知られていて本名が知られていないのであれば、その通称を用いることでも差し支えない。

　ただ、住居に代わる連絡先については、連絡をとることができ、かつ、加害行為等を回避する上で適当なものでなければならないことから、当該証人等に弁護士が付いているような場合には、当該弁護士事務所の名称及び所在地を連絡先とすることがよい。これに対し、弁護士が付いていない場合には、適切な連絡先を見つけ出すことが困難な場合もあり得るであろう。そのような場合には、警察等の捜査機関でも住居に代わる連絡先として可能であるが、確実に証人等に取り次ぐことができるようなシステムにしておく必要があるものと思われる。

エ　このような検察官の措置が採られた後の手続は、前記(1)ア以降で述べたことと同様である。

　ただ、この措置のうち、特に、氏名については、それが被害者の場合、起訴状で明らかにされていては、この段階で保護することができないことから、後述するように、起訴状においても、被害者の氏名を明らかにしない手段を用いる必要があることに留意すべきである。

5　被害者が、犯人に対し、自己の氏名等を一切知られたくないと主張し、起訴状などでも秘匿してほしいとの要請があった場合について

(1)　捜査書類及び供述調書における対応

　まず、捜査書類や供述調書では、すべて仮名に変えて記載するという方法を採ることも可能であろう。被害者供述調書の末尾の氏名は仮名というわけにはいかないから、本名を記載してもらうにしても、その下の押印は指印とし、供述調書の頭の部分にも住所等は記載せず、氏名欄を仮名とすることでよいと思われる。

そして，その仮名が誰を指すのかという報告書1通だけに本名や住所等を記載し，供述調書の末尾の署名等を含めて，それらのうち被害者特定事項に関するものはマスキングをした上で，証拠開示における謄写がなされることとなろう。

　もっとも，当該被害者が証人請求された事案において，弁護人から被害者の氏名を明らかにするよう求められた場合には，これを拒否することはできず（刑事訴訟法299条1項本文前段参照。），被告人にそれを伝えるか否かは，結局のところ，弁護人の判断にかかっているということは前述したとおりである。

(2)　起訴状における対応

　一方，起訴状については，被告人の手元に直接に届くものであるだけに，これに被害者特定事項が記載されるとなれば，被害者の上記意図は全く無視されるということになろう。

ア　近時の取組

　この点について，「近年，性犯罪やストーカー規制法違反等の起訴状の公訴事実において，被害者の氏名を実名で記載せず，氏名とは別の表記によって被害者を特定する実務上の取扱いがなされるようになってきている。」（初澤由紀子「起訴状の公訴事実における被害者の氏名秘匿と訴因の特定について」慶應法学31号229頁）ことが広く知られるようになっている。

　そして，その際の被害者氏名の記載に代わる被害者特定のための表記の方法としては，

①　被害者の氏名をカタカナ表記にし，被害者の生年月日や年齢とともに記載する[6]。

②　被害者が被害に遭った後婚姻するなどして姓が変わった場合において，被告人がこれを知らない場合，被害当時の被害者の旧姓を記載する[7]。

③　被害者のいずれかの親の氏名及び続柄，被害者の年齢を記載す

る[8]。
④ 被害者が自宅で被害に遭った後，転居した場合，犯行場所を記載した上，「当時○○○（犯行場所）に単身居住していた女性（当時○歳）」などと記載する[9]。
⑤ 被告人が被害者の勤務先や学校名を把握していて，被害者の通称名や姓又は名だけを知っている場合，「○○○（勤務先や学校名）に勤務する（通学する）『△△△』（通称名，姓又は名）と称する女性（当時○歳）」などと記載する[10]。
⑥ 被告人が被害者の携帯電話のメールアドレスなど電子機器の唯一無二の識別番号を把握していた場合，「携帯電話のメールアドレスが○○@△△だった女性（当時○歳）」などと記載する[11]。
という方法が採られていることが知られている（前出・初澤244，245頁）。

---

6) ①の方式での公訴事実による起訴を認めて，判決が言い渡された裁判例としては，住居侵入，強姦致傷及び強制わいせつ等に関する平成26年7月2日横浜地裁判決（公刊物未登載），電車内におけるいわゆる迷惑防止条例違反事件に関する平成26年7月16日横浜地裁判決（公刊物未登載），通行中の女性に対する強制わいせつ等事件に関する平成26年8月7日前橋地裁判決（公刊物未登載），住居侵入，ストーカー規制法違反事件に関する平成25年5月7日前橋地裁太田支部判決（公刊物未登載）などがある。
7) ②の方式での公訴事実による起訴を認めて，判決が言い渡された裁判例としては，住居侵入，強姦事件に関する平成25年6月6日東京地裁判決（公刊物未登載），通行中の女性に対する強制わいせつ事件に関する平成25年9月20日東京地裁判決（公刊物未登載），住居侵入，強盗強姦事件に関する平成26年2月21日横浜地裁判決（公刊物未登載）などがある。
8) ③の方式での公訴事実による起訴を認めて，判決が言い渡された裁判例としては，公園内において行われた女児に対する強制わいせつ等事件に関する平成25年11月12日東京地裁判決（公刊物未登載），駅構内において行われた強制わいせつ事件に関する平成26年1月15日東京地裁判決（公刊物未登載），電車内における強制わいせつ事件に関する平成25年12月3日東京地裁判決（公刊物未登載），同様の事件に関する平成25年11月28日横浜地裁判決（公刊物未登載）などがある。
9) ④の方式での公訴事実による起訴を認めて，判決が言い渡された裁判例はない。逆に，被害者の実名を記載するよう起訴状の補正を検察官に求め，応じなければ公訴棄却判決をするとして，被害者の実名での補正をさせた上で実体判決を行った，住居侵入，強制わいせつ事件に関する平成25年12月26日東京地裁判決（公刊物未登載）がある。
10) ⑤の方式での公訴事実による起訴を認めて，判決が言い渡された裁判例としては，ストーカー規制法違反事件に関する平成25年7月12日東京地裁判決（公刊物未登載）などがある。
11) ⑥の方式での公訴事実による起訴を認めて，判決が言い渡された裁判例としては，児童買春・児童ポルノ禁止法違反，脅迫等事件に関する平成26年6月16日水戸地裁土浦支部判決（公刊物未登載），離婚訴訟中の妻の交際相手に対する脅迫事件に関する平成26年9月30日水戸地裁下妻支部判決（公刊物未登載）等がある（以上，前出・初澤247～250頁参照）。
　なお，上記の罪名（強姦等）は当時のものである。

イ 考　　察

　このような被害者の特定を秘匿する記載であっても，刑事訴訟法256条3項が規定する

　　　公訴事実は，訴因を明示してこれを記載しなければならない。訴因を明示するには，できる限り日時，場所及び方法を以て罪となるべき事実を特定してこれをしなければならない。

との訴因の特定に対する要請に反するものではないと考えられる（もっとも，裁判所がそれでは訴因の特定として不十分であると判断した場合には，公訴棄却判決（法338条4号）がなされることになる。）。

　このような方法を採ることは可能であるにしても，最終的に，そのような記載方法で訴因の特定として十分であるかどうかを判断するのは裁判所であり，現在のところ，個々の裁判所がどのような判断をするかは必ずしも予見できるものではない。したがって，被害者に対し，事前にこのような記載での起訴状で裁判を行うことができると確約することはできないこととなる。

　また，仮に，このような記載で裁判が行われたとしても，判決には実名が記載されてしまう例が多く，そのような場合には，判決謄本の交付の際に，当該実名をマスキングすることで対応するしかないという問題も残されている。

6　被告人が犯行を否認し，被害者等が法廷に出廷しなければならなくなった際，当該被害者等を保護するための手続について

(1)　出廷時における証人の保護

　証人等は，公正な刑事司法の実現に協力する裁判の担い手となる者である。したがって，その尋問に際しては，その保護に配慮し十分な供述ができるような措置を講ずる必要がある（刑事訴訟法295条2項参照）。

　そこで，裁判所は，証人が被告人の面前（遮へい・ビデオリンク方式の尋問の場合を含む。）では圧迫を受けて十分な供述をすることができないと認められるときは，証人の供述中，被告人を退廷させることができる（法

304条の２前段）とされている。

(2) 平成12年改正

　さらに，刑事訴訟法は，平成12年改正により，157条の２～157条の４を追加し，次のように規定した。

① 証人尋問の際の証人への付添い（法157条の２）

　性的犯罪により精神的打撃を伴う深刻な被害を受けた者などが法廷で尋問を受けることによって，著しい不安や緊張を感じさせられたり，精神的被害を更に悪化させられたりするいわゆる二次的被害の可能性があることを考慮し，証人付添人が，証人のすぐそばに着席することができる規定を置いた（同条１項）。

② 証人尋問の際の証人の遮へい措置（法157条の３）

　証人が被告人の面前あるいは傍聴人のいる法廷で証言することによる精神的圧迫を軽減して，証人の精神的平穏に対する侵害を未然に防止しようとする規定を設けた（同条１項）。

③ 一定の場合におけるビデオリンク方式（映像等の送受信による通話の方法）による証人尋問（法157条の４第１項）。なお，ビデオリンク方式による証人尋問は録画して記録化することとされた（同条２項）。

(3) 平成28年改正

　さらに，平成30年６月に施行された平成28年改正法により，ビデオリンク方式による証人尋問を実施するに当たり，裁判所と同一の構内以外の場所において証人尋問（以下「構外ビデオリンク方式」という。）が実施できるようになった。

　具体的には，刑事訴訟法157条の６第２項に，

　　裁判所は，証人を尋問する場合において，次に掲げる場合であって，相当と認めるときは，検察官及び被告人又は弁護人の意見を聴き，同一構内以外にある場所であって裁判所の規則で定めるものに証人を在席させ，映像と音声の送受信により相手の状態を相互に認識しながら通話をすることができる方法によって，尋問することができる。

として，1号から4号までの場合が規定されている。

ア　まず，同項1号では，

　　　犯罪の性質，証人の年齢，心身の状態，被告人との関係その他の事情により，証人が同一構内に出頭するときは精神の平穏を著しく害されるおそれがあると認めるとき

と規定して，構外ビデオリンク方式を認めることとした。これは，性犯罪の被害者や凄惨な犯行現場を目撃して強い精神的打撃を受けた年少者が証人となる場合において，公判が行われる裁判所に出頭すること自体によって著しい心理的・精神的負担を生じる場合を想定したものである。

イ　次に，同項2号では，

　　　同一構内への出頭に伴う移動に際し，証人の身体若しくは財産に害を加え又は証人を畏怖させ若しくは困惑させる行為がなされるおそれがあると認めるとき

と規定され，同項3号では，

　　　同一構内への出頭後の移動に際し尾行その他の方法で証人の住居，勤務先その他その通常所在する場所が特定されることにより，証人若しくはその親族の身体若しくは財産に害を加え又はこれらの者を畏怖させ若しくは困惑させる行為がなされるおそれがあると認めるとき

とされている。これらは，暴力団犯罪等の組織的な犯罪に係る事件において，公判が行われる裁判所に証人が出頭する際，その付近で待ち伏せされて証人に加害行為等がなされるおそれがある場合や，証人が公判の行われる裁判所に出頭して証言した後，帰宅までの間尾行されるなどして住所等を把握され，証人やその親族に加害行為等が行われるおそれがある場合などが想定されている。

ウ　さらに，同項4号では，

　　　証人が遠隔地に居住し，その年齢，職業，健康状態その他の事情

により，同一構内に出頭することが著しく困難であると認めるときと規定されている。これは，高齢者や病気療養中の者が，長距離移動を伴う裁判所への出頭により，その健康状態を損なうおそれがある場合や，代替性のない多忙な業務に就いている者が，遠方の裁判所に出頭することにより業務に多大な支障等が生じるような場合などが想定されている。

なお，被害者保護に関する我が国の対応策について，歴史的経過をふまえた考察として，安田貴彦「犯罪被害者支援」警察政策学会編『社会安全政策論』104頁以下（立花書房）が詳しいので，是非一読されたい。

14 非協力な参考人に対する起訴前証人尋問手続

> 参考人が捜査に協力しないなどの場合において，起訴前に当該参考人を証人尋問するための手続には，どのようなものがあるのか。

1 刑事訴訟法226条による起訴前証人尋問

(1) 刑事訴訟法226条は，
> 犯罪の捜査に欠くことのできない知識を有すると明らかに認められる者が，第223条第1項の規定による取調に対して，出頭又は供述を拒んだ場合には，第一回の公判期日前に限り，検察官は，裁判官にその者の証人尋問を請求することができる。

と規定している。これは法223条1項において参考人の取調べを認めているところ，当該参考人が出頭に応じない場合などに，裁判官に請求して証人尋問をしてもらうことを定めたものである。

そして，この場合，不出頭の証人に対しては，勾引することができる。すなわち，刑事訴訟法152条では，
> 裁判所は，証人が，正当な理由がなく，召喚に応じないとき，又は

応じないおそれがあるときは，その証人を勾引することができる。

と規定し，「召喚に応じないとき」だけでなく，平成28年の刑事訴訟法の改正により，「応じないおそれがあるとき」についても勾引ができることとなった。

また，そのように出頭しない者に対しては，上記改正により，法151条の法定刑が引き上げられて，従来は罰金刑しかなかったが，

　　証人として召喚を受け正当な理由がなく出頭しない者は，1年以下の懲役又は30万円以下の罰金に処する。

こととされ，自由刑を科すことができるようになった。このように証人の出廷確保のための手段が強化されたことで，起訴前の証人尋問についても，その手続がスムーズに行われる可能性が高まったといえよう。

(2)　刑事訴訟法226条による起訴前証人尋問の要件として，まず，ある被疑事実に関して捜査をしており，当該参考人がその被疑事実に関して欠くことができない知識を有していることが求められている。したがって，そこには，ある意味当然のことではあるが，特定の被疑事実が前提として存在していなければならない。

そして，その被疑事実に関する捜査において，欠くことができない知識を有すると認められる者が対象となるが，これは，当該参考人の有する知識とされる事項が，捜査機関に既に判明している場合や，他に同じ知識を有する者がいる場合であっても差し支えないと解されている（昭和48年11月7日東京高裁判決・高刑集26・5・534，昭和40年8月26日大阪高裁判決・判時434・22）。

また，この証人尋問の対象となる者には，共犯者や実質的被疑者となるような者も含まれるのか問題になる。しかしながら，共犯者と呼ばれる者であっても，他の被疑者との関係では，参考人の立場になるのであるから，共犯者とか実質的被疑者となるような者であっても，他の者の被疑事実に関することについては証人となり得ると考えるべきである。ただ，この場合，証人として証言する内容が，自分自身の刑事訴追や有罪判決を招くおそれがある場合には，刑事訴訟法146条により，証言を拒否することがで

きることになる。

　そして，それらの要件を満たす者が法223条の規定による取調べに対して出頭拒否又は供述拒否をしたことが求められるが，これらの拒否は，検察官に対するものだけでなく，司法警察職員に対するものでも同様である。

　そこで，その態様として，取調べの一部だけについて拒否したという場合であっても，その部分に当該犯罪の立証に欠くことのできない事項が含まれている場合であれば，これに該当すると解してよいと考える。また，供述はしたが,調書への署名押印を拒否したという場合はどうであろうか。この場合は，供述はしているのであるから，条文上は，証人尋問をするための要件を満たさないようにも見られる。しかしながら，公訴提起及び公判維持の観点からみて，その供述内容を供述調書として保全しておかなければ，およそ証拠として十分に使い得ないのであり，供述を拒否したことに他ならないと考えるべきであろう。

　この証人尋問の請求は，第一回公判期日前に限られている。これは，第一回公判期日後は，当事者主義が守られ，対等に活動することを考慮したため，ここで区切ったと説明されている。

2　刑事訴訟法227条による起訴前証人尋問

　これまでの捜査においては，被害者や目撃者に逃走のおそれがある場合とか,その健康上の問題などから今後供述を得られないおそれがある場合など,当該事件の送致前であっても，検察官がそれら参考人の取調べをし，その供述調書を作成するということも行われていた。その目的は，それら参考人が後に証人として証言をすることができない場合が生じても，その供述調書について，刑事訴訟法321条1項2号を適用して，法廷での証拠として用いることができるようにするためである。ここでは，それを一歩進めて，取り調べた参考人につき，刑事訴訟法227条1項により起訴前に証人尋問を行い，裁判官の面前で証言をさせることで，これを法321条1項1号の書面として用いることができるようにしておくもので，捜査上有効な手段となるものである。

すなわち，刑事訴訟法227条1項では，

> 第223条第1項の規定による検察官，検察事務官又は司法警察職員の取調べに際して任意の供述をした者が，公判期日においては前にした供述と異なる供述をするおそれがあり，かつ，その者の供述が犯罪の証明に欠くことができないと認められる場合には，第一回の公判期日前に限り，検察官は，裁判官にその者の証人尋問を請求することができる。

と規定されており，また，同条2項では，

> 前項の請求をするには，検察官は，証人尋問を必要とする理由及びそれが犯罪の証明に欠くことができないものであることを疎明しなければならない。

とされている。要は，①既に警察官等に任意に供述をした者であること，②公判期日においては前にした供述と異なる供述をするおそれがあること，③その者の供述が犯罪の証明に欠くことができないと認められる場合であること，④証人尋問を必要とする理由及びそれが犯罪の証明に欠くことができないものであることを検察官が疎明すること，⑤第一回の公判期日前であることの各要件を満たしたのであれば，当該参考人を証人として起訴前であっても法廷で尋問できるのである。実際にも，この手続はよく採られており，捜査上も欠くことのできない手法となっている。

そこで，どのような参考人に対してこれを用いるのが有効かを考えてみるに，まず，被疑者が暴力団関係者等であり，その報復等を参考人が怖れている場合，当該参考人が被疑者の親族である場合，さらには，当該参考人が退去強制を予定されている外国人である場合などが挙げられよう。

そのような参考人のうち，被疑者を怖れており，弁護人が立ち会っていては真実を証言することができないと見込まれるときは，弁護人の立会いなくして証人尋問を実施することができる。これは，刑事訴訟法228条2項が，

> 裁判官は，捜査に支障を生ずる虞がないと認めるときは，被告人，被疑者又は弁護人を前項の尋問に立ち会わせることができる。

としており，弁護人の立会いなくして証人尋問を行うのが原則だからである[12]。

そして，この方法を用いる場合には，司法警察職員の取調べの後，検察官

の取調べがされ，その供述調書が作成されてから，できるだけ短期間のうちに証人尋問をすることが大切である。というのは，その期間が短いほど，その証人の記憶が鮮明なままに証言に臨むことができる上，被疑者らによる不当な働きかけを阻止することができ得るからである。それゆえ，そのような参考人については，できるだけ早期に証人尋問を請求できるように段取りをしておくことが肝要である。

このような証人尋問によるその尋問調書が作成された場合，その調書は，刑事訴訟法321条1項1号の書面とされ，検察官面前調書の場合に要求される特信性を求められることなく，証拠として用いることができる。

さらには，そこに真実の証言がなされていることを，公判における証拠開示により，被疑者が知ることによって，捜査段階では否認していた被疑者が，公判に至って自白に転ずることが期待できるような場合も生じ得るであろうと思われる。

15　参考人の虚偽供述等と刑責

> 参考人が虚偽の供述をして供述調書に署名押印した場合，及び参考人が虚偽の内容を記載した供述書を作成した場合，参考人の刑責はどのようなものとなるのか。

刑法104条は，
> 他人の刑事事件に関する証拠を隠滅し，若しくは変造し，又は偽造若しくは変造の証拠を使用した者は，3年以下の懲役又は30万円以下の罰金に処する。

と定めている。このうち，「証拠の偽造」とは，存在しない証拠を新たに作成することをいうとされているが，参考人が捜査機関に対して虚偽の供述を

---

12)　この条文では，「前項」の尋問としているが，その「前項」である法228条1項は，「前2条の請求を受けた裁判官は，証人の尋問に関し，裁判所又は裁判長と同一の権限を有する。」と規定しているから，結局，法227条の証人尋問を指していることになる。

することは，新たな証拠を作成したともいえるので，「証拠の偽造」に該当するのではないかが問題となる。

　参考人の虚偽供述については，①参考人が虚偽の供述を行った場合，②虚偽の供述を録取した供述調書に参考人が署名押印した場合，③参考人が自ら内容虚偽の供述書を作成した場合の3つに分けて考察することとする。

　このうち，①については，刑法104条にいう「証拠の偽造」に該当しないという見解が主流である。この見解を採用した裁判例（昭和43年3月18日大阪地裁判決・判タ223・244，昭和44年5月22日宮崎地裁日南支部判決・刑裁月報1・5・535，研修518・29以下，同526・90以下，同562・33，同569・19以下参照）は，その理由として，(a)証拠偽造罪の「証拠」とは，証人や書面自体のような証拠方法を意味するのであって，証人による証言などは含まない，(b)偽証罪は特に法律によって宣誓した証人が虚偽の供述をした場合のみを処罰の対象としており，その趣旨からすれば，宣誓していない参考人が虚偽の供述をした場合は，証拠偽造罪によって処罰されないと解するのが相当である，(c)虚偽の供述を強制する行為は証人威迫罪（同法105条の2）に該当するが，もし参考人の虚偽供述が証拠偽造罪に該当するという立場に立つと，参考人に脅迫など伴わずに虚偽の供述を働きかけるにすぎない行為も証拠偽造罪の教唆に該当し，証人威迫罪よりもかえって重く処罰されることになって不当であることなどを挙げる。

　②についても見解の対立があるが，消極説が主流であって，この見解を採用する裁判例（平成7年6月2日千葉地裁判決・判時1535・144，平成8年1月29日千葉地裁判決・判時1583・156，研修569・15以下，警察公論52・3・107以下参照）は，いずれも覚せい剤取締法違反事件であるが，その理由として，「参考人が捜査官に対して虚偽の供述をすることそれ自体が，証拠偽造罪に当たらないと同様に，供述調書が作成されるに至った場合であっても，証拠偽造罪を構成することはあり得ないと解すべきである」，「刑法は，虚偽供述を手段とする刑事司法作用の妨害については，それが明示的に行為類型とされている偽証，虚偽鑑定又は通訳及び虚偽告訴と，犯人の身柄の確保ないし特定作用を有する犯人隠避に限って可罰性を認める趣旨であり，それ以外の虚偽供述について証拠偽造罪が成立することはないと解するのが相当で

ある」としている。

それらに対し，③については，裁判例（昭和34年9月12日千葉地裁判決・判時207・34，昭和40年3月29日東京高裁判決・高刑集18・2・126，平成5年6月29日福岡地裁判決・研修562・29以下，同568・22以下，同574・8以下参照）は積極説に立っており，これに賛成する学説も存在する。

その理由とするところは，自ら内容虚偽の供述書を作成するということは，虚偽の供述をしたという段階を越えて，積極的に虚偽の証拠物となる供述書を作成したことになり，最早それは「証拠の偽造」の範疇に包含されるものとの理解に基づくものと思われる。

以上のことから，参考人が虚偽供述をした場合で明らかに処罰できる場合というのは，参考人が虚偽内容の供述書を作成した場合に限られることになると理解されよう。

16 参考人等による口裏合わせに対する取調べ要領

> 参考人らによる口裏合わせがなされた場合，取調べは非常に困難になるが，そのような場合には，どのようにして取り調べたらよいのか。

参考人として，警察官等に対して，犯人との間の口裏合わせに基づいて虚偽の供述をする行為は，刑法103条の犯人隠避罪の「隠避させた」に該当するので，刑事上の処罰の可能性を告げて取り調べるべきである。場合によっては，犯人隠避罪の被疑者として黙秘権を告知して取り調べてもよいと思われる。

この点については，平成29年3月27日最高裁決定（刑集71・3・183）が参考になる。

1 事案の概要

この事案の概要は，概ね次のとおりである。

(1) Aは，平成23年9月18日午前3時25分頃，普通自動二輪車（以下「A車」という。）を運転し，信号機により交通整理の行われている交差点の対面信号機の赤色表示を認めたにもかかわらず，停止せずに同交差点内に進入した過失により，右方から普通自動二輪車を運転進行してきたBを同車もろとも路上に転倒・滑走させ，同車をA車に衝突させ，よって，Bに対し，外傷性脳損傷等の傷害を負わせる交通事故（以下「本件事故」という。）を起こし，その後，Bを同傷害により死亡させたのにもかかわらず逃走し，所定の救護義務・報告義務を果たさなかった。

(2) 被告人は，自ら率いる不良集団の構成員であったAから同人が本件事故を起こしたことを聞き，A車の破損状況から捜査機関が前記道路交通法違反及び自動車運転過失致死（当時）の各罪の犯人がAであることを突き止めるものと考え，Aの逮捕に先立ち，Aとの間で，A車は盗まれたことにする旨の話合いをした。

(3) Aは，前記(1)に係る各被疑事実により，平成24年7月8日，通常逮捕され，引き続き勾留された。被告人は，その参考人として取調べを受けるに当たり，警察官から，本件事故のことのほか，AがA車に乗っているかどうか，A車がどこにあるか知っているかについて質問を受け，A車が本件事故の加害車両であると特定されていることを認識したが，警察官に対し，「Aがゼファーという単車に実際に乗っているのを見たことはない。Aはゼファーという単車を盗まれたと言っていた。単車の事故があったことは知らないし，誰が起こした事故なのか知らない。」などの嘘を言い，本件事故の当時，A車が盗難被害を受けていたことなどから前記各罪の犯人はAではなく別人であるとする虚偽の説明をした。

2 本件最高裁決定の判断内容

このような事実関係に基づき，本件最高裁決定は，「被告人は，前記道路交通法違反及び自動車運転過失致死の各罪の犯人がAであると知りながら，

同人との間で，A車が盗まれたことにするという，Aを前記各罪の犯人として身柄の拘束を継続することに疑念を生じさせる内容の口裏合わせをした上，参考人として警察官に対して前記口裏合わせに基づいた虚偽の供述をしたものである。このような被告人の行為は，刑法103条にいう『罪を犯した者』をして現にされている身柄の拘束を免れさせるような性質の行為と認められるのであって，同条にいう『隠避させた』に当たると解するのが相当である。」と判示した。

このように，犯人との口裏合わせをした上で，警察官に対して虚偽の供述をした場合には，犯人隠避罪が成立することを明らかにしたものである。

3 取調べ上の留意事項

本件では，被告人が犯人と口裏合わせをした上で虚偽供述をしたことが証拠上認定される事案であったことが肝心である。

単に，参考人が犯人をかばうために虚偽の供述をしただけで犯人隠避を認めたわけではないのであり，身代わり自白に相当するような程度に刑事司法を誤らせる危険性があったことが重視されていることに留意されたい。

第6章 取調べに関して作成される捜査書類についての留意事項

1 供述調書作成の際の留意事項

> 供述調書作成に当たっての留意事項は何か。

1 供述調書を作成する上での録取方法に関する一般的留意事項

　供述調書は，被疑者や参考人の供述を文章にするものであるため，どうしても取調官の調書作成能力という問題を避けて通ることができない。その内容に関する問題は別に述べることとして，ここでは，その録取方法に関する注意点を説明することとしたい。

(1) 調書は，録取した後，必ず読み聞かせた上，閲読させること
　　このようなことは，本来，当然過ぎることであるが，公判廷で，しばしば被疑者から，調書を読んで聞かせてもらっていないとか，読んではもらったものの口調が速すぎて内容がよく分からなかったとかいう主張がされることがある。そこで，取調官は，調書を大きな声でゆっくりと読み，長い調書であれば，できれば読み聞かせの開始時間と終了時間を控えておくのが好ましい。
　　時に被疑者の方から，「もうよく聞いてよく知っていますから，読み返さなくても結構です。」ということを言われることがあるが，公判廷では，それが「読み返してくれなかった。」という供述に変わることもある。そもそも，この手続は，録取内容と供述内容の同一性を確認させるというものであることから，そのような場合であっても読み聞かせた上閲読させて

おくべきであることは当然である。

(2) 読み聞かせた後、必ず追加ないし訂正すべき事項がないか確認し、申出に応じて追加訂正すること

　読み聞かせた後の追加訂正は、任意性を担保する一つの手段となるものであることから、貴重な機会であると認識すべきである。取調官としては、被疑者からよく話を聞いて、正確に調書を作成したつもりであっても、時に取調官が誤解していたり、些細な間違いがあったりすることもある。それゆえ、読み聞かせた後などに、被疑者がそれを見つけて訂正を申し立てたのであれば、そのことは被疑者がその調書の内容をよく認識した上で、更により正確にするためにそのような追加訂正の申出をしたということの証左となるものである。したがって、かかる追加訂正は、その調書の任意性を担保することになるものであるし、一方でその記載内容の信用性を増加させる効果がある。

　そして、その追加訂正は、被疑者の面前で末尾に追加筆記する方法で行う。また、単純な誤記、誤字及び脱字といった形式的な間違いについては、本文中の当該部分の加除訂正でも足りると思われるが、必ず、被疑者の面前で行うことである。しかしながら、文言の意味内容にわたるような部分については、末尾での追加筆記以外の訂正をすべきではない。例えば、金額などの数字の変更を加除訂正で行うと、その変更で特定の意味を持った数字に変わることがあり、単なる訂正では済まないこととなる。したがって、そのような訂正は、必ず末尾での追加筆記で行うべきである。

(3) 供述調書は、できるだけ1通ずつ独立した形で作成したほうがよい

　録取した供述調書は、そのすべてが法廷に提出されるわけではない。その一部しか提出されないことのほうがむしろ通常である。そのような場合、その法廷に提出されることとなる調書が、その前の調書を前提に書かれたものであると、後の調書だけでは内容がよく分からないということが起きてしまう。録取する者にとっては、前の調書が前提になっていても、使われる場面は必ずしもそうではないことを常に念頭に置いて調書の作成をす

べきである。ただ，前回の調書の内容を訂正するための調書を作成する場合のように，その調書自体では独立した意味がないような場合については，その例外であることは当然である。

2 供述調書を作成する上での録取内容に関する一般的留意事項

(1) 供述調書を作成するに当たり，基本的には，物語形式で供述を録取することとなる。そして，供述人からじっくりと話を聞いた上で，事案の核心を的確に摑み，それを中心に枝葉末節に囚われることなく供述を整理していくことが大切である。

その際，その供述人からどのような供述を得て，それが被疑事実の立証の上で，どのような役割を演ずるのかを十分に意識しておかなければならない。その上で，録取すべき事項の選択と範囲，その詳細さの程度を見極めておき，必要な内容は詳しく，そうでない内容はそれなりにと，メリハリの利いた調書が作成できるように心がけるべきである。

(2) 物語形式で録取するのであるから，その場面が読み手に思い浮かぶような迫真性のある調書でなければならない。自分の頭の中ではわかっているつもりになっているが故に，得てして話を端折ってしまい，読んでいる側には，なぜ話がそのように展開していくのか訳が分からなくなってしまうこともある。自分の調書を他人になったつもりで客観的に見て，誰にでも理解できるような調書になっているかどうか確認することも必要である。

そのためには，あまりに基本的に過ぎることではあるが，主語をきちんと書き，述語をそれにきちんと対応するように録取することである（勿論，毎回，必ず主語を書くようにと言っているわけではない。あまりにくどいのはまた別問題である。）。調書を作成している際，当然に，主語はわかるはずだと思って端折って書いてしまったり，文章が長くなって，述語が主語と対応しなくなったりしてしまうなどということが起きると，とても読みづらい文章になってしまい，読み手が内容を理解するのに苦労するばかりか，誤解を与える原因ともなりかねない。そんな基本的なことは分かりきって

いると言われる方もおられると思うが，意外にこれはきちんとできていないように思われる。

　そのような問題を起こさないためにも，文章は短くする，二義を入れるような言い回しはしない，いわゆる「八何の原則」[13]をきちんと守って記載するなどの基本的なことを常に守る必要がある。

(3)　そして，調書に記載することは，供述人の体験した事実を書くということがベースであるので，供述人が実際に体験したことを書いているのか，そう思ったことを書いているのか，評価した内容を書いているのか，あるいは，人から聞いたことを書いているのか，それらの違いをあいまいにするような書き方をしてはならない。したがって，体験した事実を過去形で書くのが自然であることから，その終わり方も「……でした。」，「……ました。」となるのが普通である。

　ところが，口授して調書を作成していると，ついその場面の事実を説明しようとする意識が強くなってしまい，「……だったのです。」，「……なってしまったのです。」などと「のです。」という終わり方の文章ばかりになりがちである。

　こういった調書は，後で声に出して読んでみると分かるが，その「のです。」という言い方が何度も出てくると，とても耳障りになる。

　あくまで供述人の体験を録取するのであるから，「……でした。」，「……と思いました。」などといったような文章の終わり方になるべきであると思われる。

　勿論，ある事柄を説明しているような場合には，当然に，「……だったのです。」という書き方になるが，それ自体は何も問題ではないものの，それを何度も繰り返すと問題が生じるということを指摘しているだけである。

---

13)　八何の原則とは，①誰が（犯罪の主体）Who，②誰と（共犯関係）With Whom，③なぜ（犯罪の動機，原因）Why，④いつ（犯罪の日時）When，⑤どこで（犯罪の場所）Where，⑥何を又は誰に対し（犯罪の客体，対象，相手）To Whom，⑦どんな方法で（犯罪の方法，態様）How，⑧なにをした（犯罪の行為と結果）What，という項目で構成されるものである。このうち，②と⑥を除いたものが，５Ｗ１Ｈといわれる六何の原則となる。

3　供述調書の作成上，使用される言葉遣いについて

(1)　供述調書は，供述人の言葉を録取するものである。したがって，知的レベルの高い人であれば，そのような言葉遣いに，また，子供などであれば，子供らしいそれに見合う言葉遣いにしなければ，供述人の言葉を真に反映したものにはならない。

　供述調書においては，必ず，「私は……」で始まらないといけないかのように理解している方もいるようであるが，供述人の中には，自分の人生の中で「私は」なんて言い方をしたことなんか一度もないですよという方もいる。

　そのような場合には，別に，「私は……」などという形式的な始まり方にこだわることなく，僕でも，俺でも構わないと私は考えている。

　むしろ，調書を読み始めた時に，その供述人の人柄とか雰囲気が伝わる調書のほうが，本来の供述録取という概念に沿うものではないかと思っている。

　また，その場合に使われる用語についても，できるだけ供述人自身の言葉を使うほうが好ましい。典型例は，方言であろう。供述人が親族や友人などと会話している場面を録取することがあるが，その場合，その土地の言葉で話しているはずであるのに，それが標準語などの別の言い回しになっていたのでは，その調書が本来持つべき信憑性を低減させてしまうことになろう。

　その場合には，その方言のまま録取しておくことである。ただ，その方言が他の土地から来た裁判官などにとって理解し難いと思われる場合には，その方言の意味するところを，調書内において別の言葉で説明しておくことが必要である。

　さらに，被疑者らが使う隠語についても同様である。

　その隠語はそのまま録取し，その意味するところを調書内で解説しておけばよい。

(2)　ここで若干留意されたい点を述べておくが，被疑者らが使う用語に適当な漢字を当ててはならないということである。

例えば，ある窃盗団があって，その中の上位の被疑者が下位の被疑者に対し，車などを取って来いと指示することがある。
　この場合，その言葉は，「とってこい」という言い方になり，下位の被疑者は，そのように上位の者から言われたと取調官に言うはずである。
　そして，これを調書にする際に，その「とってこい」は，本来的には，「取ってこい」という漢字を当てるべきであろうが，これに「盗ってこい」という漢字を当てることがよいかという問題である。
　これと同じことは，暴力団員が親分の命令で「やってしまえ」という言葉で指示を受けたとき，調書で「殺ってしまえ」と録取してよいのかという問題にもある。
　実際のところ，これらの表現が調書上で使われているのを時々見かけることがある。
　それらの言葉は，漢字によって，大きく意味合いが異なるものである。
　前者の場合も，本来的には常用外の使い方であるが，日本語変換ソフトには含まれていることが多いと思われることから，まだ慣用性があると思われるものの，後者の例は，まったくの当て字であるだけに，更に問題が大きい。
　被疑者が，みずから「この場合は，指示内容が盗んでこいというものであったのですから，当てる漢字も『盗ってこい』が正しいのです。」と言うのであれば，その漢字を使ってもよいと思われるが，それでも勝手にその漢字を使われたという主張がされないためにも，その説明を調書内に入れておいたほうがよいであろう。
　また，後者の例では，そもそも当て字であるだけに，そのような使い方はしないほうが好ましい。
　ひらがなで「『やってこい』と言われました。」と録取し，その上で，「ここで私が親分から言われた『やってこい』という言葉の意味は，殺してこいという意味であるとすぐに分かりました。というのは，……」と言葉の意味を説明する形式がよいであろう。
　このように調書の中に用いられる言葉一つひとつにも十分な配慮をし，供述人の真意が誤解なく伝わるような録取の仕方を心がけるべきである。

2 供述調書等の種類と証拠能力

> 供述調書や供述録取書の種類にはどのようなものがあるのか。また，それらが証拠能力を持つための要件の違いはどのようなものか。

1 供述調書等の概要

　供述調書とは，捜査官が取調べを行った際に，供述人の供述内容を録取した書面のことである。この根拠規定は，刑事訴訟法198条3項にあり，

　　被疑者の供述は，これを調書に録取することができる。

とされ，また，参考人の場合については，法223条2項が上記規定を準用している。

　そして，供述調書は，誰の面前で作成されたかによって法的効力が異なっており，その違いは，伝聞法則の適用を排除できる要件の違いに現れる。すなわち，供述調書は，伝聞証拠となり，反対尋問権の保障のため，基本的には，それ自体には証拠能力はない（法320条1項）。

　しかしながら，刑事訴訟法は，一定の場合に，その例外を認め，法321条1項などにその規定を置いている。それは，すべての供述調書等を伝聞法則の下に排除してしまうと，証人の記憶が稀薄化した場合や，死亡，行方不明といった場合に，供述調書がありながら，その事実の認定をすることができなくなり，真実の発見を阻害させ，犯罪人に対する適正な国家刑罰権の実現を妨げることになる。そこで，一定の要件を満たした供述調書等については，伝聞法則の適用を排除して，供述調書等に証拠能力を持たせることとしたのである。

　そして，その内容であるが，刑事訴訟法321条12項は，まず柱書きで，

　　被告人以外の者が作成した供述書又はその者の供述を録取した書面で供述者の署名若しくは押印のあるものは，次に掲げる場合に限り，これを証拠とすることができる。

と規定する。つまり，伝聞法則を排除できる書面であるためには，被告人以外の者について（被告人の供述調書については，法322条に規定がある。），その

者が作成した供述書であるか,あるいは,その者の供述を録取した書面で,その書面に署名若しくは押印のあるものでなければならない。

そこで,まず,その対象となる書面であるが,「供述書」というものは,供述者自らがその供述内容を記載した書面であり,上申書がもっとも一般的である。それ以外には,被害届,告訴状,更には,個人的に記載していた日記や手紙などもこれに該当する。

次に,「その者の供述を録取した書面」は,一般に,供述録取書と呼ばれるが,第三者が供述者本人から聞き取った供述内容を記録した書面であり,供述調書もこれに含まれる。その他には,公判調書中の証人尋問調書や国税局などが調査の際に作成する質問てん末書などがある。そして,その供述録取書については,供述書と異なり,供述者の署名若しくは押印のどちらかが必要とされる。これは,供述書が供述者自らにより記載されるものであるのに対し,供述録取書は,供述内容と記載内容の間に齟齬がないかどうかを担保するために,供述者がその内容を確認して署名若しくは押印をすることを求められているからである。ただ,証人尋問調書については,証言した証人がその内容を確認して署名若しくは押印をするということはない。しかしながら,この場合でも,署名若しくは押印がされた場合と同様に扱うと考えるのが通説である。というのは,公判調書では法律上その録取の正確性が高度に担保されているので(法48条ないし51条,特に,正確性に対する異議申立制度も設けて正確性の担保が図られている。),供述者の署名若しくは押印を欠いても差し支えないと考えられているからである。

そして,法文上は,その供述録取書には,署名「若しくは」押印でよいとされているが,実際には,供述調書の末尾に,供述人の署名「及び」押印を求めているものの,これはより厳格な運用をしているだけのことである。

なお,「押印」には当然指印も含まれる。また,署名は,自己の氏名を自書することであるが,その場合に,氏名のうち姓だけ若しくは名だけを自書した場合には,署名したことになるのであろうか。この署名若しくは押印を求めている趣旨が,供述録取内容の正確性の確認であることに照らせば,姓だけ若しくは名だけであっても,供述者がそれを確認したものと認められるのであれば,署名したものと扱って差し支えないであろう。

2 伝聞法則による供述調書の分類

　刑事訴訟法321条1項において，伝聞法則の適用が排除される書面として，次の三つのものが挙げられている。

(1)　まず，裁判官面前調書と呼ばれるものであるが，同項1号において，
　　　　裁判官の面前（中略）における供述を録取した書面については，その供述者が死亡，精神若しくは身体の故障，所在不明若しくは国外にいるため（中略）公判期日において供述をすることができないとき，又は供述者が（中略）公判期日において前の供述と異なった供述をしたとき
に証拠とすることができるとされている。
　これは，裁判官の面前で録取された書面であれば，一般的に信用性が高いものと認められているので，後述する検察官面前調書や，司法警察員面前調書より要件を緩やかにして，その調書に証拠能力を認めたものである。そもそも，本条は前段に記載されているように，死亡や所在不明などで証人に証言を求めることができないような状況下において[14]，裁判官の面前で供述したものを録取した書面があるのであれば，それが証言に替わるものとして，その書面に証拠能力を認めるとしたのである。
　また，後段の規定で，その調書と後の公判廷での証言が異なった場合にも，同様に証拠能力が認められることとされている。そして，ここでの要件は，
　　　　供述者が（中略）公判期日において前の供述と異なった供述をしたとき
とされており，後述する検察官面前調書の場合より，広く証拠能力が認め

---

14)　証人が証言拒絶をした場合や，共同被告人となった事件で相被告人が公判廷で黙秘権を行使した場合などはどうか。この条文の規定は，制限的な列挙ではなく，例示的な列挙であると解されており，条文の文言に直接該当しなくとも，それと同様と考えられる場合には，同号の適用があると考えられる。したがって，証言拒絶や黙秘権の行使なども証言が求められない点では同様であることから，その適用があるものと認められる（証言拒絶につき，昭和27年4月9日最高裁判決・刑集6・4・584）。

られると解されている。これは，裁判官の面前における供述であることから，より高い信用性の情況的保障があることによるものである。

(2)　次に，検察官面前調書と呼ばれるものであるが，これは，同項2号に規定があり，先の裁判官面前調書の場合とほとんど同じ要件が定められている。死亡等の証言ができない場合については，先と全く同じであるが，公判廷での証言が異なる場合については，先の場合と異なり，

　　　前の供述と相反するか若しくは実質的に異なった供述をしたとき
に限られる。
　また，それに加えて
　　　ただし，(中略) 公判期日における供述よりも前の供述を信用すべき特別の情況の存するときに限る。
ことが要件とされている。これは，特信情況とか特信性の要件と呼ばれているものであるが，この存在が，反対尋問に代わる信用性の情況的保障を確保するものである。

(3)　さらに，司法警察員面前調書と呼ばれるものは，同項3号の書面の中に含まれている。この中に前記1で触れた供述書なども含まれることとなる。ここでは，先に述べた2種類の面前調書の要件に加えて[15]，「その供述が犯罪事実の存否の証明に欠くことができないものであるとき」という要件が加えられている。この要件については，「その供述内容にして苟しくも犯罪事実の存否に関連ある事実に属する限り，その供述が，その事実の証明につき実質的に必要と認められる場合のことをいう。」(昭和29年7月24日東京高裁判決・高刑集7・7・1105) と解されているが，「事実の証明につき実質的に必要と認められる場合」の意味については，「事実認定に著しい差異を生じさせる可能性がある場合」という趣旨に解することが妥当で

---

[15]　なお，3号では，特信性の要件の記載ぶりについて「特に信用すべき情況の下にされたものであるときに限る。」とされており，2号の場合と異なっているが，2号の場合は，比較すべき前の供述があるので，特信性が相対的に判断されるのに対し，3号の場合は比較すべきものを示していないので，当該供述自体の特信性を絶対的に判断しなければならないとされている。それゆえ，絶対的特信性が求められているといわれる。

あるとされている（大コメ刑訴7・608～609）。

③ 特信情況の担保と取調べ留意事項

> 刑事訴訟法321条1項2，3号に規定されている特信情況を担保するためには，取調べにおいてどのようなことに留意すべきか。

刑事訴訟法321条1項2号では，
　　公判期日における供述よりも前の供述を信用すべき特別の情況の存するとき
そして，同項3号では，
　　その供述が特に信用すべき情況の下にされたものであるとき
に，それら条文に該当する書面に証拠能力が与えられると規定している。すなわち，伝聞法則の排除のために，このような特信情況が要件の一つとして要求されているのである。そこで，この要求に応えるためには，取調べの際にどのような供述調書を作成しておくべきであろうか。

1　特信性のある供述調書とは

　この要件を満たすような供述調書は，当然に，一読してなるほどと思えるようなものであり，その場面が鮮明に再現できるようなものになっていなければならない。それは犯行状況や被害状況だけでなく，それに至る経緯の状況や犯行後の状況についても同様である。また，供述人が真実ありのままを話していると思えるような内容でなければならないし，それがそのまま録取されていると思えるようなものでもなければならない。そこに「秘密の暴露」が含まれていれば，それだけで特信情況は高まるであろうし，そのようなものでなくても，供述人しか知らないような事柄を調書に盛り込んでおくことは必要である。
　例えば，犯行に至る経緯の中で，仮に事件と直接の関係はなくても，供述

人が何か印象に残るような事柄を見聞きしていないか，それが事件に関連づけられないかなどを聞いた上で，それらを調書の中に織り込んでおくべきである。というのは，その調書が真実供述人の口から出た話を記載しているものとよく分かるようになる上，その供述内容全体がより色鮮やかなものになるからである。

2 裁判例

そこで，公判廷において特信情況を立証したことにより，当該供述調書の証拠能力が認められた裁判例を挙げておくこととする。

(1) まず，2号書面に関しては，公判供述が曖昧で根拠が薄弱であるのに対し，検察官面前調書のほうが事理にかなっている場合（昭和24年6月29日名古屋高裁判決・判決特報1・54），検察官面前調書の供述には作為がないのに，法廷供述には被告人や利害関係人の口裏合わせの不自然な作為がある場合（昭和24年11月28日大阪高裁判決・判夕8・57），公判廷では断定的な表現をしていなかったのに，検察官面前調書では，自己に不利益な贈賄の顛末を断定的に自認している場合（昭和25年1月23日福岡高裁判決・判決特報3・103），公判廷では違法な取引をしたことの趣旨につき曖昧な供述をしているのに対し，検察官面前調書では自然な供述ぶりで自己の非を認めて間違いない旨を述べている場合（昭和26年11月20日東京高裁判決・判決特報25・52），供述の内容自体から検察官面前調書の特信情況が推知される場合として，検察官面前調書は詳細で理路整然であるのに，法廷供述は矛盾があり支離滅裂である場合（昭和30年3月10日最高裁決定・裁判集103・347）などが挙げられる。

(2) 次に，3号書面に関しては，自動車事故発生当時，その自動車に後続して自転車で現場を通りかかった者が，事故により瀕死の状態にある被害者が「やられたやられた，小森小森」と発言したという供述調書（昭和28年8月21日福岡高裁判決・高刑集6・8・1070）や，売春の相手方になろう

とした者が，警察官の取調べに対し，住所氏名を偽ったということがあっても，その供述内容が，被告人の検察官調書の内容と符合し，供述者と被告人の交渉を現認して被告人を逮捕した警察官の証言ともほぼ符合する内容を述べた供述調書（昭和36年12月22日福岡高裁判決・下刑集３・11＝12・1045）について特信情況があるとした裁判例などがある。

　実際のところ，３号書面が採用されるというのは，外国における証人尋問調書等の外国文書の場合を除けば，ほとんど例がないといえる。ただ，それでも，近時において，この３号書面が採用された事案（準強制わいせつ）が存するので紹介する。

　これは，平成28年４月11日福島地裁会津若松支部判決（公刊物未登載）であるが，この事案は，脳外科に入院している親類の見舞いのために同病院を訪れた被告人（当時81歳）が，隣の病室で，くも膜下出血等の手術後で高次脳機能障害を負っていた被害者（当時32歳）に対し，同女が身体に装着された医療用具や重篤な病状のため抗拒不能の状態にあることに乗じて，病衣の上からその乳房を揉むなどのわいせつ行為をし，「満足した。」などと言って退室したというものであった。

　被害者は，被告人が立ち去った直後，ナースコールを使って看護師を呼び，被害申告をした。その後，駆け付けた警察官は，被害者の取調べを実施し，また，被害再現見分を実施したところ，被害者は，いずれも被害状況等を正確に供述したり，再現したりするなどできていた。しかしながら，その約１週間後，警察官が再び訪れて，上記取調べの結果を供述調書にしたものに署名を求めたところ，脳の重篤な障害のため，時間の経過とともに記憶が曖昧になりかかっており，次第に言葉を出せなくなってきていた。それでもこの段階では，まだ記憶等も残っていたことから，記憶を喚起し内容を確認して署名することができていたものの，更に，その約１週間後，検察官が取調べを実施したところ，もはや被害者は被害状況を思い出すことができなくなっており，思い出そうとすると恐怖で身体を震わせ，泣き出すような状態になってしまっていた。そのため，検察官は，被害者の供述を録取することはできなかった。医師の説明では，被害者は，脳の中で記憶や言語を司る部分に疾患を抱えているため，病状の悪化により，記憶

の想起や言語化が困難になっているとのことであった。

　そのため，検察官は上記被害者調書を3号書面として証拠請求することとし，被害直後の被害者の言動状況を看護師や作業療法士から聴取し，また，被害再現に立ち会った実母からも，その際の状況を聴取したところ，いずれも被害者は，しっかりと受け答えをしており，警察官の誘導や押し付けなどは一切なかったことを供述した。これにより特信性の立証を行ったほか，主治医の証人尋問により，被害者が脳の疾患により公判廷での尋問が不可能であり，供述不能であることを立証した。

　弁護人は，あくまで供述可能であるとして3号書面の採用に反対したが，裁判所はこれを採用し，有罪判決を言い渡したものである。

(3)　なお，法廷で2号書面の請求をするに当たり，相反性の要件については容易に認められるものの，特信性の要件が充足されていることの立証に骨が折れることがしばしばである。供述調書を作成するに当たっては，常に，これが2号書面，若しくは3号書面として請求されることを考え，それら調書自体から十分に信用できる内容が記載されているといえるようなものにしておく必要がある。なお，この点については，自白の信用性の確保（前記第4章4）の項目も参照のこと。

4　弁解録取書作成要領

> 弁解録取書の作成要領は何か。

　弁解録取書だからといって他の供述調書を作成する場合と特段異なるところはない。法的には，弁解の機会を与えるものであるから，黙秘権の告知は必要ないと解されているが，実際には，この場合においても，黙秘権は告知しているであろう。

　ただ，取調官としては，この機会は重要である。というのは，身柄拘束後，初めて犯罪事実について直接に尋ねることになる場面であり，また，送致を

受けた検察官にとっては，被疑者と初めて会う場面にもなるからである。この場面は，被疑者としては，相当に緊張感が高まる場面であり，心理的にもかなり動揺しているのが通常である。したがって，この機会に真相を自白する被疑者もかなり存するのが実情である。それゆえ，真摯に弁解に耳を傾けながらも，被疑者の心情を汲み取り，真相を述べたのであれば，それを直ちに弁解録取書にそのまま録取することが必要である。その上で，弁解録取に引き続いて，取調べを実施し，更に弁解録取時に述べた内容を深化させた供述を録取すべきである。

5　共謀関係を調書に録取する場合の留意事項

> 共謀関係を調書に録取する場合において留意すべき事項は何か。

　共犯関係を調書に録取する場合においては，実行共同正犯であっても，共謀共同正犯であっても，いずれの場合においても共謀関係を正確に録取するように努める必要があり，特に，共謀共同正犯の場合であれば，実行行為に出ていない共犯者について，それが共同正犯になる根拠となる共謀関係を正確かつ的確に録取して証拠にする必要がある。

　共謀共同正犯の判例上の理論的支柱となるいわゆる練馬事件の昭和33年5月28日最高裁判決（刑集12・8・1718）によると，共謀共同正犯が成立するには，「二人以上の者が，特定の犯罪を行うため，共同意思の下に一体となって互いに他人の行為を利用し，各自の意思を実行に移すことを内容とする謀議をなし，よって，犯罪を実行した事実が認められなければならない。したがって，右のような関係において共謀に参加した事実が認められる以上，直接実行行為に関与しない者でも，他人の行為をいわば自己の手段として犯罪を行ったという意味において，その間刑責の成立に差異を生ずると解すべき理由はない。されば，この関係において，実行行為に直接関与したかどうか，その分担または役割のいかんは右共犯の刑責じたいの成立を左右するものではないと解するを相当とする。」と判示されている。

そこで，共謀関係を録取する場合には，この判決で示された事項に沿って被疑者らの供述を整理する必要がある。まず，二人以上の者が，特定の犯罪を行うため，「共同意思の下に一体となって互いに他人の行為を利用し，各自の意思を実行に移すことを内容とする謀議」が必要になる。この謀議は，この判決文からも明らかなように，ともに犯罪を実行しようとする他人の行為を認識しているだけでは足りない。互いに相手の行為を利用するとの認識が必要であるから，自分が相手の行為を利用しようとするつもりと，相手も同様に自分の行為を利用しようと思っているという認識が必要である。

実際のところ，共謀について録取された調書をみると，「一緒になって○○をしようと思いました。」とか，「共犯者の○○もそのつもりだと分かりました。」という程度の共謀しか録取できていない調書もめずらしくはない。自分が「他人の行為を利用し」ようと思うことが必要であり，それが「互いに」されなければならないのであるから，相互に利用しあっている状況が分かるような事実，ある犯罪を行うための打ち合わせとか，役割分担を決定するための会議の事実を録取することが必要である。

ただ問題は，そのような具体的な言葉のやりとりがある場面がなく，以心伝心で共謀関係が成立したと見られるような場合であろう。このような場合でも，自らがその犯罪を行うに当たって，相手を利用して一緒に敢行しようとしていること，そして，相手もそのつもりであり，そのことを同様に認識していることを調書にしておかなければならない。

まず，実行共同正犯の場合として，「私は，Aと一緒に○○をしようと思いました。そのためには，Aに△△をしてもらい，私は，××をするつもりでした。私がそのようなつもりであったことは……という理由からAにも分かっていたと思います。また，私は，Aが△△をするつもりであることは，……という理由から分かっていました。互いにそのようなつもりになって，一緒に○○をすることにしたのです。」というような共謀状況の調書が求められるところである。

また，共謀共同正犯の場合として，「私は，A親分の命令で○○をしようと思いました。それは，A親分の命令ですから子分の私としてはそれに従うのが当然であり，私がその命令に従うことはA親分も当然に分かっていたこ

とです。というのは以前にも……という同様のことがあったからです。また，A親分としては，私をそのように使うことで○○をやろうとしたのであり，A親分のその気持ちは私もよくわかっていました。」などという共謀に関する調書が求められると考える。

　いずれにせよ，共謀関係については，ただ漫然と録取されている場合も多いように思われるので，今一度，その録取の仕方について振り返ってもらいたいと思われるところである。

6　供述調書に他人の氏名を詐称して署名した場合の刑責

> 　供述調書などの末尾に他人の氏名を詐称して署名した場合の刑責は何か。

　刑事訴訟法198条5項は，
　　　被疑者が，調書に誤のないことを申し立てたときは，これに署名押印
　　　することを求めることができる（後略）
としており，その調書の内容を確認の上，間違いがないときには，調書の末尾に署名押印を求めている。この場合，その署名について，自分の氏名でなく，他人の氏名を署名した場合には，どのような刑責を問われることになるのであろうか。この場合，被疑者に，偽造罪が成立することは当然であるが，有印私文書偽造・同行使になるのか，それとも，私印偽造・同不正使用になるのかという問題である。
　そもそも私文書偽造になるか，私印偽造になるかは，その署名をした書面が「文書」であるのか，また，その署名の持つ意味がその「文書」といかなる関わりをもっているか，さらに，その「文書」の意思の主体となるのかということが区別の基準になるはずである。この点で，「文書」というものの定義としては，「文字又は文字に代わるべき記号，符号を用いて，ある程度永続すべき状態において，物体の上に記載された意思又は観念の表示であって，その表示の内容が法律上又は社会生活上重要な事項について証拠となり

うべきものをいう。」(明治43年9月30日大審院判決・刑録16・1572)とされている。要するに、その表示の内容に一定の意味がある場合に文書とされ、そのようなものを作成した意思主体として他人の氏名を勝手に記載する場合には、私文書偽造罪が成立することになる。

そこで、供述調書には、捜査官の録取した内容が記載され、その表示の内容は、法律上重要なものであるといえるので、「文書」に当たり、末尾に他人の氏名を署名した場合には、文書偽造になるのかとも思われそうである。しかしながら、この場合の偽造については、文書偽造ではなく、私印偽造であると考えられている(昭和56年5月22日京都地裁判決・判夕447・157等)。というのは、この場合の署名は、文書の内容を自らの意思などとして表明するためのものではなく、この供述調書の内容を確認したという趣旨の署名であると考えられることから、この場合の署名のもつ意味が文書偽造の場合と異なっているからである。

これに対し、交通事件原票の場合は、その書面上に違反者の氏名やその違反の日時・場所、違反事項などが書かれた上、一番下の部分に、枠が設けられ、そこに「供述書(甲)」と表題が付された上、「私が上記違反をしたことは相違ありません。」などと不動文字で記載された部分の下に、署名・指印することになっている。これについては、有印私文書偽造罪が成立する(昭和56年4月8日最高裁決定・刑集35・3・57等)。この場合は、自分がその違反をしたことを表明する文書であると考えられることから、この枠に囲まれた部分が独立した被疑者の文書であると認められ、そこに他人の氏名を勝手に記載すれば、「文書」を偽造したことになり、有印私文書偽造罪が成立することになると考えられるからである。

同様に、速度違反の確認の書面に勝手に他人の氏名を署名した場合も有印私文書偽造になる。これは、速度違反現認カードというものの一番下の部分に、レーダー感知機から印刷された速度表示をする速度記録紙を貼付した上、その右横の部分に「左記速度記録を確認しました。」との不動文字があり、その下の部分に署名・指印をするようになっているところ、ここに勝手に他人の氏名を記載することは、その記録紙に記載された速度で走行したという事実を認める旨の意思表示をすることになるもので、有印私文書偽造になる

と考えられるからである。
　それらに対し，飲酒検知管を入れた封筒の裏面に署名する場合は，単に，封筒の当該部分に署名して，その検知管が被疑者の呼気を検知したものに間違いないということを示すだけのものであるから，これは「文書」ではなく，その署名を偽造する行為は，単なる私印偽造になるものと考えられる。

7　取調べメモ・備忘録に関する留意事項

> 取調べメモ・備忘録に関して留意すべき事項は何か。

　取調べメモ・備忘録に関する留意事項としては，それらが証拠開示の対象となって，後に公判廷に提出を求められることになるのかどうかという点である。
　これについては，結論として，職務に関して作成した書類関係は，どのようなものであっても，いつかは裁判所に提出させられると思っておいたほうがよい。書面を作成するということは，そのような事態を迎えることもあるという認識をした上で作成すべきものということになる。

1　証拠開示についての原則及びその変遷

　そもそも，現行刑事訴訟法は，公判の在り方について当事者主義を採用している。したがって，検察官と被告人は対等の立場で相互に攻撃防御を行い，その審理過程において法廷に顕出された証拠につき，その証明力を裁判官が自由心証主義に基づいて判断し判決をするというシステムとなっている。それゆえ，提出する証拠の取捨選択等はそれぞれの当事者の自由な判断によると考えられており，そのため，かつては証拠開示についても，いわゆる証拠漁りのような開示請求は認められていなかった。すなわち，昭和44年4月25日最高裁決定（刑集23・4・248）は，弁護側から検察官に対する証拠開示の申立に対し，「裁判所は，その訴訟上の地位にかんがみ，法規の明文な

いし訴訟の基本構造に違背しないかぎり，適切な裁量により公正な訴訟指揮を行ない，訴訟の合目的的進行をはかるべき権限と職責を有するものであるから，本件のように証拠調の段階に入った後，弁護人から，具体的必要性を示して，一定の証拠を弁護人に閲覧させるよう検察官に命ぜられたい旨の申出がなされた場合，事案の性質，審理の状況，閲覧を求める証拠の種類および内容，閲覧の時期，程度および方法，その他諸般の事情を勘案し，その閲覧が被告人の防禦のため特に重要であり，かつこれにより罪証隠滅，証人威迫等の弊害を招来するおそれがなく，相当と認めるときは，その訴訟指揮権に基づき，検察官に対し，その所持する証拠を弁護人に閲覧させるよう命ずることができるものと解すべきである。」として，その必要性や相当性等について，慎重に吟味して初めて証拠開示を命ずるというスタンスで臨んでいたものであり，長くこのような考え方に従って公判の運営がなされてきた。

しかしながら，裁判員裁判の導入と合わせて，公判の充実・迅速化の観点から，十分な争点整理を行い，明確な審理計画を立てられるようにするためには，証拠開示の拡充が必要であるとの考えから，刑事訴訟法の改正が行われ，証拠開示の時期・範囲等に関するルールを法令上明確化し，裁判所が必要に応じて開示の要否を裁定することができる仕組みが規定され，平成17年11月から施行され現在に至っている。

2 証拠開示に関する刑事訴訟法上の手続についての概観

まず，証拠開示の手続自体を簡単に説明しておくが，これは刑事訴訟法の公判の章の中の「争点及び証拠の整理」の項目において，316条の13以下に規定されている。

(1) 刑事訴訟法316条の13第1項は，
　　検察官は，事件が公判前整理手続に付されたときは，その証明予定事実（公判期日において証拠により証明しようとする事実をいう。以下同じ。）を記載した書面を，裁判所に提出し，及び被告人又は弁護人に送付しなければならない。(後略)

と規定しているように，公判前整理手続に付されたとき，つまり，第1回公判前にその争点等を明らかにして公判での審理計画を策定するための手続に付された場合においては，検察官は，証拠により証明しようとする事実を記載した書面を作成して提出しなければならず，また，その際には，同条2項において，

　　検察官は，前項の証明予定事実を証明するために用いる証拠の取調べを請求しなければならない。

とされているように，必要な証拠の取調べ請求をしなければならない。

　そして，法316条の14第1項において，

　　検察官は，前条第2項の規定により取調べを請求した証拠（以下「検察官請求証拠」という。）については，速やかに，被告人又は弁護人に対し，次の各号に掲げる証拠の区分に応じ，当該各号に定める方法による開示をしなければならない。

　　一　証拠書類又は証拠物　当該証拠書類又は証拠物を閲覧する機会（弁護人に対しては，閲覧し，かつ，謄写する機会）を与えること。

　　二　証人，鑑定人，通訳人又は翻訳人　その氏名及び住居を知る機会を与え，かつ，その者の供述録取書等のうち，その者が公判期日において供述すると思料する内容が明らかになるもの（中略）を閲覧する機会（中略）を与えること。

とされているように，必要な証拠書類や証拠物を速やかに開示し，また，たとえ証人の方法で証明しようとしても，従来とは異なり，予めその者の供述調書等は閲覧させることとなった。

(2)　そして，その後，弁護側からの請求により証拠開示がなされることとなった。これ以降の手続が従来には認められていなかった証拠開示制度である。

　まず，上記の手続で開示された検察官請求証拠の証明力を判断するために重要であると認められる一定類型の証拠についての開示の手続が定められた。すなわち，法316条の15第1項は，

　　検察官は，前条の規定による開示をした証拠以外の証拠であって，次の各号に掲げる証拠の類型のいずれかに該当し，かつ，特定の検察

官請求証拠の証明力を判断するために重要であると認められるものについて，被告人又は弁護人から開示の請求があった場合において，その重要性の程度その他の被告人の防御の準備のために当該開示をすることの必要性の程度並びに当該開示によって生じるおそれのある弊害の内容及び程度を考慮し，相当と認めるときは，速やかに，同条第１号に定める方法による開示をしなければならない。(中略)

　一　証拠物

(中略)

　五　次に掲げる者の供述録取書等

　　イ　検察官が証人として尋問を請求した者

　　ロ　検察官が取調べを請求した供述録取書等の供述者であって，当該供述録取書等が第326条の同意がされない場合には，検察官が証人として尋問を請求することを予定しているもの

　六　前号に掲げるもののほか，被告人以外の者の供述録取書等であって，検察官が特定の検察官請求証拠により直接証明しようとする事実の有無に関する供述を内容とするもの

　七　被告人の供述録取書等（後略）

と規定して，一定範囲の供述調書等については，検察官が証人として請求しようとする場合や，「検察官請求証拠により直接証明しようとする事実の有無に関する供述を内容とする」供述調書等については，弁護側からの請求があった場合には，必要性や弊害の有無，程度等を考慮して，速やかに開示しなければならないとされた。

　そして，上記の証明予定事実の書面の送付を受け，証拠の開示なども受けた場合において，弁護側は，法316条の17第１項により，公判において争点となる事実上及び法律上の主張があるときは，裁判所及び検察官に対し，これを明らかにしなければならないとされている。

　その上で，そのような争点についての主張に関連する検察官の手持ち証拠についての開示の請求も認められることとなった。すなわち，法316条の20第１項では，

　　検察官は，第316条の14第１項及び第316条の15第１項及び第２項

の規定による開示をした証拠以外の証拠であって，第316条の17第1項の主張に関連すると認められるものについて，被告人又は弁護人から開示の請求があった場合において，その関連性の程度その他の被告人の防御の準備のために当該開示をすることの必要性の程度並びに当該開示によって生じるおそれのある弊害の内容及び程度を考慮し，相当と認めるときは，速やかに，第316条の14第1項第1号に定める方法による開示をしなければならない。（後略）

として，主張や争点に関連する証拠については，弁護側からの請求により開示しなければならないこととされた。

(3) そして，そのような証拠開示の要否について当事者間で争いが生じた場合には，裁判所が裁定することとなった。当事者が開示すべき証拠を開示していないと裁判所が認めた場合には，法316条の26第1項において，

裁判所は，検察官が第316条の14第1項若しくは第316条の15第1項若しくは第2項（中略）若しくは第316条の20第1項（中略）の規定による開示をすべき証拠を開示していないと認めるとき（中略）は，相手方の請求により，決定で，当該証拠の開示を命じなければならない。（後略）

とされ，証拠開示命令が出されることとなった。

3 開示対象となる捜査関係書類

このような手続の中で，捜査関係書類について，どの範囲まで開示しなければならないのか，以下の各場合について検討する。

(1) 捜査報告書

捜査報告書は，刑事訴訟法316条の15第1項による開示の対象となる証拠（以下「類型証拠」という。）とされた場合もあれば，法316条の20第1項の開示の対象となる証拠（以下「主張関連証拠」という。）とされた場合もある。

平成20年4月9日大阪地裁決定（裁判所ウェブサイト）は，共犯者の取調べ状況等報告書について，「取調べ状況等報告書は，取調べ年月日，取調べ担当者，取調べ時間，被疑者供述調書作成の有無及びその数，被疑者がその存在及び内容の開示を希望しない旨の意思を表明した被疑者供述調書作成の有無及びその数等の客観的事実を記載するべきものであって，取調べ事項や被疑者の供述内容については記載されないことが明らかである。そうすると，これを開示したとしても，共犯者Aの供述内容やプライバシーが不当につまびらかにされるとは想定し難く，開示することによる弊害はほとんど存在しないというべきである。したがって，本件取調べ状況等報告書のうち，平成19年4月27日までの取調べに関するものについては，開示を命ずるべきである。」などとしてその開示が認めた。

逆に，開示請求の対象となる捜査報告書等が類型証拠に該当しないとして請求が棄却されたものについては，平成20年5月15日鳥取地裁米子支部決定（裁判所ウェブサイト）など相当数にのぼっている。

(2) 取調官がその職務上所持している取調べメモや備忘録等

ア　犯罪捜査規範13条

ここでまず考えておかなければいけないのは，犯罪捜査規範13条において，

> 警察官は，捜査を行うに当り，当該事件の公判の審理に証人として出頭する場合を考慮し，および将来の捜査に資するため，その経過その他参考となるべき事項を明細に記録しておかなければならない。

とされていることである。

このような規定が存在する以上，備忘録や取調べメモが残されていることを前提に，以下検討する。

イ　平成19年12月25日最高裁決定（刑集61・9・895）

そして，この点については，平成19年12月25日最高裁第三小法廷決定が判断を示している。

㋐　この事案では，警察官の取調べの任意性を争う弁護側が警察官の取調べメモ等の開示を求めたところ，原々審である東京地裁は，「請求に係るメモ等は本件一件捜査記録中に存在しないものと認められ，仮に捜査官がこのようなメモ等を私的に作成し，所持していたとしても，それらは，その作成者が取調べの際に必要に応じて供述の要点を備忘のために書き留め，供述調書作成の準備として用いられるなどした個人的な手控えの類であると考えられるから，その性質上そもそも開示の対象となる証拠に該当しない」として弁護側の請求を棄却した。

㋑　しかしながら，その抗告審である原審の東京高裁は，「刑訴法316条の20により検察官が開示義務を負う証拠の範囲は，原則として検察官の手持ち証拠に限られるというべきであるが，検察官が容易に入手することができ，かつ，弁護人が入手することが困難な証拠であって，弁護人の主張との関連性の程度及び証明力が高く，被告人の防御の準備のために開示の必要性が認められ，これを開示することによって具体的な弊害が生じるおそれがない証拠が具体的に存在すると認められる場合には，これは，いわば『検察官が保管すべき証拠』というべきであるから，検察官の手持ち証拠に準じ，これについても証拠開示の対象となると解すべきである。」そして「取調べメモ（手控え），備忘録等は，犯罪捜査規範により警察官に作成及び保存が義務付けられている以上，当裁判所としては，取調べメモ（手控え），備忘録等の存否を明らかにしようとしないという事情によってその存否が不明な場合には，これが存在することを前提とせざるを得ない」とし「本件において，被告人の取調べに係る内山警部補が作成した取調べメモ（手控え），備忘録等が，検察官が容易に入手することができ，かつ，弁護人が入手することが困難な証拠であって，弁護人の主張との関連性の程度及び証明力が高く，被告人の防御の準備のために開示の必要性が認められる証拠に該当することは明らかというべきであり，また，このような取調べメモ（手控え），備忘録等を開示することにより一般的に弊害があるとは考えにくいところ，本件における具体的な弊害

についても検察官から何ら主張が行われていないのであるから，これがあると認めることもできない」として，原々決定を変更し，検察官に対し，被告人の取調官である警察官の取調べメモや備忘録等の開示を命じた。

(ウ)　これに対し，検察官が特別抗告をしたところ，本件最高裁決定による判断が示されたのであるが，同決定では，「公判前整理手続及び期日間整理手続における証拠開示制度は，争点整理と証拠調べを有効かつ効率的に行うためのものであり，このような証拠開示制度の趣旨にかんがみれば，刑訴法316条の26第1項の証拠開示命令の対象となる証拠は，必ずしも検察官が現に保管している証拠に限られず，当該事件の捜査の過程で作成され，又は入手した書面等であって，公務員が職務上現に保管し，かつ，検察官において入手が容易なものを含むと解するのが相当である。

　公務員がその職務の過程で作成するメモについては，専ら自己が使用するために作成したもので，他に見せたり提出したりすることを全く想定していないものがあることは所論のとおりであり，これを証拠開示命令の対象とするのが相当でないことも所論のとおりである。しかしながら，犯罪捜査規範13条は，『警察官は，捜査を行うに当り，当該事件の公判の審理に証人として出頭する場合を考慮し，および将来の捜査に資するため，その経過その他参考となるべき事項を明細に記録しておかなければならない。』と規定しており，警察官が被疑者の取調べを行った場合には，同条により備忘録を作成し，これを保管しておくべきものとしているのであるから，取調警察官が，同条に基づき作成した備忘録であって，取調べの経過その他参考となるべき事項が記録され，捜査機関において保管されている書面は，個人的メモの域を超え，捜査関係の公文書ということができる。これに該当する備忘録については，当該事件の公判審理において，当該取調べ状況に関する証拠調べが行われる場合には，証拠開示の対象となり得るものと解するのが相当である。」と判示した。

このような判断が最高裁により示されたことから，基本的には，取調べの際に作成したメモや備忘録については証拠開示の対象になるものと考えておく必要がある。

ウ　平成20年6月25日最高裁決定（刑集62・6・1886）

この平成20年6月25日最高裁決定では，「犯罪捜査に当たった警察官が犯罪捜査規範13条に基づき作成した備忘録であって，捜査の経過その他参考となるべき事項が記録され，捜査機関において保管されている書面は，当該事件の公判審理において，当該捜査状況に関する証拠調べが行われる場合，証拠開示の対象となり得るものと解するのが相当である。

そして，警察官が捜査の過程で作成し保管するメモが証拠開示命令の対象となるものであるか否かの判断は，裁判所が行うべきものであるから，裁判所は，その判断をするために必要があると認めるときは，検察官に対し，同メモの提示を命ずることができるというべきである。これを本件について見るに，本件メモは，本件捜査等の過程で作成されたもので警察官によって保管されているというのであるから，証拠開示命令の対象となる備忘録に該当する可能性があることは否定することができないのであり，原々審が検察官に対し本件メモの提示を命じたことは相当である。」として，開示の対象となることを重ねて示したものである。

(3)　警察官が私費で購入し，捜査上必要な事項をメモしていたようなノート

この点については，平成20年9月30日最高裁決定（刑集62・8・2753）の事案が参考になる。

ア　この事案は，強盗致傷等の罪で起訴された被告人がその犯行を否認していたものである。

そして，この事件の公判前整理手続で，検察官は，被告人の知人であるA（以下「A」という。）の証人尋問を請求し，これが採用されたことから，準備のためAに事実の確認を行った。すると，Aは，それまで警察官等にも全く話していなかった事実として，検察官に対し，被告人がAに対

し本件犯行への関与を自認する言動をした旨の供述をした。

　このAについては，捜査段階でB警察官が取調べを行い，供述調書を作成していたが，上記の供述は，この警察官調書にも記載のないもの（以下，Aの上記の供述を「新規供述」という。）であった。

　そこで，検察官は，この新規供述について検察官調書を作成し，その証拠調べを請求し，新規供述に沿う内容を証明予定事実として主張した。もちろん，B警察官のAの取調べに関する供述調書は既に開示していた。

イ　一方，弁護人は，この新規供述を争うとしたものの，そのためにB警察官の証人尋問等を請求するというはことなく，その主張に関連する証拠として，「B警察官が，Aの取調べについて，その供述内容等を記録し，捜査機関において保管中の大学ノートのうち，Aの取調べに関する記載部分」（以下「本件メモ」という。）の証拠開示命令を請求した。

　ちなみに，本件大学ノートは，B警察官が私費で購入して仕事に利用していたもので，B警察官は，自己が担当ないし関与した事件に関する取調べの経過その他の参考事項をその都度メモとしてこれに記載しており，勤務していたS警察署の当番編成表をもこれに貼付するなどしていた。

　本件メモは，B警察官がAの取調べを行う前ないしは取調べの際に作成したものであり，B警察官は，記憶喚起のために本件メモを使用して，Aの警察官調書を作成した。

　なお，B警察官は，本件大学ノートをS警察署の自己の机の引出し内に保管し，N警察署に転勤した後は自宅に持ち帰っていたが，本件事件に関連して検察官から問い合わせがあったことから，これをN警察署に持って行き，自己の机の引出しの中に入れて保管していた。

ウ　このような事案において，東京地裁は，平成20年8月6日，本件メモの証拠開示を命ずる決定を出し（刑集62・8・2786），それに対する検察官の即時抗告に対しても，同月19日，東京高裁は，棄却決定をした（刑集62・8・2792）。そこで，検察官が最高裁に特別抗告をしたと

いうものであった。

　そして，本件最高裁決定は，「以上の経過からすると，本件メモは，B警察官が，警察官としての職務を執行するに際して，その職務の執行のために作成したものであり，その意味で公的な性質を有するものであって，職務上保管しているものというべきである。したがって，本件メモは，本件犯行の捜査の過程で作成され，公務員が職務上現に保管し，かつ，検察官において入手が容易なものに該当する。

　また，Aの供述の信用性判断については，当然，同人が従前の取調べで新規供述に係る事項についてどのように述べていたかが問題にされることになるから，Aの新規供述に関する検察官調書あるいは予定証言の信用性を争う旨の弁護人の主張と本件メモの記載の間には，一定の関連性を認めることができ，弁護人が，その主張に関連する証拠として，本件メモの証拠開示を求める必要性もこれを肯認することができないではない。さらに，本件メモの上記のような性質やその記載内容等からすると，これを開示することによって特段の弊害が生ずるおそれがあるものとも認められない。」などとして，上記東京地裁の決定を是認した。

エ　たしかに，私費で購入したとしても，職務の執行のために必要な記載事項を記入していたものであれば，取調べに関する記載部分は，犯罪捜査規範13条にいう書面に該当すると考えられよう。

　しかしながら，本件における根本的な問題は，本件メモが関連性を有し，また，その開示の必要性があるかどうかという点である。

　上述したように，本件では，AについてのB警察官の取調べに関する供述調書は既に開示されており，どのような取調べがなされたかは弁護側の知るところとなっている。例えば，その取調べにおいて，何らかの不当な取調べがなされたことによって，Aが虚偽の供述をしたというのであれば，その取調べの内容を明らかにするために本件メモの開示を求める必要性は出てくることになろう。

　ところが，新規供述が出たのは検察官の取調べによるものである。そして，弁護側は，B警察官の取調べ状況やその際の供述内容の信用性に

ついて一切問題としておらず，Ｂ警察官の証人尋問すら請求していないのである。

　そのような状況で，どうしてＢ警察官の取調べの内容を明らかにするための本件メモの開示が必要になるのであろうか。

　例えば，新規供述を得た検察官の取調べの信用性を争うということで，検察官の取調べメモの開示を求めるというのであれば，まだ関連性はあると思われるものの，それ以前の新規供述が出ていない段階での取調べの内容を明らかにすることに関連性があるものとは思われない。

　もっとも，本件最高裁決定における宮川裁判官の補足意見として，「主張と開示の請求に係る証拠との関連性については，本件弁護人は，新規供述に沿う事実を否定し，新規供述に関する検察官調書あるいはＡの予定証言の信用性を争う旨の主張をした上で，それを判断するためには，本件メモにより，Ｂ警察官によるＡの取調べの際のやり取り等を明らかにし，供述の変遷状況等を明確にすることが必要であると述べている。被告人の取調べ状況を争点とする場合とは異なって，Ｂ警察官によるＡの取調べ状況とその際のＡの供述内容を裏付ける根拠は，Ａの協力が得られない以上，具体的に明らかにしようがない本件では，関連性についての主張は上記の程度でもやむを得ないと考える。」としているが，供述の変遷状況等を明確にするのであれば，本件メモの開示によるのではなく，Ｂ警察官の証人尋問によるのが筋というものであろう。そして，その証人尋問における証言内容に疑問が生じ，取調べ状況の真実の姿が問題とされるに至るのであれば，その段階で初めて本件メモの開示についての関連性や必要性が判断されることになるのではないかと思われる。

オ　この点について，本件最高裁決定における甲斐中裁判官の反対意見においても，「取調べメモを証拠開示請求する場合には，取調べ状況やその際に作成された調書の信用性を争点とするべきところ，本件においては，弁護人は，新規供述に沿う事実を否定し，新規供述に関する検察官調書あるいはＡの予定証言を争う旨の主張をしたものの，Ｂ警察官の

Aに対する取調べ状況やその際の供述内容の信用性については争点とせず，一切主張していない。したがって，本件メモの開示請求の前提となる事実上の主張を具体的にしておらず，少なくとも本件メモとの関連性を明らかにしていないものといわざるを得ない。

さらに，開示の必要性についても，原決定は，『A証人が従前の取調べでどのように述べていたかは重要な争点となるから，……その（本件メモ）記載が新たな角度から意味をもってくる可能性は否定できず……』として本件メモの開示の必要性があるものと判断している。

しかし，本件では，検察官はAのB警察官に対する供述調書を開示済みであり，弁護人も，同調書に新規供述に関する事項についての記載がないことは争っていないのである。したがって，Aが従前の取調べでどのように述べていたかが重要な争点とはなり得ない。あえていえば，A証人が新規供述に関する事項について，警察官と調書外で何らかのやり取りがあり，それが本件メモに記載されていることが仮定的な可能性としては考えられないわけでもなく，原決定の『新たな角度から意味をもってくる可能性』とは，そのことをいうものとも解される。しかし，原決定は，本件メモを検討の上，自ら『本件メモ自体は，その内容からして証拠価値に乏しいものともいえる』としているのであるから，上記のような可能性はおよそ考え難いところである。

さらに，一般に取調べメモの開示請求をする場合は，当該取調べ担当官の証人請求がなされた上で行うものであるが，本件ではB警察官の証人申請がなされておらず，警察官調書作成の際の取調べメモのみが開示請求されているのであり，その請求の方法からしても必要性は乏しいものといわざるを得ない。

私は，主張関連証拠の関連性，必要性等の判断については，法律審たる当審は原則として事実審の判断を尊重すべきものと考えるが，双方の主張の明示義務は争点整理のために重要であり，関連性，必要性等の判断は具体的に検討されるべきことが法律上予定されているので，そのような観点から，本件については，多数意見に反対するものである。」としているが，正鵠を射る反対意見であるといえよう。

(4) 自動車登録番号自動読取システム（以下「Ｎシステム」という。）の記録やその解析報告書等

これまでの裁判例で開示を命じられたものはないと思われる。

Ｎシステムの記録等の開示を求められた事案として、平成20年5月20日東京高裁決定（裁判所ウェブサイト）、同年7月11日東京地裁決定（裁判所ウェブサイト）、同年8月28日東京地裁決定（裁判所ウェブサイト）、同年9月10日東京高裁決定（裁判所ウェブサイト）、同21年8月24日東京高裁決定（公刊物未登載）などがあるが、いずれも弁護側の請求は棄却されている。

例えば、「Ｎシステムの記録自体は、本件の捜査とは無関係に記録された、警察の内部資料にすぎないものであるから、本件の捜査の過程で作成され、又は入手した書面等であるとはいえず、そもそも開示の対象とならない。」（上記平成20年8月28日東京地裁決定）などとされ、解析報告書等については、開示の対象とされるも、その開示の必要性は認められないとか（同上決定）、「弁護人が開示を求めるＮシステム関連証拠のその余の部分は、予定主張との関連性は認められるが、その開示の必要性は低いというべきである。」（上記平成20年5月20日東京高裁決定）とか、「弁護人の主張する重要性は認められず、開示の必要性も認められない。」（上記平成20年7月11日東京地裁決定）などとして、開示の請求は棄却されている。

判例索引

【大審院】

明治43年9月30日大審院判決（刑録16・1572） ……………………………………… 314
明治43年12月6日大審院判決（刑録16・2129） ……………………………………… 147
明治45年6月20日大審院判決（刑録18・896） ………………………………………… 75

【最高裁判所】

昭和23年2月6日最高裁判決（刑集2・2・17） ……………………………………… 197
昭和23年6月23日最高裁判決（刑集2・7・715） …………………………………… 197
昭和23年7月14日最高裁判決（刑集2・8・856） …………………………………… 196
昭和23年7月19日最高裁判決（刑集2・8・944） …………………………………… 196
昭和23年11月17日最高裁判決（刑集2・12・1558） ………………………………… 196
昭和24年2月8日最高裁判決（刑集3・2・75） ……………………………………… 100
昭和24年7月13日最高裁判決（刑集3・8・1264） …………………………………… 197
昭和25年11月21日最高裁判決（刑集4・11・2359） ………………………………… 199
昭和26年3月30日最高裁判決（刑集5・4・731） …………………………………… 231
昭和27年3月27日最高裁判決（刑集6・3・520） ……………………………………… 9
昭和27年4月9日最高裁判決（刑集6・4・584） …………………………………… 305
昭和28年4月14日最高裁判決（刑集7・4・841） ……………………………………… 9
昭和29年3月2日最高裁判決（裁判集（刑事）93・59） …………………………… 231
昭和29年8月20日最高裁判決（刑集8・8・1277） …………………………………… 74
昭和30年3月10日最高裁決定（裁判集103・347） …………………………………… 308
昭和30年4月6日最高裁判決（刑集9・4・663） …………………………………… 197
昭和32年2月20日最高裁判決（刑集11・2・802） ……………………………………… 8
昭和32年7月19日最高裁判決（刑集11・7・1882） …………………………………… 195
昭和32年9月13日最高裁判決（刑集11・9・2263） …………………………………… 102
昭和32年11月2日最高裁決定・刑集11・12・3047 …………………………………… 228
昭和33年4月18日最高裁判決（刑集12・6・1090） …………………………………… 188
昭和33年5月28日最高裁判決（刑集12・8・1718） …………………………… 227, 311
昭和35年8月12日最高裁決定（刑集14・10・1360） ………………………………… 151
昭和35年11月29日最高裁判決（判時252・34） ……………………………………… 197
昭和36年11月21日最高裁決定（刑集15・10・1764） ………………………………… 54
昭和38年9月13日最高裁判決（刑集17・8・1703） …………………………………… 195
昭和39年1月28日最高裁決定（刑集18・1・31） ……………………………………… 75
昭和41年7月1日最高裁判決（刑集20・6・537） …………………………………… 198
昭和44年4月25日最高裁決定（刑集23・4・248） …………………………………… 315
昭和45年11月25日最高裁判決（刑集24・12・1670） ………………………… 192, 198
昭和52年8月9日最高裁決定（刑集31・5・821） …………………………………… 199
昭和55年11月13日最高裁決定（刑集34・6・396） …………………………………… 79
昭和56年4月8日最高裁決定（刑集35・3・57） ……………………………………… 314
昭和57年1月28日最高裁判決（刑集36・1・67） …………………………………… 207
昭和57年3月2日最高裁決定（裁判集225・689） …………………………………… 54

昭和57年5月25日最高裁決定（判時1046・15）……………………………… 208
昭和59年2月29日最高裁決定（刑集38・3・479）……………………………… 197
昭和62年3月12日最高裁第一小法廷決定（刑集41・2・140）………………… 169
平成元年1月23日最高裁決定（判時1301・155）……………………………… 199
平成元年7月4日最高裁決定（刑集43・7・581）……………………………… 198
平成12年2月7日最高裁判決（民集54・2・255）……………………………… 207
平成15年5月1日最高裁決定（刑集57・5・507）……………………………… 180
平成16年7月12日最高裁決定（刑集58・5・333）……………………………… 132
平成17年3月16日最高裁決定（判タ1174・228）……………………………… 216
平成17年3月29日最高裁決定（刑集59・2・54）……………………………… 76
平成17年11月29日最高裁決定（裁判集刑事288・543）……………………… 181
平成17年12月13日最高裁決定（刑集59・10・1938）………………………… 160
平成18年2月14日最高裁決定（刑集60・2・165）…………………………… 140
平成19年3月20日最高裁決定（判時1963・160）……………………………… 162
平成19年10月16日最高裁決定（刑集61・7・677）…………………………… 120
平成19年12月25日最高裁決定（刑集61・9・895）…………………………… 320
平成20年6月25日最高裁決定（刑集62・6・1886）…………………………… 323
平成20年9月30日最高裁決定（刑集62・8・2753）…………………………… 323
平成21年3月26日最高裁判決（刑集63・3・265）…………………………… 182
平成22年4月27日最高裁決定（刑集64・3・233）…………………………… 59
平成22年7月29日最高裁決定（刑集64・5・829）…………………………… 111
平成24年2月22日最高裁決定（判時2155・119）……………………………… 206
平成28年10月11日最高裁決定（公刊物未登載）……………………………… 42
平成28年11月14日最高裁判決（裁判所ウェブサイト）……………………… 127
平成29年3月27日最高裁決定（刑集71・3・183）…………………………… 294
平成29年12月11日最高裁決定（刑集71・10・535）………………………… 133
平成30年12月11日最高裁判決（裁判所ウェブサイト）……………………… 123

【高等裁判所】

昭和24年6月29日名古屋高裁判決（判決特報1・54）……………………… 308
昭和24年11月28日大阪高裁判決（判タ8・57）……………………………… 308
昭和25年1月23日福岡高裁判決（判決特報3・103）………………………… 308
昭和25年5月24日広島高裁松江支部判決（判決特報7・138）……………… 200
昭和25年9月20日名古屋高裁判決（判決特報12・75）……………………… 200
昭和26年4月9日名古屋高裁判決（判決特報27・77）……………………… 227
昭和26年11月20日東京高裁判決（判決特報25・52）………………………… 308
昭和27年4月5日仙台高裁判決（高刑集5・4・549）……………………… 227
昭和27年6月28日仙台高裁判決（判決特報22・138）……………………… 199
昭和28年3月2日広島高裁松江支部判決（判決特報31・96）……………… 228
平成28年3月30日東京高裁判決（公刊物未登載）…………………………… 40
昭和28年8月21日福岡高裁判決（高刑集6・8・1070）…………………… 308
昭和29年5月31日大阪高裁判決（高刑集7・5・752）…………………… 75
昭和29年7月24日東京高裁判決（高刑集7・7・1105）…………………… 306
昭和31年2月28日名古屋高裁判決（裁判特報3・6・240）………………… 197
昭和31年3月20日東京高裁判決（判タ57・47）……………………………… 103
昭和35年5月26日大阪高裁判決（下刑集2・5＝6・676）………………… 199
昭和35年9月21日名古屋高裁判決（下刑集2・9＝10・1194）…………… 97
昭和36年12月22日福岡高裁判決（下刑集3・11＝12・1045）…………… 309
昭和37年4月26日東京高裁判決（刑集15・4・218）……………………… 228
昭和37年5月17日東京高裁判決（判時311・31）…………………………… 173
昭和40年3月29日東京高裁判決（高刑集18・2・126）…………………… 294

昭和40年8月26日大阪高裁判決（判時434・22）	289
昭和46年6月21日仙台高裁判決（高刑集24・2・418）	87
昭和48年5月21日東京高裁判決（東高時報24・5・81）	196
昭和48年8月7日東京高裁判決（判時722・107）	77
昭和48年11月7日東京高裁判決（高刑集26・5・534）	289
昭和50年9月11日東京高裁判決（東高時報26・9・151）	195
昭和50年11月4日福岡高裁那覇支部判決（公刊物未登載）	233
昭和52年6月28日大阪高裁判決（刑裁月報9・5＝6・334）	198
昭和52年12月26日東京高裁判決（刑裁月報9・11＝12・861）	39
昭和53年3月29日東京高裁判決（刑裁月報10・3・233）	195
昭和57年8月10日東京高裁判決（判時1073・153）	189
昭和57年9月14日東京高裁判決（高検速報（昭57）369）	45
昭和57年12月9日東京高裁判決（判時1102・148）	9
平成元年9月20日福岡高裁判決（刑集44・7・673）	226
平成元年11月15日大阪高裁判決（高検速報（平元）175）	113
平成3年4月23日東京高裁判決（刑集44・1・66）	196
平成3年6月18日東京高裁判決（判タ777・240）	225
平成4年2月28日大阪高裁判決（判時1470・154，判タ829・277）	225
平成4年3月31日名古屋高裁金沢支部判決（判タ799・48）	225
平成4年7月29日東京高裁判決（判タ806・237）	224
平成5年3月18日福岡高裁判決（判時1489・159）	198
平成5年5月7日大阪高裁判決（判タ837・279）	223
平成5年6月29日東京高裁判決（判時1491・141）	139
平成6年11月1日東京高裁判決（判時1546・139）	26
平成7年2月9日名古屋高裁金沢支部判決（判時1542・26）	222
平成8年7月24日大阪高裁判決（判時1584・150）	63
平成11年4月28日東京高裁判決（判タ1013・245）	220
平成11年10月13日東京高裁判決（高検速報（平11）102）	66
平成12年10月19日福岡高裁判決（判タ1152・301）	219
平成13年6月21日大阪高裁判決（判タ1085・292）	218
平成13年11月20日福岡高裁判決（高検速報（平13）232）	177
平成15年6月24日広島高裁判決（裁判所ウェブサイト）	217
平成15年12月2日東京高裁判決（東高時報54・1＝12・78）	26
平成16年2月24日大阪高裁判決（判時1881・140）	181
平成16年3月22日名古屋高裁判決（高検速報（平16）167）	214, 217
平成18年4月3日東京高裁判決（高検速報（平18）84）	86
平成18年11月2日大阪高裁判決（刑集61・9・835）	175
平成19年8月24日名古屋高裁判決（高検速報（平19）408）	250
平成20年5月20日東京高裁決定（裁判所ウェブサイト）	328
平成20年7月18日東京高裁判決（判タ1294・297）	241
平成20年8月19日東京高裁判決（刑集62・8・2792）	324
平成20年9月10日東京高裁決定（裁判所ウェブサイト）	328
平成20年10月23日東京高裁判決（判タ1290・309）	180
平成21年2月3日仙台高裁判決（公刊物未登載）	215
平成21年3月12日東京高裁判決（判タ1304・302）	168
平成21年8月24日東京高裁決定（公刊物未登載）	328
平成23年7月5日名古屋高裁判決（高検速報（平23）216）	85
平成23年11月25日東京高裁判決（東高時報62・1＝12・117）	127
平成24年9月25日大阪高裁判決（公刊物未登載）	42
平成25年4月23日広島高裁判決（高検速報（平25）203）	136
平成25年7月17日東京高裁判決（高検速報（平25）94）	90
平成25年8月29日名古屋高裁判決（公刊物未登載）	213
平成25年9月20日福岡高裁判決（公刊物未登載）	210

平成26年4月24日大阪高裁判決（公刊物未登載）……………………………64
平成26年6月3日仙台高裁判決（高検速報（平26）181）…………………68
平成26年6月13日大阪高裁判決（公刊物未登載）……………………………154
平成26年6月27日大阪高裁判決（裁判所ウェブサイト）……………………65
平成26年9月9日東京高裁判決（公刊物未登載）……………………………249
平成27年3月10日仙台高裁判決（高検速報（平27）318）…………………248
平成27年6月11日東京高裁判決（判時2312・134）…………………………129
平成28年7月13日大阪高裁判決（高検速報（平28）195）…………………142
平成28年11月10日福岡高裁宮崎支部判決（公刊物未登載）…………………125
平成29年4月19日広島高裁岡山支部判決（裁判所ウェブサイト）…………151
平成29年9月13日福岡高裁判決（公刊物未登載）……………………………247
平成29年10月26日東京高裁判決（公刊物未登載）…………………………244

【地方裁判所】

昭和34年9月12日千葉地裁判決（判時207・34）……………………………294
昭和38年3月23日東京地裁判決（判タ147・92）……………………………75
昭和43年3月18日大阪地裁判決（判タ223・244）……………………………293
昭和44年5月22日宮崎地裁日南支部判決（刑集月報1・5・535，研修518・29以下，
　同526・90以下，同562・33，同569・19以下）……………………………293
昭和51年12月17日京都地裁判決（判時847・112）……………………………88
昭和54年8月10日東京地裁判決（判時943・122）……………………………77
昭和56年5月22日京都地裁判決（判タ447・157）……………………………314
昭和58年3月24日東京地裁判決（判時1098・3）……………………………209
昭和62年2月9日福岡地裁判決（判時1233・157）……………………………104
平成元年3月22日浦和地裁判決（判時1315・6）………………………………199
平成3年11月11日神戸地裁尼崎支部判決（判タ794・276）…………………225
平成4年9月9日大阪地裁判決（判タ833・278）……………………………223
平成5年2月5日長崎地裁判決（刑集50・10・863）………………………214, 223
平成5年6月29日福岡地裁判決（研修562・29以下，同568・22以下，同574・8以下）……294
平成5年9月17日大津地裁判決（判時1497・136）………………………214, 223
平成6年7月6日水戸地裁下妻支部判決（判時1533・127）…………………222
平成6年9月22日東京地裁判決（判タ878・87）………………………………222
平成7年6月2日千葉地裁判決（判時1535・144）……………………………293
平成8年1月29日千葉地裁判決（判時1583・156，研修569・15以下，
　警察公論52・3・107以下）……………………………………………………293
平成9年5月16日福岡地裁判決（判時1617・150）……………………………221
平成9年7月30日広島地裁判決（判時1628・147）……………………………221
平成10年4月16日横浜地裁判決（判タ985・300）……………………………69
平成11年9月8日千葉地裁判決（判タ1047・129）……………………………220
平成13年3月21日浦和地裁判決（判タ1064・67）……………………………219
平成13年4月24日仙台地裁判決（判時1761・140）……………………………219
平成13年10月29日東京地裁判決（判時1825・160）…………………………105
平成14年4月15日神戸地裁判決（裁判所ウェブサイト）……………………218
平成14年12月16日東京地裁判決（判時1841・158）…………………………165
平成16年9月16日佐賀地裁決定（判時1947・3）……………………………216
平成17年4月26日神戸地裁判決（判時1904・152）……………………………101
平成17年5月19日福岡地裁判決（判時1903・3）……………………………216
平成17年5月19日福岡地裁判決（判例時報1903・3）…………………………210
平成17年8月1日東京地裁判決（公刊物未登載）……………………………135
平成17年9月1日神戸地裁判決（裁判所ウェブサイト）……………………67
平成18年1月27日神戸地裁判決（裁判所ウェブサイト）……………………215

平成18年3月22日東京地裁判決（公刊物未登載）	176
平成20年3月5日福岡地裁小倉支部判決（裁判所ウェブサイト）	215
平成20年4月9日大阪地裁決定（裁判所ウェブサイト）	320
平成20年5月15日鳥取地裁米子支部決定（裁判所ウェブサイト）	320
平成20年7月11日東京地裁決定（裁判所ウェブサイト）	328
平成20年8月6日東京地裁判決（刑集62・8・2786）	324
平成20年8月28日東京地裁決定（裁判所ウェブサイト）	328
平成22年3月4日神戸地裁判決（公刊物未登載）	44
平成22年9月2日東京地裁判決（公刊物未登載）	136
平成23年2月7日福岡地裁小倉支部判決（公刊物未登載）	214
平成23年11月28日大阪地裁判決（判タ1373・250）	189
平成24年3月23日大阪地裁判決（公刊物未登載）	189
平成25年5月7日前橋地裁太田支部判決（公刊物未登載）	284
平成25年6月6日東京地裁判決（公刊物未登載）	284
平成25年6月14日長崎地裁判決（公刊物未登載）	214
平成25年7月12日東京地裁判決（公刊物未登載）	284
平成25年9月20日東京地裁判決（公刊物未登載）	284
平成25年10月30日東京地裁判決（公刊物未登載）	147
平成25年11月12日東京地裁判決（公刊物未登載）	284
平成25年11月22日大阪地裁判決（公刊物未登載）	154
平成25年11月28日横浜地裁判決（公刊物未登載）	284
平成25年12月3日東京地裁判決（公刊物未登載）	284
平成25年12月26日東京地裁判決（公刊物未登載）	284
平成26年1月15日東京地裁判決（公刊物未登載）	284
平成26年2月21日横浜地裁判決（公刊物未登載）	284
平成26年6月16日水戸地裁土浦支部判決（公刊物未登載）	284
平成26年7月2日横浜地裁判決（公刊物未登載）	284
平成26年7月16日横浜地裁判決（公刊物未登載）	284
平成26年8月7日前橋地裁判決（公刊物未登載）	284
平成26年9月2日神戸地裁判決（裁判所ウェブサイト）	148
平成26年9月30日水戸地裁下妻支部判決（公刊物未登載）	284
平成26年11月19日名古屋地裁判決（公刊物未登載）	108
平成27年4月30日福岡地裁判決（公刊物未登載）	210
平成27年6月9日横浜地裁判決（裁判所ウェブサイト）	143
平成27年6月12日千葉地裁判決（裁判所ウェブサイト）	41
平成27年7月2日東京地裁判決（公刊物未登載）	147
平成27年9月30日東京地裁判決（公刊物未登載）	90
平成28年2月10日東京地裁判決（公刊物未登載）	121
平成28年2月23日千葉地裁判決（公刊物未登載）	189
平成28年4月11日福島地裁会津若松支部判決（公刊物未登載）	309
平成28年4月15日横浜地裁判決（公刊物未登載）	148
平成28年4月22日さいたま地裁判決（公刊物未登載）	122
平成28年4月25日大阪地裁岸和田支部判決（公刊物未登載）	90
平成28年7月20日鹿児島地裁判決（公刊物未登載）	124
平成29年1月10日名古屋地裁判決（公刊物未登載）	147
平成29年7月11日大阪地裁判決（公刊物未登載）	149
平成29年9月21日神戸地裁判決（公刊物未登載）	142

【簡易裁判所】

昭和49年10月25日台東簡裁判決（刑裁月報6・10・1104）	169
平成21年3月24日立川簡裁判決（公刊物未登載）	94

城　祐一郎（たち　ゆういちろう）

昭和55年10月	司法試験合格
昭和58年4月	東京地検検事任官
平成16年4月	大阪地検特捜部副部長
平成18年1月	大阪地検交通部長
平成19年6月	大阪地検公安部長
平成20年1月	法務総合研究所研究部長
平成21年4月	大阪高検公安部長
平成21年7月	大阪地検堺支部長
平成23年4月	最高検刑事部検事
平成24年11月	最高検公安部検事
平成26年1月	最高検刑事部検事
平成28年4月	明治大学法科大学院特任教授・検事
平成29年4月	最高検刑事部検事
平成30年4月	昭和大学医学部教授（薬学博士）
現在	慶應義塾大学法科大学院非常勤講師（国際刑事法担当）
	ロシア連邦サンクトペテルブルク大学客員教授
	警察大学校講師

【主な著書】
『特別刑事法犯の理論と捜査［１］』（立花書房）
『特別刑事法犯の理論と捜査［２］』（立花書房）
『マネー・ローンダリング罪の理論と捜査』（立花書房）
『「逃げ得」を許さない交通事件捜査』〔第２版〕（立花書房）
『海事犯罪』（共著，立花書房）
『実務用語・略語・隠語辞典』（立花書房）
『Ｑ＆Ａ　実例　取調べの実際』（共著，立花書房）
『マネー・ローンダリング罪　捜査の全て〔第３版〕』（立花書房）
『警察官のための　わかりやすい刑事訴訟法〔第２版〕』（共著，立花書房）
『盗犯捜査全書―理論と実務の詳解―』（立花書房）
『ケーススタディ危険運転致死傷罪〔第２版〕』（東京法令出版）
『殺傷犯捜査全書―理論と実務の詳解―』（立花書房）
『現代国際刑事法』（成文堂）
『組織犯罪捜査のツボ』（東京法令出版）
『医療関係者のための実践的法学入門』（成文堂）
『性犯罪捜査全書―理論と実務の詳解―』（立花書房）

★本書の無断複製（コピー）は，著作権法上での例外を除き，禁じられています。また，代行業者等に依頼してスキャンやデジタルデータ化を行うことは，たとえ個人や家庭内の利用を目的とする場合であっても，著作権法違反となります。

取調べハンドブック

平成31年２月15日　第１刷発行
令和６年４月15日　第４刷発行

著　者　城　　祐一郎
発行者　橘　　　茂雄
発行所　立　花　書　房
東京都千代田区神田小川町3-28-2
電話　03-3291-1561（代表）
FAX　03-3233-2871
https://tachibanashobo.co.jp

©2019　Yuichiro Tachi　　　（印刷・製本）　wisdom
乱丁・落丁の際は本社でお取り替えいたします。